Heinrich von Stietencron · *Der Name Gottes*

Patmos-Paperback

Der Name Gottes

herausgegeben von
Heinrich von Stietencron

mit Beiträgen von
P. Beyerhaus, A. Böhlig, H. Brunner,
H. Cancik, W. Eichhorn, J. van Ess,
H. Gese, B. Gladigow, H. Hengel,
W. Kasper, M. Laubscher, J. Simon
und H. von Stietencron

Patmos-Verlag Düsseldorf

 1. Auflage 1975
Umschlagentwurf Rüdiger Eschert
Gesamtherstellung: Clausen & Bosse, Leck/Schleswig
ISBN 3-491-77566-3

Inhaltsverzeichnis

Vorwort

Religionswissenschaft ist eine Disziplin, deren Stellenwert in der Reihe der Geisteswissenschaften heute ebenso heftig umstritten ist wie ihre Bedeutung für die Gesellschaft. Während sie im englischsprachigen Raum, vor allem in Amerika, zusehends an Prestige gewinnt, hat sie im nicht-englischsprachigen Europa noch immer weitaus mehr Gegner als Freunde.

Die Theologen werfen ihr vor, daß sie das Phänomen des Religiösen von vornherein entstellt und verzerrt: Religion ist ihrem Wesen nach lebendig und wirksam nur im Bereich des Glaubens. Wer ohne Glaube an sie herantritt, dem bleiben ihre existentiell relevanten Dimensionen verschlossen.

Der Vorwurf besteht zu Recht: Religionswissenschaft kann lebendige Religion nicht ersetzen. Sie träte in Konkurrenz zur Theologie nur dann, wenn auch dem Theologen die unmittelbare Gotteserfahrung oder die Gnade des Glaubens versagt bleiben sollte. Nur in diesem Fall hätten beide, Religionswissenschaftler und Theologe, die gleichen Voraussetzungen für den Zugang zu den Quellen der Religion.

Der Religionswissenschaftler tritt daher nicht als Missionar auf, weder für die christliche noch für irgendeine andere Religion. Er vermittelt Wissen, aber er will nicht überzeugen. Sollte dennoch die Befürchtung eine Rolle spielen, eine durch die Religionswissenschaft vermittelte breitere Kenntnis fremder Religionen könne den christlichen Kirchen ihre Gläubigen entziehen oder verwirren? Sie hat sich längst als unbegründet erwiesen. Die in den vorwiegend christlichen Industriegesellschaften Europas sichtbare Distanzierung vieler Bürger von kirchlichen Formen der Religiosität ist eindeutig ein Kind der abendländischen Zivilisation. Sie besteht weder in allen Bereichen der Christenheit – vor allem nicht in Gebieten, in denen eine lebendige Auseinandersetzung mit anderen Religionen stattfindet – noch wurde sie bei uns durch den Einfluß von Fremdreligionen gefördert. Im Gegenteil: die gründliche Begegnung mit einer fremden Religion scheint häufig zu einer Rückbesinnung auf die eigenen Wurzeln und auf die Werte des Christentums zu führen. Wenn daher heute – und dies erregt die Gemüter am meisten – gelegentlich die Forderung nach einem nicht christlich-konfessionell gebundenen Religionskunde- oder Ethikunterricht in den Schulen laut wird, so ist es seitens der Theologie verfehlt, die Religionswissenschaft als Konkurrenten zu befehden, nur weil sie in der Lage ist, einem Bedürfnis gerecht zu werden, das ihr die Gesellschaft zur Zeit entgegenbringt und das zu befriedigen in keinem Fall Aufgabe der Kirche sein kann. Die partielle Krise, welche das Verhältnis von Kirche und Gesellschaft im Augenblick trübt, wird ja nicht durch Abkapselung überwunden. Daher erscheint eine produktive Partnerschaft von Theologie und Religionswissenschaft in unserer Gesellschaft heute sinnvoller als eine unterschwellige Animosität.

Im übrigen ist die Religionswissenschaft in ihrem Selbstverständnis und in ihrer Zielsetzung so verschieden von der Theologie, daß eine echte, aus moralischem oder wissenschaftlichem Anspruch erwachsende Konkurrenzsituation nicht auftreten sollte. Die Religionswissenschaft ist auf die Theologie angewiesen, da sich in letzterer die theoretische Selbstdarstellung der Religion jeweils historisch verwirklicht. Auch die Theologie wird somit zum Forschungsobjekt der Religionswissenschaft – und dies gilt ebenso für die Theologie in nicht-christlichen Religionen.

Dabei geht es der Religionswissenschaft nicht um die Wahrheit von Glaubenssätzen, – dafür sind Theologen und Philosophen zuständig –, sondern um die getreue Darstellung des Wahrheitsanspruchs der Gläubigen in verschiedenen Religionen. Es geht ihr nicht um die Erfahrung Gottes oder eines Absoluten, sondern um die historischen Auswirkungen religiöser Erfahrung in der Gesellschaft – sowohl im sozialen als auch im kulturellen Bereich – und um die Rückwirkung von Kräften der Gesellschaft auf die Religion. Es geht ihr nicht um die Propagierung oder Rechtfertigung einer von vielen Religionen, sondern um die Darstellung einer jeden von ihnen in ihren historischen Wandlungen; es geht um die vergleichende Analyse ihrer wesentlichen Unterschiede und Entwicklungsbedingungen und schließlich um die Abstraktion von gemeinsamen Faktoren oder Strukturen in den Religionen der Menschheit, die man mit zunehmender Allgemeingültigkeit als regionale Konstanten, oder als überregionale aber zeitbedingte Konstanten, und schließlich als überregionale und überzeitliche anthropologische Konstanten ansprechen kann.

Es liegt auf der Hand, daß ein solches Forschungsziel in einer Zeit Beachtung finden muß, in der die räumliche Trennung verschiedener Kulturen und Religionen durch moderne Verkehrsmittel wirkungsvoll überbrückt worden ist und die wirtschaftliche Verflechtung immer engere Kontakte in allen Bereichen des Lebens nach sich zieht. Der äußeren Annäherung der Kulturen muß eine geistige Verständigung folgen: nicht mehr durch einfache Verdrängung oder Ausmerzung des anderen Glaubens und der ihm gemäßen Lebensformen unter politischem und wirtschaftlichem Druck, sondern durch genaue Kenntnis der gegenseitigen Werte und Denkstrukturen, sowie ihrer sozialen, ökonomischen und ökologischen Rahmenbedingungen. Ob sich aus diesem Verstehen allmählich eine neue Stufe der Integration oder eine noch bewußtere Abgrenzung der Standpunkte ergibt, bleibt vorerst eine offene Frage an die Zukunft. Der Religionswissenschaft genügt es, die Voraussetzungen für eine solche, auf gründliche Kenntnis und gegenseitiges Verstehen gegründete Entwicklung schaffen zu helfen.

Nun stellt sich aber die Frage: Ist die Religionswissenschaft ein geeignetes Instrument zum Erreichen dieses Ziels? Es gibt eine Reihe anderer Wissenschaften, denen die Vermittlung uns fremder Kulturen einschließlich ihrer Religionen obliegt: z. B. die verschiedenen orientalistischen Fächer, die Afrikanistik und Ibero-Amerikanistik, die Nordistik, die Völkerkunde und teilweise auch die vergleichende Sprachwissenschaft. Sie verfügen über den direkten sprachlichen und methodischen Zugang zu den überlieferten Quellen der Fremdreligionen. Sie vermögen diese Religionen im Kontext von Landschaft und Klima, von Geschichte, Sozialstruktur, Sprache, Kunst und Wissenschaft adäquat zu erforschen. Der Religionswissenschaftler dagegen kann bestenfalls auf einem Gebiet zu den Quellen vordringen, nicht aber auf allen. Für die vergleichende Analyse bleibt er auf Übersetzungen und Sekundärliteratur angewiesen. Dies ist für den sprachlichen Bereich evident, aber es gilt auch für die anderen Disziplinen, bei denen der Religionswissenschaftler Anleihen macht. Er berücksichtigt Ergebnisse der Religionssoziologie, der Religionspsychologie und Religionsphilosophie ohne selber Soziologe, Psychologe oder Philosoph zu sein. Muß man ihm nicht auf allen Gebieten Inkompetenz vorwerfen und sich folglich berechtigt fühlen, seine wissenschaftlichen Ergebnisse in Zweifel zu ziehen?

Die Schlußfolgerung ist irrig, und sie ist oft genug widerlegt worden. Träfe sie zu, so fände sie auf alle Wissenschaften Anwendung, die auf den Ergebnissen anderer Disziplinen aufbauen. Bei der allgemeinen Wissenschaftsverflechtung bliebe fast kein Fach von diesem Vorwurf verschont. Dennoch verweisen die vielfältigen fachlichen Bindungen der Religionswissenschaft an andere Fächer mit besonderer Deutlichkeit auf ein Phänomen, das heute in vielen Bereichen der Wissenschaft auftaucht: Das wachsende Bewußtsein von der großen Komplexität der zu erforschenden Phänomene führt fast zwangsläufig zur Forderung nach interdisziplinärer oder multidisziplinärer Zusammenarbeit. Diese Forderung ist auch auf dem Gebiet der Religionswissenschaft zu stellen. Die Hoffnung, daß ein Wissenschaftler allein allen Erscheinungsformen der Religion und zugleich allen ihren Auswirkungen in verschiedenen menschlichen Gesellschaften gerecht zu werden vermöchte, ist niemals sehr groß gewesen. Spezialisierung, schon durch das individuelle Interesse bedingt, ist auch von der Sache her notwendig. Sie bedeutet aber eine Verengung, die am besten durch Ergänzung von außen, d. h. durch Zusammenarbeit mit anderen wettgemacht werden kann.

Dies gilt vor allem für die Untersuchung von Einzelaspekten, die quer durch mehrere Religionen verfolgt werden sollen. Ein solches Unterfangen, das sich selten auf leicht zugängliche Sekundärliteratur stützen kann, sondern die Quellen selbst befragen muß, ist auf Spezialisten angewiesen, die bereit sind, einer an sie herangetragenen Frage nachzugehen. Die Religionswissenschaft ist gezwungen, aus ihrer ungewollten Isolierung herauszutreten. Sie muß sich mit den Kennern exotischer Sprachen und Kulturen, mit den Theologen, Historikern, Soziologen und Philosophen etc. gemeinsam bemühen, ein neu in das Licht der Forschung gerücktes Phänomen von allen Seiten auszuleuchten oder wenigstens anzuleuchten.

Das vorliegende Buch ist ein Versuch in dieser Richtung. Es enthält in fast unveränderter Form die Vorträge einer religionswissenschaftlichen Ringvorlesung zum Thema ‚Der Name Gottes', die im Wintersemester 1974/75 an der Universität Tübingen stattfand. Ein Blick auf die Liste der Autoren und ihre wissenschaftlichen Forschungsgebiete am Ende des Bandes zeigt, daß hier tatsächlich ein multidisziplinärer Ansatz für ein zentrales religionswissenschaftliches Thema fruchtbar gemacht worden ist.

Der Name, als Anrede Gottes oder als attributive Wesensbeschreibung und Aussage über Gott gebraucht, ist eines der tragenden Elemente jeder Religion. Denn Religion konstituiert sich erst dort, wo eine wie auch immer geartete Benennung des Göttlichen erfolgt. Mit ihr tritt eine erste abgrenzende Bestimmung und Objektivierung des als unbekannt-mächtig Erfahrenen auf. Sie dient dem Schutz vor dem Numinosen ebenso wie dem Zugang zu ihm. Die im Bewußtsein sich vollziehende Distanzierung, die mit der Namensgebung erfolgt, die Gegenüberstellung von Mensch und übermenschlicher Macht, später von In-

dividuum und Gottheit, wird ihrerseits Voraussetzung für das Streben nach Gotteserkenntnis. Sämtliche Versuche der Gottesbeeinflussung, von der Magie über das Opfer bis zum Gebet, haben ihren Ort in diesem, durch die Distanz zwischen Gott und Mensch entstandenen Freiraum, der erst mit der Benennung und Objektivierung des Göttlichen voll ins Bewußtsein tritt. Dabei bleibt der Name zugleich wichtigstes Bindeglied, wichtigstes Mittel, die Distanz zu überbrücken, dem Menschen die Personnähe Gottes zu erschließen, sein Wesen zu erfassen und einen Zugang zu ihm zu finden. Der Name wird zum Medium gläubiger Verehrung und zum Gegenstand theologischer Spekulation. Es ist charakteristisch, daß in der Anwendung auf Gott – sei es ein einziger Gott oder viele Götter – die Grenze zwischen Beschreibung und Benennung, zwischen Wesensaussage und Name fließend ist. Jede Aussage über Gott kann Namensfunktion erhalten und jeder Name wird zum Träger göttlichen Wesens. Die daraus resultierende Vielnamigkeit ist nur eine von mehreren Konsequenzen, an die sich wiederum mehrere Fragen knüpfen. So stellt sich z. B. die Frage nach der Relation von Einheit und Vielheit, die Frage nach der Identität, die Frage nach der Wahrheit der im Namen gegebenen Aussage und auch die Frage nach dem ‚wahren Namen'.
Wahrheit gibt es, so zeigt uns der Philosoph, nie anders als in Relation zu den Voraussetzungen, auf denen sie gründet. Sie ist grundsätzlich relativ. Sie ist system-immanent; sie ist eine Funktion der menschlichen Freiheit in der Wahl seiner Prämissen. Daß der Raum für solche Freiheit weit ist, zeigt die Geschichte menschlichen Denkens, besonders die Geschichte der Religionen. Was an verschiedenen Orten, zu verschiedenen Zeiten, unter verschiedenen Voraussetzungen als wahr erkannt wurde ist unterschiedlich; ebenso was als Gott benannt wurde. Aber solche Wahrheiten sind nicht überholt. Sie sind Ausdruck eines die Erkenntnis bedingenden Standorts, der einmal die Denkwirklichkeit einer Gruppe von Menschen bestimmt hat. Wer sie nachzuvollziehen vermag, erfährt etwas über den Menschen selbst und über die wechselnden Standorte, die er einzunehmen vermag und im Laufe der Geschichte eingenommen hat.
Der Glaube des Christen kennt nur eine Wahrheit. Er verteidigt sie, denn er bezieht aus ihr seine Kraft. Aufgabe der Religionswissenschaft dagegen ist es, dafür zu sorgen, daß die Vielfalt des religiösen Denkens unverfälscht erhalten bleibt. Das vorliegende Buch zeigt einen Ausschnitt aus dieser Vielfalt. Keiner der Autoren erhebt den Anspruch, das Thema von seinem Fach her erschöpfend zu behandeln. Dies war

in dem knappen Zeitraum einer Vorlesungsstunde von vornherein nicht möglich. Auch wurde bewußt auf ein systematisches Vorgehen verzichtet, das etwa mit einer präzise vorformulierten Frage an die verschiedenen Religionen herangetreten wäre, um aus den Antworten zu ersehen, inwiefern sie sich decken oder einander widersprechen. Ein solches Verfahren hätte das Thema bis zur Eintönigkeit eingeengt und gedroht, die Eigentümlichkeit der einzelnen Religionen von vornherein durch den Zwang des methodischen Ansatzes zu verwischen. Statt dessen haben wir uns bemüht, Wiederholungen nach Möglichkeit zu vermeiden und mit Hilfe charakteristischer Ausschnitte aus dem Bereich einzelner Religionen dem Leser wenigstens andeutungsweise einen Eindruck von der Vielschichtigkeit zu vermitteln, die an einem scheinbar so einfachen Thema wie ‚Der Name Gottes' aufbricht, wenn es in das Zentrum eines interdisziplinären Gespräches rückt. Daß dabei die christliche Theologie als einzige Disziplin – und mit ihr das Christentum als einzige Religion – mehrfach zu Wort kam, entspricht ihrem unmittelbaren Anliegen in unserer Gesellschaft und ihrer engeren Verknüpfung mit unserer Tradition.

Mein Dank gilt allen Autoren dieses Bandes, die mit ihrer Beteiligung einen Versuch getragen haben, dessen Ergebnis ich hiermit der Öffentlichkeit vorlege.

Tübingen, März 1975
H. v. Stietencron

Burkhard Gladigow

*Götternamen und Name Gottes**

Allgemeine religionswissenschaftliche Aspekte

* Allgemeinere Literatur: *R. Hirzel*, Der Name, Abh. Akad. Leipzig Phil.-hist. Kl. 36, 2, Leipzig 1918; *Wilh. Schmidt*, Die Bedeutung des Namens im Kult und Aberglauben, Jahresber. Ludwig-Georg-Gymn. Darmstadt 1912; *F. v. Andrian*, Über Wortaberglauben: Correspondenzblatt d. deutschen Ges. f. Anthropologie, Ethnologie und Urgeschichte 27 (1896) 109–127; *G. Foucart, alii*, Encyclopedia of Religion and Ethics, ed. J. Hastings (= ERE), 9, 1917, 130 ff. s. v. Names; *I. Abrahams*, ERE 9, 1917, 176–178 s. v. Name of God (Jewish); *J. A. MacCulloch*, ERE 9, 1917, 178–181 s. v. Nameless Gods; *Aly*, Handwörterbuch des deutschen Aberglaubens (= HWDA), ed. Bächtold-Stäubli, 6 (1934/5), Sp. 950–965 s. v. Name, namenlos, Namensänderung, Namensgeschenk, Namensorakel; *W. Philipp*, Die Religion in Geschichte und Gegenwart (= RGG) 4, 31960, Sp. 1298–1300 s. v. Name Gottes; *C. A. Schmitz, K. Baltzer, B. Reicke*, 3RGG 4, 1960, Sp. 1301–1306; *G. van der Leeuw*, Phänomenologie der Religion, Tübingen 31970, 155–170; *C. Mazzantini*, La questione dei ‚nomi divini': Giornale di metafisica 9 (1954) 113–124; *Thurnwald, Roeder, Thomsen, Ebeling*, Reallexikon der Vorgeschichte 8 (1927), 432–448 (Lit.); *Bietenhard*, Theologisches Wörterbuch zum Neuen Testament, begr. v. G. Kittel, Bd. 5 (1954), 242–281 s. v. ónoma (Lit.); *H. Usener*, Göttliche Synonyme, Kl. Schriften 4, 1913, 259–306; *H. Usener*, Götternamen. Versuch einer Lehre von der religiösen Begriffsbildung, Frankfurt 31948 (11896); *E. Cassirer*, Philosophie der symbolischen Formen 2, Darmstadt 21964, 238–261 (‚Der Persönlichkeitsbegriff und die persönlichen Götter – Die Phasen des mythischen Ichbegriffs').

1 Sprachtheoretische Prämissen

Trotz erheblicher Differenzen innerhalb der einzelnen Theorien über Entstehung und Aufbau der menschlichen Sprache ist wohl unbestreitbar, daß die – phylogenetisch wie ontogenetisch – frühesten Formen menschlicher Sprachtätigkeit[1] expressiv und emotionell-appellierend sind. Der Raum, in dem sich eine solche Sprache entfaltet, ist entsprechend der der sozialen Gemeinschaft, der Familie, des Stammes. Die Beziehungen zu den Gruppenangehörigen und die Beziehungen zwischen ihnen[2] bestimmen die Modalitäten der Sprachtätigkeit und stellen damit die Struktur der Weltauffassung. Phylogenese und Ontogenese stimmen in diesem Basisbereich der Sprache augenscheinlich überein, die Erkenntnisse der Kinderpsychologie[3] können demnach für unsere Überlegungen mit herangezogen werden.

In eine außerordentlich tiefe Schicht der Sprache gehört ohne Zweifel der Name als die mit personaler Präsenz korrelierende Lautäußerung[4] bzw. als der selektive Anruf im Rahmen individualisierter Beziehungen. Die Verwendung des Namens bedeutet für die hier angesprochene Sprachschicht konkret, daß durch einen Laut oder eine Lautfolge nicht mehr die ganze Gruppe mobilisiert wird, wie etwa durch den

1 *F. Kainz,* Die ‚Sprache' der Tiere, Stuttgart 1961, 116; *E. Topitsch,* Phylogenetische und emotionale Grundlagen menschlicher Weltauffassung, Saggi Filosofici 9, 1962, wiederabgedr. in: W. E. Mühlmann–E. W. Müller (Hrsg.), Kulturanthropologie, Köln–Berlin 1966, 59 ff. (zitiert wird nach dem Wiederabdruck unter ‚*Topitsch,* Phylogenetische Grundlagen ...'); vgl. auch *A. Gehlen,* Der Mensch, Frankfurt–Bonn [2]1966, 141 ff. und 193 ff.

2 *C. K. Ogden, I. A. Richards,* Die Bedeutung der Bedeutung, Suhrkamp Theorie 1974 (übers. v. G. H. Müller nach der 10. Aufl. v. 1949), 33 ff. (‚Die Macht der Wörter'); *B. Malinowski,* Das Problem der Bedeutung in primitiven Sprachen, in: Ogden, Richards a. a. O. 353 ff.; *E. Topitsch,* Phylogenetische Grundlagen ... 60 ff.

3 Grundlegend *J. Piaget,* La représentation du monde chez l'enfant, Paris [3]1947, 37 ff., 107 ff. und passim.

4 Dazu gut *B. Malinowski,* a. a. O. 358 ff.; auf S. 359 eine erste Zusammenfassung: „Für das Kind sind deshalb Wörter nicht nur Ausdrucksmittel, sondern wirkungsvolle Aktionsmodi. Der Laut, mit kläglicher Stimme geäußerte Name einer Person besitzt die Macht, diese Person erscheinen zu lassen. Nach Nahrung muß man rufen und sie erscheint – in der Mehrzahl der Fälle. So muß die kindliche Erfahrung im Geist des Kindes den tiefen Eindruck hinterlassen, daß ein Name Macht über die Person oder das Ding hat, die er bedeutet. Wir stellen also fest, daß ein für die menschliche Rasse wesentliches biologisches Arrangement bewirkt, daß die frühen artikulierten Wörter, die Kinder von sich geben, eben die Wirkung hervorrufen, die diese Wörter *bedeuten.*"

Schmerzens- oder Warnschrei eines Herdentieres,[5] sondern ein Einzelwesen als solches isoliert und angesprochen wird. Der Individualname, der bei Anwesenheit mehrerer Gruppenmitglieder allein eine sichere Selektivität ermöglicht,[6] ist auf der Empfängerseite zugleich ein Modus der Individualisierung zur Person, mit Wirkung über den individualisierten Verband hinaus.[7]

Bedeutsam für die hier angesprochene Phase ist, daß die Beziehungen zu wichtigen Mitmenschen, eben den Mitgliedern der sozialen Gemeinschaft, genauer gesagt, die sprachlich-emotionale Konkretisierung dieser Beziehungen, auch auf belebte Objekte außerhalb der Gemeinschaft und auf unbelebte Objekte übertragen werden können. Das ist die Voraussetzung jenes Vorgangs, den Topitsch[8] als soziomorphe Weltauffassung bezeichnet: Struktur und Ablauf des Umweltgeschehens werden als soziales Rollenspiel gedeutet; die zunächst undifferenzierte außersoziale Umwelt ist mit Hilfe der Benennungen, der Namen, zu quasi-personalen Einheiten differenziert. Dabei wird sehr deutlich, daß Namentlichkeit und Interesse ebenso zusammengehören wie Anonymität und Indifferenz[9]: Einen Namen bekommt, was Aufmerksamkeit erregt, einen Namen bekommt, was als individuell Wirkendes empfunden wird.

5 *F. Kainz*, Die Sprache der Tiere 125, *M. Meyer-Holzapfel*, Soziale Beziehungen bei Säugetieren, in: Gestaltungen sozialen Lebens bei Mensch und Tier, hrsg. v. *F. E. Lehmann*, Bern 1958, 86 ff.

6 In den Mutter–Kind- und Vater–Kind-Beziehungen finden sich im Tierreich verschiedentlich Zuordnungen von Signalen, die die gleiche Funktion wie ein Name haben können.

7 Das ist ein wichtiger Unterschied zu den Bedingungen von ‚Individualität' in Tierverbänden, hier ist ‚Individualität' nicht auf einen anderen Verband übertragbar.

8 *E. Topitsch*, Phylogenetische Grundlagen ... 64 ff.; *M. Scheler*, Die Wissensformen und die Gesellschaft, Leipzig 1926, 54 ff.; *E. Topitsch*, Vom Ursprung und Ende der Metaphysik (1958), dtv Wissenschaftliche Reihe, München 1972, 29 ff. und passim.

9 Auf die emotionale Differenz, die zwischen der Vergabe eines allgemeinen Appellativums und eines Individualnamens besteht, hat *B. Malinowski*, a. a. O. 373 ff., hingewiesen. Von der Objektseite her beschreibt *B. Snell*, Der Aufbau der Sprache, Hamburg [2]1952, diese Differenz folgendermaßen: „Denn die eigentliche Domäne der Eigennamen ist die Bezeichnung bestimmter Menschen, die sich eben dadurch von den Dingen unterscheiden, daß sie auf ein Ziel hin wirken können. Und wenn der Gebrauch von Eigennamen ausgedehnt wird auf Götter, auf bestimmte Tiere oder sogar Geräte, so liegt darin immer ..., daß das so Bezeichnete als wirkendes Individuum gefaßt wird, daß es sich eben seines spezifischen Wirkens wegen heraushebt aus der Menge dessen, dem kein Eigenname zukommt" (S. 143).

Das Verhältnis von Name und Ding wird ohne weiteres als ein reziprokes verstanden, die gewohnten Bezeichnungen gehören mit Notwendigkeit zu den Dingen, es herrscht eine Korrelation, die als Identität empfunden wird: Ohne Namen *sind* die Dinge nicht (das Interesse in dem oben benutzten Sinne strukturiert die Welt), wo ein Name ist, muß es auch das angegebene Ding geben. Das gilt in besonderem Maße für den ‚Ruf'namen, dessen lautliche Aktualisierung im Normalfall die Präsenz des Nichtanwesenden, Nichtgreifbaren, garantiert. Für diese Form des ‚Wortrealismus' liefern Kinderpsychologie und Ethnologie[10] ein vielfältiges Belegmaterial.
Das natürliche, durch keine Kenntnis von Fremdsprachen getrübte Verhältnis zur Sprache ist die Grundlage sowohl für die soziomorphe Strukturierung der Welt als auch für die universale Funktionstüchtigkeit von Wortbildungen ohne unmittelbar präsentierbaren Hintergrund. Die Funktionstüchtigkeit solcher ‚Wortattrappen' ist der anderer Bildungen mit potentieller Symbolfunktion, dem Bild oder mimisch-motorischen Darstellungen (Tanz, Pantomime usw.) weit überlegen – wie Philosophie- und Religionsgeschichte[11] deutlich zeigen. Als Namen verwendete Wortattrappen evozieren mit dem personalen Anruf jene im Sozialverband erfahrene Realität ‚hinter' dem Individualnamen.

1.1 Es ist ohne weiteres einzusehen, daß von einem Entwicklungsniveau ab, auf dem der Individualname in einem punktuellen Akt vergeben werden konnte, der Namensvergabe wie der Namenswahl[12] in einer sozialen Gemeinschaft erhebliche Bedeutung zukommen mußte. Historische wie aktuelle Kulturwissenschaften kennen für diesen besonders dokumentationsträchtigen Vorgang ein umfassendes Belegmaterial. Die Konstanz der Rahmenbedingungen und Implikationen über ethnische und historische Grenzen hinweg ist erstaunlich: Erst die Vergabe des Namens konstituiert die soziale Integration,[13] ohne Namen ist ein Kind beispielsweise als Gruppenmitglied nicht existent.

10 *E. Topitsch,* Phylogenetische Grundlagen ... 61 f.; *C. K. Ogden, I. A. Richards,* Die Bedeutung der Bedeutung, 33–59 (‚Die Macht der Wörter'), *B. Malinowski,* a. a. O. 360.
11 *Ogden, Richards,* a. a. O. passim; *F. M. Cornford,* From Religion to Philosophy, London 1912; *E. Topitsch,* Über Leerformeln, in: Festschr. Victor Kraft, Wien 1960, 233–264.
12 *Aly,* HWDA 9, 950 ff.; *G. Foucart,* ERE 9, 130 ff.
13 *Aly,* HWDA 9, 951 f.; *P. Radin,* Gott und Mensch in der primitiven Welt, Zürich 1953, 285 ff.

Die Namensvergabe durch den Stamm ist ein Akt der Rezeption und zugleich eine Unterwerfung unter die Verhaltensnormen des Stammes. Die Modalitäten der Namensvergabe sind auch für die Aufnahme in spezialisierte Untergruppierungen[14] übernommen worden, sowie in den Fällen grundlegender Funktionswechsel[15] einer Person. Eine funktionale Isolierung beider Aspekte, Unterwerfung und Funktionswechsel, liegt vor, wenn beispielsweise im Alten Israel ‚einen Namen geben' sowohl ‚als Eigentum beanspruchen' wie ‚zum Dienst verpflichten'[16] implizieren kann.

Die Vorstellung der Korrelation von Name und Sache, bzw. von Name und Eigenschaft, läßt die Wahl eines Personennamens zu einer außerordentlich wichtigen Sache werden. Erwünschte Eigenschaften werden direkt im Namen ausgedrückt, man wählt sich glückbringende oder unheilabwehrende, Kraft und Erfolg verheißende Namen,[17] aber auch Unauffälligkeit und Schutz versprechende. In Sonderfällen kann das dazu führen, daß dieselbe Person, je nach den Ansprüchen der namengebenden Gruppe, verschiedene Namen[18] trägt.

Einem weitverbreiteten Brauch zufolge führen die Kinder die Namen der Großeltern[19]: In der Namenskontinuität soll so das Weiterleben der verstorbenen Ahnen in den Nachkommen sinnfällig dokumentiert werden. Diese „an einen Reinkarnationsglauben grenzende" Vorstellung[20] ist eine (problematische) Verbindung von Hoffnung auf eine individuelle Unsterblichkeit und auf die Unsterblichkeit des Ge-

14 *Aly*, HWDA 9, 963 f. s. v. Namensänderung; *G. Foucart*, ERE 9, 130 f.

15 König, Papst, Häuptling und Priester nehmen üblicherweise neue Namen an. Aber auch sonst können gravierende Ereignisse des individuellen Lebens zu einem Namenswechsel führen, vgl. *G. Foucart*, ERE 9, 131.

16 Vgl. *Bietenhard*, Theol. Wörterbuch zum NT 5, 251.

17 *Aly*, HWDA 9, 952 ff. (Wunschnamen); hierher gehören auch die theophoren Namen, die wie die Wunschnamen bei den Israeliten sehr beliebt waren, vgl. *M. Noth*, Die israelitischen Personennamen im Rahmen der gemeinsemitischen Namengebung, Stuttgart 1928, 66 ff. und 195 ff. – Bei den finnischen Völkern kann der Name eines Kindes mehrfach gewechselt werden, bis das erwünschte Wohlergehen eintritt, vgl. *I. Paulson* in: *Paulson, Hultkrantz, Jettmar*, Die Religionen Nordeurasiens und der amerikanischen Arktis, Stuttgart 1962, 264.

18 In der homerischen Ilias nennt beispielsweise Hektor seinen Sohn Skamandrios, die Troer aber Astyanax (Herr der Stadt).

19 Bzw., noch weiter verbreitet, den Namen eines kurz zuvor verstorbenen Anverwandten, s. *Aly* HWDA 9, 952 f. Die Wiederkehr des Namens ist die einfachste Antwort auf die schwierige Frage, worin denn die Identität des Wiederverkörperten mit dem Verstorbenen bestehe.

20 *I. Paulson*, a. a. O. 264, für die finnischen Völker gesagt.

schlechts. Wie konkret man die Zusammengehörigkeit von Name und Leben verstand, zeigen auch die Vorschriften im mitteleuropäischen Brauchtum,[21] den Namen des Großvaters nicht weiterzugeben, wenn dieser noch am Leben ist, oder nicht zwei Kindern in einer Familie denselben Namen zu geben. Andernfalls müßte in beiden Fällen einer der Namensträger sterben.

Eine andere Modalität des Weiterlebens im Namen ist das Fortleben im kléos,[22] im Ruhm. Auch hier darf man zunächst nicht von der sublimierten Vorstellung des ‚ehrenden Angedenkens' ausgehen, sondern von der realen Präsenz des im Sozialverband ständig genannten Namens. Die geläufige Umschreibung von Ruhm ist entsprechend ‚Dein Name wird genannt sein unter . . .'. Die Vernichtung des Namens als Strafmaßnahme, etwa als Beistrafe von Kapitalsentenzen,[23] ist umgekehrt die endgültige Negierung der personalen Existenz.

Namenlosigkeit im Sozialverband kann zwei völlig verschiedene Gründe haben und in zwei verschiedenen Formen auftreten: Der römische Sklave etwa und das kleine Kind, grundsätzlich auch die Frau, haben kein Recht auf einen Individualnamen.[24] Bei den Römern wird das *praenomen* als Distinctiv erst und allein dem männlichen Kind zusammen mit der *toga virilis* verliehen. Namenlos im internen sozialen Verkehr ist aber auch der Herr,[25] wenn er von seinem Sklaven angeredet wird, der Fürst gegenüber seinem Untertanen, der Hausherr gegenüber den Familienmitgliedern. Von sozial Niederen wird der Zugriff auf den Namen offensichtlich als Anmaßung empfunden und vermieden. Hier liegt das funktionale Gegenstück zur Namensverleihung als Herrschaftsakt[26] vor.

1.2 Daß der Name ein wichtiges Instrument der Differenzierung in einer Gesellschaft ist, haben wir bereits mehrfach betont. Differieren-

21 Belege bei *Aly*, HWDA 9, 953.

22 *E. Rohde*, Psyche ([2]1898), Darmstadt 1961, 1, 66 f.; 395 f.

23 Modellfall dafür ist die *damnatio memoriae* im Recht der Römer, vgl. *Brassloff*, Realenzyklopädie der Klassischen Altertumswissenschaft 4, 2 (1901) Sp. 2059–2062, und *F. Vittinghoff*, Der Staatsfeind in der römischen Kaiserzeit, N. deutsche Forschungen 84, 1936.

24 Dazu *Th. Mommsen*, Römische Forschungen 1, Berlin 1864, 3 ff., und im Überblick *E. Fraenkel*, Realenzyklopädie d. klass. Altertumswiss. 16,2 (1935) Sp. 1611–1670 s. v. Namenswesen. Zur Namenlosigkeit des Sklaven im griechischen Bereich *R. Hirzel*, a. a. O. 65 ff.

25 *R. Hirzel*, a. a. O. 27.

26 S. oben S. 17 und *Bietenhard*, Theol. Wörterbuch zum NT 252 f.

de Eigenschaften oder Funktionen können die Namenswahl bestimmen und auf diese Weise das Selbstbewußtsein des einzelnen stärken. Mit seinem Namen genannt zu werden, bedeutet aus der Anonymität herausgehoben zu sein, Person zu sein, der ein spezifisches Handeln zugeordnet wird,[27] die eine individuell zurechenbare Selektivität hat. Der Name kann so nicht allein der Identifikation, sondern auch der Individualisierung dienen. Die Variationsbreite ist in dieser Hinsicht bei den verschiedenen Völkern erheblich und zudem auch von gegenläufigen Tendenzen bedroht: „Die römische Namengebung ist", charakterisiert Harder[28] treffend, „im Grunde ein immer neuer Versuch, zum Eigennamen vorzudringen, und immer wieder wird dies Bemühen erstickt von dem entgegengesetzten Prinzip, der Erblichkeit. Der Vorname wird weitgehend erblich; der Beiname, der doch eigens für eine bestimmte Person erfunden wurde und sie allein charakterisiert, neigt dazu, sich alsbald in einen erblichen zu verwandeln. Wenn diese Menschen keine wirklichen Eigennamen bekommen, so spricht daraus eine gewisse Gleichgültigkeit gegen die Einzelperson, die eben nur als Glied eines Ganzen wichtig genommen wird."
Die ‚Konzeption' der engen Zusammengehörigkeit von Eigennamen und Person ist in vielen Kulturen außerordentlich konsequent durchgeführt worden. Grundsätzliche Änderungen in den Charakteristika der Person werden von einem Namenswechsel begleitet: die Aufnahme in die Klasse der Erwachsenen, Übernahme eines neuen Amtes, Heirat, Adoption, Aufnahme in kultische Gruppen, aber auch einschneidende Ereignisse des individuellen Lebens. Der Namenswechsel dokumentiert die veränderte Existenzweise der Person und bestätigt durch den Wechsel zugleich die Zurechenbarkeit von Existenz und Namen.

2 *Die magische Instrumentalisierung des Namens*

Mit dem Herausnehmen des Namens aus den sozialen, personenbezogenen Ursprüngen der Sprache beginnt – potentiell – seine magische Instrumentalisierung. Da der Name – wie grundsätzlich auch das Bild oder das Kleid – die Person voll repräsentiert, ist seine Kenntnis potentielle Verfügungsmacht über die menschliche und in Analogie dazu auch die göttliche Person. Die Aktualisierung der im Namen

27 Dazu *N. Luhmann* in: *Dahm, Luhmann; Stoodt,* Religion – System und Sozialisation, Sammlung Luchterhand 1972, 34 ff.
28 *R. Harder,* Eigenart der Griechen, Herder TB 1962, 15.

versammelten Wesenszüge durch den Anruf, das Aussprechen des Namens, verbürgt nach verbreiteter, den elementaren sozialen Erfahrungen entsprechender[29] Vorstellung die Präsenz der herbeizitierten Person. Die magischen Techniken von Altertum und Neuzeit[30] gehen zudem einhellig davon aus, daß ein Herbeizitierenkönnen bereits ein Verfügenkönnen über die Kräfte des Wesens bedeutet. In dieser Annahme scheinen sich die sehr alten sozialen Strukturen von Namensnennung und Namensgebung transponiert auszuprägen.

2.1.1 Der ausgesprochene Name erzielt aber nicht nur als ein Instrument des ihn Rufenden seine Wirkung, auch gegen ihn selbst und die dahinterstehende Person kann auf die gleiche Weise agiert werden. Der sinnenfälligste Angriff gegen einen bösen Geist besteht beispielsweise darin, seinen Namen durch ein fortschreitendes Weglassen seiner Silben zu vernichten: akrakanarba kanarba anarba narba arba rba ba a. Das ist aber bereits die drastischste Methode, einen Dämon, Kobold, Alb oder Incubus zu verscheuchen, im Normalfall reicht es, seinen richtigen Namen zu nennen[32]: Rumpelstilzchen zerplatzt bekanntlich vor Wut, als sein Name genannt wird.
Auch die meisten Akte eines Schadenzaubers basieren auf einem Vorgehen mit Hilfe des Namens; selbst die sympathetische Schädigung einer Puppe ‚funktioniert' meist nur, wenn ihr der Name der betreffenden Person[33] vorher gegeben wurde. Die Technizität magischer Akte verlangt offensichtlich sehr konkrete Zielangaben. Das gleiche gilt nicht nur für den Angriff, sondern auch für die Verteidigung: Solange man beispielsweise den Namen eines bedrängenden Dämons[34] nicht weiß, kann man sich auch nicht gegen ihn wehren.

2.1.2 Alles bisher über den ausgesprochenen, gerufenen Namen Gesagte gilt in gleicher Weise, vielleicht sogar in verstärktem Maße für den geschriebenen Namen. Das Schreiben des Namens[35] ist gegenüber dem Rufen als einer punktuellen Aktualisierung eine dauerhafte Bannung.

29 S. oben S. 14 f., besonders Anm. 4.
30 *Aly*, a. a. O. 954 ff.; *R. Hirzel*, a. a. O. 22 ff.
31 *H. Güntert*, Von der Sprache der Götter und Geister, Halle 1921, 6 f.
32 *Foucart*, ERE 9, 133 ff.; *E. Clodd*, The Philosophy of Rumpelstiltskin: The Folk-Lore Journal 7 (1888) 156 ff.; *J. G. Frazer*, The Golden Bough 1, London 1911, 404 ff.
33 *R. Wünsch*, Eine antike Rachepuppe: Philologus 61 (1902) 26–31.
34 *H. Güntert*, a. a. O. 5 ff.
35 *G. van der Leeuw*, Phänomenologie . . . 494 ff.

Fluchtafeln, Amulette, Waffen, Siegel und Verschlüsse bekommen ihre potenzierte Wirksamkeit erst durch den daraufgeschriebenen zauberkräftigen Namen.

2.2 Entsprechend wie man sich nach verbreiteter Anschauung gegen einen bösen Geist nur wehren kann, wenn man dessen Namen zu nennen in der Lage ist, kann ein solcher Dämon gegen einen Menschen, dessen Namen er nicht kennt, ebenfalls nichts ausrichten. Bei vielen Völkern[36] gibt man kleinen, also besonders gefährdeten Kindern, aus diesem Grunde noch keinen Namen. Genauso nennt man Fremden auf Befragen nur ungern seinen Namen.[37] Oder man wechselt den Namen eines Schwerkranken aus,[38] um den Krankheitsdämon dadurch zu täuschen. Diese Technik des schützenden Namenswechsels geht so weit, daß auch der Tote einen anderen Namen bekommt,[39] damit, wie es heißt, auch er gegen Nachstellungen der Geister gesichert ist. Namenswechsel im Tode erinnert in seiner Struktur freilich stark an den Namenswechsel als Teil der rites de passage;[40] möglicherweise ist die angeführte traditionelle Begründung, Schutz des Toten, nur eine Rationalisierung des Namenswechsels bei Zustandsänderungen.

2.2.1 Die Kenntnis des Namens ist nicht nur eine Zugriffsmöglichkeit gegenüber Menschen, sondern auch gegenüber den göttlichen Wesen; im letzteren Falle, da der ‚reale' Zugriff ausgeschlossen bleibt, eine der wichtigsten. Die instrumentelle Verwendbarkeit des Gottesnamens, die grundsätzlich der gegenüber der menschlichen Person zu entsprechen schien, mußte die Gruppe, die seine Kenntnis hatte, zu einer Geheimhaltung[41] veranlassen. Der Bruch der Geheimhaltung könnte – in diesen Denkformen argumentiert – die eigenen Götter der Verwendung Fremder überlassen.

Eine Geheimhaltung wurde natürlich als besonders dringlich empfunden, wenn die Gottheit vitale Interessen eines Volkes verkörperte. In der geheimen Schutzgottheit von Rom, bzw. dem Geheimnamen der Stadt Roma[42] scheint eine solche Konzeption vorzuliegen. Wer den

36 *Aly*, HWDA 9, 954 f und 961 f.; *H. Güntert*, a. a. O. 17.
37 *Aly*, HWDA 9, 955.
38 *W. Schmidt*, Die Bedeutung des Namens ... 22 ff.; *Aly*, HWDA 9, 963 f.
39 Vgl. *W. Kroll*, in: Rheinisches Museum 52 (1897) 345 f.; *Aly*, HWDA 9, 964.
40 G. van der Leeuw, Phänomenologie ... 215.
41 *G. Foucart*, ERE 9, 133.
42 *A. Brelich*, Die geheime Schutzgottheit von Rom, Zürich 1949.

Namen dieser Gottheit preisgab, sollte dem Tode verfallen, wie jener Valerius von Sora, dem man einen solchen Verrat vorwarf. Die Begründung, die uns Macrobius[43] dafür liefert, ist einleuchtend: Durch die Geheimhaltung sollte eine *evocatio*[44] der Schutzgottheit Roms verhindert werden, ein ‚Herausrufen' der Stadtgottheit, wie es die Römer selbst vor der endgültigen Eroberung fremder Städte praktiziert hatten.

2.2.2 Da das Aussprechen eines Namens der Präsentation der dahinterstehenden Macht gleichkam, wie man glaubte, ist bei unangenehmen und gefährlichen Potenzen besondere Vorsicht angebracht. Der normale Weg, das Dilemma zwischen (notwendiger) Identifikation und (befürchteter) Präsentation zu lösen, ist die Umschreibung, die – mit Ausnahme des eigentlichen Namens – das gesamte Epiklese-Formular verwenden konnte. Ins Positive gewendete Prädizierungen (Euphemismen[45]) sind dabei freilich nicht nur eine Meidung des wahren, schrecklichen Namens, sondern auch Optionen auf eine Wendung ins Freundliche, Hilfreiche. Die Gottheiten, deren Namen man sich auszusprechen scheute, mußten nicht einmal im engeren Sinne feindlich sein, es reichte, wenn sie bestimmten tabuierten Bereichen, wie etwa dem Chtonischen, angehörten. Bei den Römern galt, wer den Namen von vier Saatgottheiten auch nur versehentlich aussprach, für gewisse Zeit als tabuiert,[46] er mußte das *ferias observare* durchführen. Die Völkerkunde kann auf eine Reihe von Sondersprachen hinweisen,[47] die durch ein Auslassen solcher Tabu-Namen charakterisiert sind. Diese ‚Sprachen' müssen in bestimmten Bereichen, etwa auf dem Meer, angewandt werden.

43 Macrobius, Saturnalia 3,9,5: ipsius vero urbis nomen etiam doctissimis ignoratum est, caventibus Romanis ne quod saepe adversus urbes hostium fecisse se noverant, idem ipsi quoque hostili evocatione paterentur, si tutelae suae nomen divulgaretur.

44 Dazu *G. Rohde*, Studien und Interpretationen, Berlin 1963, 189–205. – Es ist höchst anfechtbar, die *evocatio* als ein Zeichen römischer Toleranz zu werten (so zuletzt *G. Mensching*, Toleranz und Wahrheit in der Religion, München–Hamburg 1966, 21): Im Vordergrund der *evocatio* steht der Wunsch, den Fall der fremden Stadt zu beschleunigen und ein Wiedererstehen zu verhindern.

45 *R. Hirzel*, a. a. O. 25 ff.; *K. Beth*, HWDA 2 (1929/30), Sp. 1079–1084 s. v. Euphemismus.

46 Vgl, *K. Latte*, Römische Religionsgeschichte, München ²1967, 51, 2 und 60.

47 *G. Frazer*, The Golden Bough, 1, 415 ff.

2.3 Das bisher betrachtete Material zeigt eine gewisse Konkurrenz von Bild, Kleid und Namen im Blick auf die Fähigkeit, das Ganze des Menschen zu repräsentieren. Innerhalb der Religionsgeschichte ist die Konkurrenz zwischen Bild und Namen insofern im wesentlichen zugunsten des Namens entschieden worden, als auch das Bild erst durch den Namen repräsentativ wird. Von einem Kultbild muß auf irgendeine Weise gesagt werden, ‚wer es ist';[48] umgekehrt vermag dagegen der Name selbständig das Wesen einer Gottheit zu repräsentieren. Demokrits Wort von den Götternamen als *agálmata phonéenta*[49], stimmbegabte Götterbilder, trifft beide Aspekte des Gottesnamens: umfassende Präsentation und personale Zuwendung.

3 *Götternamen*

3.1 Man wird sich den Aufbau der Götternamen zunächst nicht anders vorzustellen haben als eine Stereotypisierung von Prädikationen oder als die Transposition eines allgemeinen Prädikatsbegriffs. Der hier postulierte Prozeß hat eine gewisse Ähnlichkeit mit der Entwicklung vom Augenblicks- zum Sondergott, wie sie von H. Usener[50] beschrieben wurde. Daß die Beispiele, die Usener vorzugsweise aus der römischen Religion dafür anführte, im wesentlichen nicht haltbar sind, ist ein anderes Problem, über das noch zu sprechen sein wird.[51]

3.2 Aus dem über das ursprüngliche Verhältnis zu Sprache Gesagten, dem phylogenetisch und ontogenetisch frühen ‚Wortrealismus', läßt sich leicht verstehen, daß ein weitergehendes Nachfragen nach Wesen und Qualität ebenso die Namen wie die realen Dinge angehen konnte. Wenn die Dinge dem Zugriff entzogen waren oder blieben, richtete

48 Einiges hierzu bei *G. van der Leeuw,* Phänomenologie ... 512 ff. Auf eine klare Differenz zwischen dem Götterbild als Artefakt und als Kultbild weist auch das ägyptische Mundöffnungsritual, vgl. *E. Otto,* Das altägyptische Mundöffnungsritual, Ägyptol. Abhandlungen 3, 1960.
49 68 B 142 Diels-Kranz.
50 *H. Usener,* Götternamen 279 ff. und 73 ff. Ohne explizite Entwicklungshypothese siedelt auch *B. Snell,* Der Aufbau der Sprache, 150, die Götternamen im Spannungsfeld von ‚einfachem' Dingwort und Eigennamen an: „Wenn schon der Eigenname überhaupt dadurch, daß er auf ein Wirkendes, Individuelles geht, gegenüber anderen Formen des Substantivs das Phänomen des Wirkens hervortreten läßt, so gilt das in besonderem Maße für den Götternamen. ... So trägt vieles einen Götternamen, was später mit einem Abstraktum bezeichnet wird."
51 S. unten S. 28 f.

sich das eindringende Suchen notwendig auf den Namen: Frühestes Objekt grundsätzlicher theologischer Spekulation ist allem Anschein nach der Name der Gottheit.[52] Während Kult und Kulthandlung immer nur auf die Gottheit *bezogen* sind, repräsentiert sie allein der Name unmittelbar.

Die begriffliche Durchsichtigkeit eines Teils der Götternamen und die Undurchsichtigkeit der Namen alter Sprachstufen oder übernommener Namen stehen dabei in einem fruchtbaren Widerstreit: Die Durchsichtigkeit bestätigt die Richtigkeit, Berechtigung, über das *étymon* zum Wesen der Gottheit vorzudringen, die Undurchsichtigkeit gibt theologischen Neukonzeptionen weiten Raum. Das Verfahren selbst zwingt, anders als der Weg über den Mythos oder den Kultus, zu einer prägnanten Begrifflichkeit, der Reduktion auf die konstitutiven Eigenschaften.

3.3 Es ist naheliegend, daß die Vorstellung einer Göttersprache,[53] die sich von der menschlichen unterscheidet, all jene Aspekte mitumgreift, die wir unter den Stichwörtern ‚magische Instrumentalisierung des Namens' und ‚Etymologie' behandelt haben. Die Göttersprache ist die umfassende Kenntnis der richtigen Namen; als solche ist sie eine besondere Macht, die in Vollkommenheit allein den Göttern zukommt. In dieser Sprache, in ihren Namen, offenbart sich das Wesen der Dinge, und diese Sprache ist der unmittelbare Zugriff auf sie. Beides steht hinter der agnostischen Bemerkung, die Platon Sokrates in einer Passage des Kratylos[54] machen läßt; als sich die Untersuchung über das Verhältnis der Wörter zu den Dingen den Götternamen zuwendet, bemerkt Sokrates skeptisch: „... über die Götter wissen wir nichts, weder über sie selbst, noch kennen wir die Namen, mit denen sie sich gegenseitig nennen. Denn gewiß benennen sie sich gegenseitig richtig."

Zeugnisse für die Vorstellung einer besonderen Sprache der Götter liegen uns in der Antike seit Homer vor, sie finden sich aber auch in der altnordischen Liederedda.[55] An der Göttersprache können Priester

52 *M. Warburg,* Zwei Fragen zum Kratylos, Berlin 1929, 62 ff. und *W. Kranz,* Stasimon, Berlin 1933, 287 ff.; ferner *K. Barwick,* Probleme der stoischen Sprachlehre und Rhetorik, Abh. Akad. Leipzig, Phil.-hist. Kl. 49, 3, 1957.

53 *H. Güntert,* Von der Sprache der Götter und Geister, Halle 1921.

54 400d. Unter erweitertem Rahmen interpretiert *C. J. Classen,* Sprachliche Deutung als Triebkraft platonischen und sokratischen Philosophierens, München 1959, das Vorgehen.

55 *H. Güntert,* a. a. O. 130 ff.

und bestimmte Mantiker teilhaben. Vorzugsweise ekstatische Lautäußerungen, wie die Schreie der Sibyllen, aber auch die Glossolalie,[56] werden als Götter- oder Geistersprachen gedeutet und wie beim Etymologisieren des Gottesnamens in menschliche Sprache umgesetzt.

4 *Die Vielnamigkeit von Göttern*

4.1 Jene eineindeutige Zusammengehörigkeit von Person und Namen, die die Grundlage unserer bisherigen Ausführungen war, müßte in ihrer Konsequenz bedeuten, daß den Göttern nur ein, eben der richtige Name zukommt. Ein Blick auf Epiklesen, Gebete und Hymnen zeigt demgegenüber, daß gerade die Vielzahl von Namen besonders beliebt ist; die Vielzahl bedeutet offensichtlich mehr als den Versuch, unter den angehäuften Namen den richtigen zu treffen.

Die Gründe für die Attraktivität der vielnamigen Gottheiten müssen also auf anderen Gebieten gesucht werden. Die Mehrzahl der göttlichen Synonyme ist die Nominalisierung von erwünschten göttlichen Eigenschaften oder Funktionen. In einer Fülle solcher Beinamen zeigt sich also für den Gläubigen die Machtfülle des Gottes; die in den Prädikationen angehäufte Machtvielfalt ist für den Anrufenden Versicherung sowohl der Zuständigkeit für das aktuelle Anliegen als auch der notwendigen Fähigkeiten des Gottes. Bei Kallimachos bittet Artemis ihren Vater Zeus kurzerhand um Vielnamigkeit,[57] damit sie mit ihrem Bruder in Wettstreit treten kann; die Quellen weisen ihr, wie auch anderen Göttern, in der Tat als Generalisierung von Macht das Beiwort *polyónymos*, die Vielnamige, zu. Die griechische Isis schließlich trägt ein *myriónymos*,[58] die Tausendnamige, in ihrem Epiklese-Formular.

Neben der Vielnamigkeit infolge von Prädikaten- und Funktionshäufungen steht im Zuge der hellenistischen Religiosität eine ‚internationale' Vielnamigkeit der Götter. Der Brauch wird landläufig, im Gebet den Namen des Gottes in ägyptischer, syrischer, persischer, phrygischer und auch hebräischer Sprache[59] zu nennen. Die Faszination fremdar-

56 *H. Güntert*, a. a. O. 23 ff.; kurzer Überblick bei *F. Heiler*, Erscheinungsformen und Wesen der Religion, Stuttgart 1961, 274 f.

57 Artemishymnos V. 7; *H. Usener*, Götternamen 334.

58 *H. Usener*, a. a. O. 334, 7 mit Belegen.

59 Vgl. *R. Reitzenstein*, Die hellenistischen Mysterienreligionen, Leipzig–Berlin 31927, 137 ff.

tig klingender Namen verbindet sich dabei mit der Hoffnung auf die religiöse Präferenz einer Sprachform.

4.2 Über den kulturellen Mechanismus, durch den sich Gottheiten zu zwei Gestalten aufspalten, oder funktionsgleiche miteinander vereinigen, gibt es die verschiedensten Erklärungsversuche; eine monokausale Ableitung ist bei der Komplexität des Vorgangs wohl nicht zu erwarten. Die Überlagerung von politischen, ethnischen, geographischen und ökonomischen Gründen führt zu Ablaufsmustern, die nur in ihren Tendenzen, nicht aber in ihren Ursachen beschreibbar sind.
Grundsätzlich kann man jedoch funktionale und lokale Abspaltungen (A. Bertholet[60]) voneinander trennen. Beide Prozesse sind wohl in allen großen, überregionalen Religionen ständig im Gang, zusammen mit dem gegenläufigen Vorgang, über den wir gleich sprechen werden. Die Gründe für den Anatogismus von Abspaltung und Vereinigung liegen in dem Dilemma zwischen der vom Gläubigen grundsätzlich erstrebten Machtkumulierung in einer Gottheit überregionaler Bedeutung und der daraus normalerweise resultierenden lokalen und emotionalen Distanzierung.
Die lokale Spezialisierung sichert die unmittelbare Präsenz der Gottheit, die funktionale Differenzierung ihre volle Zuwendung; anderseits ist die Verbindung zur ‚großen Gottheit', also die gegenläufige Tendenz, Garantie für Macht und Wirksamkeit. Nur eine andere Beschreibungsform desselben Phänomens ist es, wenn man feststellt, daß die ‚normalen' Qualitäten von Göttern grundsätzlich revier- und/oder funktionsgebunden und/oder zeitbezogen sind. Lösen Sublimierungsprozesse diese ursprünglichen Qualitäten ab, wächst die Tendenz zur Götterspaltung.

4.3 Dem Bedürfnis der Gläubigen nach lokaler Differenzierung ist jenes nach Vereinheitlichung und Gleichsetzung[61] diametral entgegengesetzt – trotzdem können beide Prozesse mit geringer Phasenverschiebung gleichzeitig ständig wirksam werden. Die Gründe für ein Gleichsetzen oder Angleichen von verschiedenen Gottheiten aus ursprünglich getrennten Kulturbereichen umfassen wahrscheinlich ein

60 *A. Bertholet,* Götterspaltung und Göttervereinigung, Tübingen 1933.
61 Zu den Problemen einer Reduzierung der Götter in Richtung auf einen Monotheismus unter den Aspekten von Symbolökonomie und Kontingenz *N. Luhmann,* Religion – System und Sozialisation, 57 ff.

erhebliches Arsenal an Motivationen: Gleichsetzungen können vorgenommen werden, weil der lokale Gott durch die Verbindung an Macht gewinnt, aus einem theoretischen Harmonisierungsbedürfnis im Kontakt mit fremden Völkern, aus einem praktischen Bedürfnis nach kultischer Orientierung in einem fremden Land, oder einfach aus politischen Erwägungen.

Der Hellenismus ist die klassische Zeit für eine derartige Verschmelzungstendenz[62] – gegeben hat es diesen Vorgang freilich von dem Zeitpunkt an, an dem Lokalkulte über ihre Kultorte hinausgewachsen sind. Für den ‚einfachen Mann' laufen demzufolge auch die Prozesse des hellenistischen Synkretismus zunächst parallel mit jenen Prädikaten- und Funktionshäufungen, von denen wir bereits sprachen; für den Gebildeten waren sie sehr viel deutlicher Ansätze eines längst geforderten Sublimierungs- und Generalisierungsprozesses in Richtung auf einen universalen Gott.

Der typische Ausdruck eines Synkretismus einfachster Form ist die Verbindung eines Gottesnamens mit einem zweiten, fremden als Epitheton: Zeus Belos, Juppiter Dolichenus, Herakles Melquart usw.[63] Zwei Grundbedingungen charakterisieren einen Synkretismus, wie er uns in hellenistischer Zeit gegenübertritt: Kulturelle Überlagerungen großer Spannweite, die die Tendenzen zu lokaler Ausdifferenzierung und die Identität erhaltenden Mechanismen in den Einzelkulten überspringen, und ein nicht-kultgebundener Begriffsapparat, wie ihn im wesentlichen die griechische Philosophie bereitstellte.

4.4 Eine weitere, Synkretismen allgemeinster Art begünstigende Komponente sei noch kurz angesprochen. In der Verhaltensforschung ist verschiedentlich darauf hingewiesen worden,[64] daß es für viele höhere Tiere und auch den Menschen eine Begrenzung in der Zahl von Individuen gebe, mit denen sie in eine individualisierte Beziehung treten können: Jenseits dieser Zahl, die wohl eine Fixierung der phylogenetisch normalen Gruppengröße darstellt, beginnt die Anonymität, bzw. bleibt sie bestehen. Grundsätzlich müßte diese Zahl wohl auch

62 Guter Überblick bei *G. Mensching* ³RGG 6 (1962), Sp. 563–566 s. v. Synkretismus.

63 Weitere Beispiele bei *Bertholet*, a. a. O. 14 ff.

64 *I. Eibl-Eibesfeldt*, Liebe und Haß. Zur Naturgeschichte elementarer Verhaltensweisen, München ⁴1971, 73 ff. (‚Vom individualisierten Verband zur anonymen Gemeinschaft'); ferner *D. Morris*, Der nackte Affe, München 1970, 171–175.

für die *fiktiven* Kontaktpersonen gelten, solange diese Beziehung individualisiert, namentlich erfolgen soll. Auf unser Problem angewandt, würde das bedeuten, daß es auch für die polytheistische Religionsform, als der klassischen soziomorphen Organisation der Umwelt, eine optimale, eine maximale Größe geben müßte, über die hinaus eine individualisierte Beziehung nicht aufrechterhalten werden kann. ‚Götterimporte' durch Propaganda, Mission, Diffusion oder Oktroi usw. würden dann entweder andere Götter anonym werden lassen oder aber sich mit ihnen verbinden, so daß die ‚Population' in jedem Fall in etwa konstant bliebe. Sind diese Gedankengänge akzeptabel, würde das Verhältnis von (anonymen) Mächten und persönlichen Göttern, das so gern phaseologisch,[65] d. h. als Stufenfolge auf einem postulierten Wege vom Prädeismus zum Monotheismus interpretiert wird, eine ganz andere Interpretation erfordern.

4.5 Ende des vorigen Jahrhunderts wurde von Hermann Usener unter dem Titel ‚Götternamen. Versuch einer Lehre von der religiösen Begriffsbildung'[66] eine Theorie über die Entstehung der Götternamen vorgelegt, die zwei wichtige, neue Termini in die Religionswissenschaft einführte. Useners mit Blick auf die römischen Götter entwikkelte Konzeption ist in den wichtigsten historischen Konkretisierungen bestritten worden, blieb jedoch als Beschreibung eines Entwicklungsprozesses akzeptabel. Der erste neueingeführte Terminus ist der des Augenblicksgottes: „Wenn die augenblickliche Empfindung dem Dinge vor uns", beschreibt Usener den Vorgang,[67] „das uns die unmittelbare Nähe einer Gottheit zu Bewußtsein bringt, dem Zustand, in dem wir uns befinden, der Kraftwirkung, die uns überrascht, den Wert und das Vermögen einer Gottheit zumißt, dann ist der Augenblicksgott empfunden und geschaffen. In voller Unmittelbarkeit wird die einzelne Erscheinung vergöttlicht, ohne daß ein auch noch so begrenzter Gattungsbegriff irgendwie hineinspielte ..." Aus dem mehrfachen Erscheinen, Empfinden eines solchen Augenblicksgottes wird nach Usener ein Sondergott. Die klassischen Beispiele für solche Sondergötter sind der *Vervactor* (für das erste Durchpflügen des Ackers), der *Reparator* (für das zweite), der *Imporcitor* (für das dritte Pflügen) ... bis hin zum *Conditor* für die Speicherung und *Promitor* für die Herausgabe des Ge-

65 Vgl. unten S. 28 f.
66 1. Auflage 1896, 3. Aufl. 1948.
67 *H. Usener*, a. a. O. 280.

treides;[68] es sind die Götter, die vom *Flamen Cerealis* zu Beginn der Saatzeit angerufen werden. Nach Useners Vorstellungen gibt es zwar Über- und Unterordnungen der Sondergötter nach der Bedeutung ihrer Aufgaben, ein Weg zur großen persönlichen Gottheit eröffnet sich jedoch erst dann, wenn die Benennung der Gottheit (und die extreme Begrenzung ihrer Funktion) für die Gläubigen nicht mehr durchschaubar ist.

Von Useners Begriffen hat nur der des Sondergotts überlebt, häufig auch mit ‚Funktionsgott' gleichgesetzt oder übersetzt,[69] obwohl seine Beispiele aus dem römischen Bereich zeigen, daß die Sondergötter gerade keine Funktionsgötter sind. Das Charakteristikum der römischen Sondergötter ist es, daß sie Punkten eines Prozesses zugeordnet sind, nicht logischen Funktionen. Hierin zeigt sich eine grundsätzliche Eigenheit der römischen Religiosität: Göttliches Wirken ist für die Römer punktuell, auf den historischen Akt bezogen, die Götter offenbaren sich nicht in einer überzeitlichen Seinsweise, sondern durch ihr Eingreifen bei singulären geschichtlichen Situationen. Komplementär gestaltet sich der Kontakt des Römers mit seinen Göttern[70]: punktuell, reagierend, distanzierend. Aus diesen wenigen Bemerkungen ist vielleicht schon deutlich geworden, daß Useners Versuch, mit Hilfe der römischen Sondergötter und auf dem Wege über die Namensbildung die Entstehung der Götter überhaupt zu systematisieren, zu keinen gültigen Ergebnissen[71] führen konnte. Auch unabhängig von den konkreten, auf die römischen Verhältnisse bezogenen Einwänden ist es grundsätzlich problematisch, Sonder- oder Funktionsgötter als unvollkommene, unvollendete Entwicklungsstufen auf dem Wege zum persönlichen Gott zu verstehen. Die Wahrscheinlichkeit ist sehr viel größer, daß in solchen Fällen bewußte, distanzierende Gestaltungen am Rande eines funktionierenden Polytheismus[72] vorliegen.

68 Vgl. *H. Usener,* a. a. O. 76 f.
69 Hierzu kurz *M. P. Nilsson,* Gesch. d. griechischen Rel. 1³, München 1967, 58 ff.
70 Dazu *F. Altheim,* Römische Religionsgeschichte 1, Baden-Baden 1951, 99–119 (‚Altitalische und altrömische Gottesvorstellung'), in kritischer Aufarbeitung von *K. Latte,* Archiv. f. Religionswiss. 24, 244 ff.
71 Diskussion bei *G. van der Leeuw,* Phänomenologie ... 155 ff.
72 Dazu oben S. 27 f.

5.1 Namenlosigkeit eines Gottes als besondere Qualität

Namenlosigkeit, der wir uns nun zuwenden wollen, kann im normalen sozialen Verkehr, wie bereits ausgeführt,[73] zwei völlig verschiedene Gründe haben, die ich kurz als die Namenlosigkeit des Hochgestellten und jene des Niedrigstehenden klassifizieren möchte. Mit der hierarchisch begründeten Namenlosigkeit des Überlegenen vergleichbar ist die kultische Namenlosigkeit großer Götter[74]: Man vermeidet es, ihre Namen auszusprechen, der Verkehr mit ihnen läuft über Antonomasien. Noch konkreter wird diese Struktur, in der sich soziale und magische Schemata[75] überlagern, wenn der Name der Gottheit den Kultteilnehmern und, in einer mythischen Reflexion des Sachverhalts, den anderen Göttern unbekannt ist. Im Mythos von der ‚List der Isis'[76] ist selbst der Göttin, die sonst alles weiß, der Name des Sonnengottes nicht bekannt. Erst durch eine handfeste Erpressung gelangt sie in seine Kenntnis. In der rabbinischen Tradition wird schließlich sogar der Jahwe-Name zu einem Geheimnamen[77] – und zwar gegen die im Alten Testament dokumentierten Tendenzen.

5.1.1 Da selbst der Geheimname einer Gottheit als eine Gefahr verstanden werden kann, als Bedrohung ihrer absoluten Autonomie, ist die konsequente Gestaltung göttlicher Überlegenheit – in dieser Richtung – die absolute Namenlosigkeit. Nur sie würde der Konzeption des höchsten Gottes die Nichtverfügbarkeit sichern.

5.1.2 Noch ein dritter Weg führt – neben der ‚hierarchischen Namenlosigkeit des Herrn' und der ‚magischen Nichtverfügbarkeit des Namenlosen' – in seiner letzten Konsequenz zum Postulat der Namenlosigkeit des höchsten, einzigen Gottes. Dieser dritte Weg, der sich am besten im griechischen Bereich verfolgen läßt, vereinigt eine Kritik an den Aussagemöglichkeiten der menschlichen Sprache mit dem Aufweis der logischen Unvereinbarkeit der verwendeten Vollkommenheitsprä-

73 Oben S. 18.

74 Überblick bei *J. A. MacCulloch,* ERE 9, 1917, 178–181 s. v. nameless Gods; vgl. auch *E. Norden,* Agnostos Theos, Darmstadt [4]1956, 57, 1.

75 S. oben S. 14.

76 Übersetzungen bei *E. Brunner-Traut,* Altägyptische Märchen, Düsseldorf-Köln [2]1965, 115 ff. mit Lit. Zur Interpretation vgl. auch *E. Norden,* Agnostos Theos 216 ff.

77 *Bietenhard,* Theol. Wörterbuch z. NT 5, 265 ff.

dikate: Der eine Gott ist nun nicht nur namenlos, sondern auch nicht mehr prädizierbar. Die hier angesprochene Entwicklung ist durch Xenophanes, Platon, Aristoteles, die Stoa, Hermetik, Gnosis und Neuplatonismus[78] nur in ihren Umrissen angedeutet. Im Corpus Hermeticum, das ich als einen Endpunkt nennen möchte, mündet die Dialektik der kultischen *Viel*namigkeit des *einen* Gottes in die faktische Namenlosigkeit: „Gott ist einer, der eine braucht keinen Namen. Seine Existenzweise ist die der Namenlosigkeit." In seiner Namenlosigkeit fallen die Namen aller Dinge zusammen; das heißt praktisch, Gott kann durch die Namen aller Dinge und alle Dinge können durch Gott benannt werden.[79] In anderen Schriften des Corpus wird die gleiche Gedankenfolge konventioneller ausgedrückt[80]: Der Name des höchsten Gottes kann von menschlicher Stimme nicht ausgesprochen werden, Gott ist ein *áphraston ónoma*. Oder, die alte Verbindung von Götternamen und Göttersprache[81] wiederaufnehmend: Der Name des Herrn ist verehrt von den Göttern, allen Menschen aber verborgen.

Eine Steigerung und Kumulierung von Vollkommenheitspostulaten, wie sie seit Xenophanes für eine angemessene Gottesvorstellung gefordert werden,[82] führt konsequenterweise zu jener bei Philon am deutlichsten ausgeprägten ‚negativen Theologie': Gott ist unerfaßbar (*akatálēptos*), unbenennbar (*árrētos*), unumschreibbar (*aperígraphos*), schlechthin qualitätslos (*ápoios*). Die Entwicklung dieser Prädikate, Prädikationen[83] läuft über eine einfache Steigerung humaner und sozialer Qualitäten des Gottes, über Vollkommenheitsprädikate, die eine Erhabenheit über den ‚Druck der Realität' bezeichnen, über Aussagen von Totalität und Welthaltigkeit bis hin zu jener umfassenden Qualitätslosigkeit. Eine ideologiekritische Analyse dieser Konzeption und

78 Eine kritische Analyse der Entwicklungstendenzen bei *E. Topitsch*, Über Leerformeln, Festschr. Victor Kraft, Wien 1960, 239 ff.; s. auch die in Anm. 83 angegebene Lit.

79 Corp. Hermeticum fr. 3 (Scott 1,534); Stellen bei *Bietenhard*, a. a. O. 249 mit weiterer Interpretation.

80 Corp. Hermeticum fr. 11 (Scott 1,536); Corp. Hermeticum Asclepius 41 b (Scott 1,374,3).

81 Corp. Hermeticum Exzerpt 23,55 (Scott 1,486,31); s. oben S. 24 f.

82 *W. Jaeger*, Die Theologie der frühen griechischen Denker, Stuttgart 1953, 54 ff.; besonders aber *E. Topitsch*, Über Leerformeln, a. a. O. 240 ff.

83 Ausführliche Analyse des Prozesses bei *E. Topitsch*, Vom göttlichen Wissen. Zur Kritik der Geistmetaphysik in: E. Topitsch, Gottwerdung und Revolution, München 1973, 39–134, und *ders.*, Vom Ursprung und Ende der Metaphysik, dtv. Wisenschaftliche Reihe 1972.

ihrer Entstehungsgeschichte hat keine Mühe, den Gottesbegriff als Leerformel und seine Entstehungsgeschichte als konsequent durchgeführte Immunisierungsstrategie[84] aufzuzeigen.

6 *Name und Religion*

Mit der Namentlichkeit der Götter haben sich die Religionen ein universales Instrument geschaffen, das gleichzeitig emotionale wie intellektuelle Forderungen zu erfüllen in der Lage ist. Der Name der Götter postuliert als Personenbezeichnung, als Institut sozialer Organisation, Interesse und Zuwendung, als Abstraktum generalisierte Realität. Beide Aspekte kulminieren in der Namentlichkeit des *einen* Gottes in einem philosophisch überhöhten monotheistischen System: Hier wird der Name als Distinctiv überflüssig und sinnlos, als aus einer Akkumulation von Vollkommenheitspostulaten gewonnene Universalchiffre bleibt er ohne kognitive Bedeutung.
Die Namentlichkeit der Götter ist Voraussetzung eines funktionierenden Polytheismus. ‚Funktionierend' heißt dabei: Die Kontingenz des erlebten Geschehens ist durch die durchschaubare, in Namen und Mythos fixierte Sozialordnung des Götterapparats gesichert. Der Weg vom spätarchaischen Polytheismus zum Monotheismus verschließt diese Möglichkeit und erzwingt damit eine respezifizierende Theologie, konkret gesprochen, an die Stelle des Mythos treten die Theologen.
Theologie und (idealistische) Philosophie werden in dem Maße wichtig, in dem die ‚Symbolökonomie' des einen Gottesnamens jeglicher scholastischen Dogmatik[85] weiten Raum öffnet. Eine Reduktion des Mythos auf den Namen und die Sublimation des Gottesbegriffes zu einer Leerformel sind dabei ständig in der Gefahr, das entstehen zu lassen, was man mit Th. Ribot und E. Topitsch[86] als emotionales Abstraktum bezeichnen könnte: „Leerformeln, welche aber (wenigstens für bestimmte Personen) psychologisch als Symbol für den aufs höchste gesteigerten Wert oder die äußerste Vollkommenheit wirksam sein und auf entsprechende Erlebnisse hinweisen oder sie hervorrufen können."

84 *E. Topitsch,* Vom göttlichen Wissen ... 39 ff., und *ders.* Über Leerformeln ... 239 ff.
85 *N. Luhmann,* Religiöse Dogmatik und gesellschaftliche Evolution, in: Dahm, Luhmann, Stoodt, Religion – System und Sozialisation, Sammlung Luchterhand 1972, 15–132.
86 *E. Topitsch,* Über Leerformeln ... 242, unter Verweis auf *Th. Ribot,* La logique des sentiments, Paris 1905, 129.

Hellmut Brunner

Name, Namen und Namenlosigkeit Gottes im Alten Ägypten[1]

Wesen der Gottheit und Namengebung

Ist der Name unverbindlich-flüchtig wie Schall und Rauch? Wer dies sagt, ist Faust, und zwar in der Katechisationsszene, wo Gretchen exakt nach seinem Christentum fragt, und die Antwort ist eine windelweiche Ausflucht, eine Flucht ins Allgemeine von dem, der durch seinen Pakt mit Mephisto jedenfalls, vielleicht schon durch sein Studium in Sachen Religion keiner Bindung und entsprechend auch keiner klaren Auskunft mehr fähig ist. Es gab und gibt sehr andere Auffassungen von der Bedeutung des Namens, wie bereits dargelegt worden ist und wie wir jetzt an einer ersten Einzelreligion exemplifizieren wollen. Dabei werden sich manche der im ersten Beitrage gezeigten Phänomene nicht nachweisen lassen, andere werden sich – wie könnte es anders sein? – in kulturtypischem Zusammenhang anders darstellen. Im ganzen aber können wir auf den Ausführungen von Burkhard Gladigow fußen und brauchen nicht zu wiederholen, was er von Namenlosigkeit als Zeichen mangelnder Individualisierung, aber auch als Zeichen der Unverfügbarkeit, was er von Geheimnamen, Namengebrauch, was er auch von Götterspaltungen und -vereinigungen mit großer Vollständigkeit gebracht hat.

Die ägyptische Religion freilich, die ihre Form um 3000 v. Chr. erhalten hat, ist lange erloschen – im 3. und 4. Jahrhundert hat das Christentum sie besiegt. Daß aber auch in der Gegenwart der lautstarke Rationalismus noch nicht jedes Gespür dafür übertönt hat, daß der Name mehr als ein beliebiges Erkennungs- und Unterscheidungszeichen ist, das ebensogut oder noch zweckmäßiger durch eine Ziffer ersetzt werden könnte, sehen wir an dem Unwillen, mit dem jeder Na-

1 Literatur: *Hendrik Willem Obbink*, De magische betekenis van de naam inzonderheid in het oude Egypte, Paris 1925; *Hans Bonnet*, Reallexikon der ägyptischen Religionsgeschichte, Berlin 1952. s. v.; *Erik Hornung*, Der Eine und die Vielen, Darmstadt 1971, Register s. v.; *Gerardus van der Leeuw*, Phänomenologie der Religion, [2]1956.

mensträger eine Entstellung, ja eine falsche Schreibung seines Namens aufnimmt. Es ist, als ob hier ein Stück seines Wesens getroffen sei, ganz zu schweigen von der Abneigung, ‚nur eine Nummer', also namenlos zu sein.

Jedes religiöse Erlebnis ist zunächst Begegnung mit einer Macht, doch bleiben dabei Begegnung wie Gegenüber ohne feste Struktur, bleiben ungreifbar, bis der Mensch der erlebten Mächtigkeit einen Namen gibt. „Er (der Name) ist die erste Form, in der die Gestalt undeutlich zu erscheinen beginnt. Er ist eine Handhabe, mit der man die Macht in den Griff bekommt, das Zauberwort, mit dem man sie ruft. Der Name, ursprünglich nichts anderes als eine Erscheinung dessen, was man erlebt, ist dasjenige, wodurch sich der eine vom anderen unterscheidet. Er ist das Wesen des Gottes."[2] Hier haben wir die wesentlichen Elemente sowohl einer Genese als auch eines Verständnisses beisammen. Es braucht uns heute nicht zu beschäftigen, daß sich oft in einer bestimmten religionsgeschichtlichen Entwicklung der Name der Gottheit wieder auflöst, aus dem theos ein theion wird – dann nämlich, wenn die überall vorhandenen pantheistischen Tendenzen überhand gewinnen. In Ägypten behalten die Götter immer ihr Profil, und wenn sie ‚namenlos' genannt werden, so hat das, wie wir noch sehen werden, andere Gründe. Mit ägyptischen Göttern verbindet sich nicht nur für uns fest der Begriff der Götternamen – wer kennt nicht Amun, Osiris, Isis, Seth, Horus und viele andere wenigstens dem Namen nach? –, sondern er tat das auch für Herodot, der um 450 v. Chr. Ägypten bereiste und berichtet: „Überhaupt stammen fast alle hellenischen Götternamen aus Ägypten."[3] Moderne Sprachwissenschaft lehrt, daß kein einziger Name griechischer Götter ägyptischen Ursprungs ist. Was also meint Herodot mit seiner befremdenden Feststellung? Er trifft sie im Anschluß an seine Erkenntnis, daß ein bestimmtes ägyptisches Fest in seinen Formen und seinem Gehalt einem griechischen Dionysos-Fest gleiche, und stellt als äußerst wahrscheinlich hin, daß diese Phallophorien aus Ägypten stammen und von dort durch Melampous nach Griechenland verpflanzt worden seien. Herodot weiß natürlich sehr genau, daß der Gott, dem die Ägypter dieses Fest feiern, Osiris heißt, der griechische dagegen Dionysos. Er meint mit seiner Aussage also offenbar nicht das, was wir heute Namen nennen, sondern das Wesen, die Ge-

2 *G. van der Leeuw*, Einführung in die Phänomenologie der Religion, Darm-[3]1973, 20.
3 Herodot II, 50.

stalt der Götter, die sich zuerst in Ägypten aus dem vagen Erlebnis der Begegnung mit einer Macht zu dem einer Begegnung mit mehr oder weniger personhaften Göttern verfestigt hat.

Es gehört zu den Grundlagen des Polytheismus, daß die Welt nicht monistisch zu erklären ist, vielmehr pluralistisch. Die mannigfaltigen Erscheinungen lassen sich nicht unter eine einheitliche Größe subsumieren, bestehen vielmehr – wenn auch nicht gleichwertig – nebeneinander, und dem entspricht eine Vielzahl von Göttern. Zwischen ihnen zu unterscheiden gelingt vor allem mit Hilfe der Namen, und diese Unterscheidung, meint Herodot, haben zuerst die Ägypter getroffen, sie haben zuerst die einzelnen und verschiedenartigen Mächte, denen sie begegneten, als verschiedene erkannt und danach benannt.

Daß nun die Göttin der Liebe in Ägypten Hathor, in Griechenland Aphrodite heißt, steht Herodots Aussagen von einer Übernahme des ‚Namens' nicht im Wege. Es handelt sich dennoch um dieselbe Göttin, und der Unterschied ist kein anderer als der, wenn die Ägypter die Hand *djeret* nennen, die Griechen zu demselben Objekt aber *cheir* sagen. Namengebung ist Individualisierung, und selbst wenn die gleiche Person, der gleiche Gegenstand hier anders heißt als dort, so handelt es sich doch um den gleichen ‚Namen'.

Herodot weiß um die wirkliche Bedeutung der Namen und gebraucht das Wort in einem weiteren und zugleich präziseren Sinn als wir.

Wenn dergestalt der Name die Individualität der Gottheit in sich schließt, so ist es wichtig, den Namen des Gottes zu kennen, zu wissen, mit wem man es zu tun hat, wer einem gegenübertritt, um den Gott mit dem erfreuen zu können, was er liebt – sei es ein Hymnus, ein Gebet, ein Opfer, ein bestimmtes Verhalten oder einfach ein Gespräch über sein Wesen, daß man eben richtig mit ihm umgeht. Das ändert auf der Ebene der Hochreligion – von der Magie wird nachher noch zu sprechen sein – nichts an der grundsätzlichen Unverfügbarkeit von Gottes Macht; es ändert nicht einmal etwas an der Unerforschlichkeit Gottes, an seinem – wie der Ägypter sagt – Geheimnis. Auch wenn der Schleier des Bildes zu Sais nicht aufgehoben wird, so weiß der dem Geheimnisvollen gegenübertretende Mensch doch um Namen und Wesen, bis zu einem gewissen Grad auch um den Willen dieser Gottheit – ist es doch gerade der Sinn der religiösen Tradition, solches Wissen um die rechte Haltung gegen die Gottheit aus der Erfahrung von vielen Generationen den heranwachsenden Menschen zu vermitteln, ihnen üble Erfahrungen und Umwege zu ersparen. Aber trotz allem vererbtem Wissen: der Kultname und die sich mit ihm verbindende Haltung des Menschen können nie die Fülle der Gottheit erschöpfen. Hinter ihm stehen andere, unerforschlich bleibende ‚Namen', also Eigenschaften oder Funktionen. Mag sein, daß eine besondere Notlage der Menschen ihnen eines Tages den Blick schärft, so daß sie weitere Seiten eines ihnen lange bekannten Gottes erblicken, mag sein, daß Gott, wie die Ägypter sagen würden, einen Teil seines Geheimnisses lüftet – grundsätzlich bleibt immer ein unerkennbarer, mehr oder weniger großer Rest, bleibt der Name ‚geheim'. Der Gottesname offenbart und verhüllt also gleichermaßen, Gott wird ‚verfügbar' und bleibt ‚unverfügbar'. Der Gottesname spiegelt die ewige Doppelnatur der Gottheit wider: das offenbare Gesicht ebenso wie sein verborgenes, nicht nur menschlichem Zugriff, sondern auch menschlicher Kenntnis entrücktes Wesen.

Auch in Ägypten können wir, soweit wir auch in die Geschichte zurückblicken können, die Entstehung von Götternamen nicht greifen – sie sind schon vorhanden, als die Schrift anfängt, uns zu Beginn des 3. Jahrtausends die Sprache zu erschließen. Freilich werden im Laufe der Geschichte einzelne Götter dem Pantheon zugefügt, wenn die Bewußtseinslage des Volkes den einen oder anderen Gott in Erscheinung treten läßt – so etwa einen Gott Sched in der Zeit einer Auflösung alter Bindungen, als der einzelne in eine ihn in Angst versetzende Isolierung gerät –, und Sched heißt nichts weiter als ‚Retter'. Schon lange Jahrhunderte vorher kam vielen ägyptischen Göttern unter anderem das Epitheton ‚Retter' zu, vor allem Amun, aber auch Ptah und sonstigen Göttern. Dieser Aspekt einiger – beileibe nicht aller – ägyptischer Gottheiten gerinnt in Zeiten allgemeiner Existenzangst zu einer eigenen Gestalt, oder, vom betroffenen Menschen aus formuliert: erst jetzt, in Zeiten solcher Not, offenbart sich die betreffende Rettergottheit in ihrem vollen Wesen – ein neuer Gott wird geboren, eben der Gott Sched.[4] Hier wird also eine Göttergestalt nach ihrer Eigenschaft oder ihrer Funktion benannt – und es hat den Anschein, daß viele ägyptische Götter ihre ‚Namen' ihrer Eigenschaft verdanken. Wenn dem aber so ist, so mögen grundsätzlich alle Götter neue ‚Namen' erhalten, wenn sie neue Seiten ihres Wesens offenbaren bzw. wenn die Menschen neue Seiten ihres Wesens erkennen.

Bevor wir hier weiter sehen, bleiben wir noch einen Augenblick bei den Götternamen, die das Wesen des Gottes bezeichnen, jedenfalls den

4 Siehe *H. Brunner*, Eine Dankstele an Upuaut: Mitt. d. Deutschen Archäol. Instituts, Abt. Kairo, 16 (1959) 5–19, bes. 12–17.

zur Zeit der Namengebung den Menschen am wichtigsten erscheinenden Zug des Wesens. Oft wird der mit dem Namen verbundene Zug, wenn der Gott sich nicht entfaltet, die einzige Seite dieser Gottheit bleiben. Chons heißt übersetzt der ,Wanderer'. Es ist der Mondgott, der den Himmel durchzieht. Es bleibt bemerkenswert, daß die meisten Namen ägyptischer Götter sich nicht etymologisieren lassen – sie mögen aus einem sprachlichen Substrat stammen, das uns nicht mehr greifbar ist. In diese Rubrik fallen so bekannte Götternamen wie Osiris, Isis, Horus, Ptah, Thot, Month.

Beredt ist aber wieder der Name des Amun, jenes Gottes, der seit dem Beginn des 2. Jahrtausends an die Spitze aller Götter trat, weil er auf einer neuen Stufe des Selbstbewußtseins des Individuums von jedem Ägypter immer wieder erlebt wurde, weil er der überall anwesende, aber unsichtbare Gott war, der Gott, der alles erfüllt, „kein Ding ist frei von ihm", der Lufthauch, der Wind, das *pneuma*, der Gott, der unsichtbar bleibt, aber an seinen Wirkungen erkannt wird – Amun heißt übersetzt ,der Verborgene'. Folgerichtig hören wir in einem Amun-Hymnus: „Es gibt hier keinen Ort, der frei wäre von seinem Namen; sein Name ist süß [im Munde der Menschen, angenehm] im Herzen der Götter."[5]

Durch ihre Namen also unterscheiden sich die ägyptischen Götter – wobei wir jetzt bei dem Wort ,Namen' immer ,Wesen' mithören wollen. Wir verstehen, daß jedes Gebet mit dem Namensanruf des Gottes beginnen muß. Oft aber wird ein solcher Anruf in Gebet oder Hymnus erweitert, dem Namen werden andere hinzugefügt, auch solche Bezeichnungen, die wir nicht ohne weiteres Namen nennen würden, die wir lieber unter die Epitheta, die Beiworte einordnen – wir halten uns bei solchen terminologischen Feinheiten nicht länger auf, wissen wir doch um die erheblich in Richtung ,Wesen' ausgedehnte Bedeutung des Begriffs ,Namen'.

Was hat es nun mit der Vervielfältigung der Namen im Anruf auf sich, die bis zu einer Reihung von Hunderten von Namen in Litaneien gehen kann? Bei Gebeten verbindet sich ein konkreter Anlaß, in der Regel eine Bitte mit der Namensnennung, eine Bitte, die sogar gelegentlich an den Namen des Gottes anknüpfen kann – das bekannteste Beispiel stammt nicht von einer Bitte an einen Gott, sondern aus der Geschichte von der Geburt dreier Könige, deren Namen schon vorher

5 *H. Goedicke* und *E. F. Wente*, Ostraka Michaelides, Wiesbaden 1962, Taf. 15, Z. 3.

von göttlicher Seite festgesetzt worden sind. Die – ebenfalls göttlichen – Hebammen besprechen nun bei der Geburt selbst die Kinder in Anspielung an ihre Namen: „Sei nicht stark in ihrem Leibe, sowahr du ‚Sein Ka ist stark' heißt."[6] Ein anderes Beispiel ist ebenfalls negativ gewendet, d. h., es soll eine durch den Namen als Wesensaussage unerwünschte Seite der Gottheit nicht zum Tragen kommen: Die Himmelsgöttin führt u. a. das Beiwort *hrt*, ‚die Ferne', und in einem Anruf an sie heißt es dann: „Sei nicht ferne gemäß deinem Namen ‚die Ferne'."[7] Ein positives Beispiel: „Nut soll dich beschirmen, sowahr sie ‚die Schirmerin' heißt", wörtlich „in diesem ihrem Namen ‚die Schirmerin'".[8] Im Götterkult der Tempel fehlt eine Bitte nach dem Namenanruf, oder sie versteht sich von selbst: Die Gottheit, ist die Meinung, möge in ihren Tempel kommen, in ihrem Bilde (Statue oder auch Wandrelief) Platz nehmen und dem Lande ihren Segen spenden, möge in ihrem Heiligtum weilen, um „die Weinenden zu hören".

Vielnamigkeit der Götter

Aber warum die Häufung der Namen? Ägyptische wie griechische Texte nennen ägyptische Götter häufig ‚vielnamig', ‚polyonymus', ‚myrionymos'. Dabei fällt auf, daß nur ‚großen' Göttern diese Bezeichnung zukommt, Isis voran, aber auch Amun oder Osiris. Die Erklärung fällt nicht schwer: Neben ‚kleinen' Göttern, denen nur ein begrenzter Ausschnitt aus dem Leben zugeordnet ist, die nur in Grenzen wirken (etwa Month als Kriegsgott, Sechmet als Seuchen- und Heilgöttin, Toëris als Göttin der Schwangerschaft und der Geburt), stehen andere, deren Wirkung sehr viel weiter empfunden wird: Amun etwa, der als Lufthauch (wir sprachen schon davon) alles erfüllt, der überall anwesend ist, auch im Menschen, und zwar in allen Menschen, vom König bis zum letzten Fellachen, ist Retter aus jeder Art von Not (Seenot, Gerichtsnot, Krankheit usw.), aber auch Schöpfer, d. h. Ernährer, Spender von Kindersegen, Förderer der Berufslaufbahn, anderseits Erhalter des Staates, siegverleihender Kriegsgott – kurz, er hat eine umfassende Wirkung, eben aufgrund seines Wesens. In den

6 Westcar 10,9.; *E. Brunner-Traut*, Altägyptische Märchen, Düsseldorf-Köln [3]1973, 20.
7 Pyr. 785. Übers. von *R. O. Faulkner*, The Ancient Egyptian Pyramid Texts, Oxford 1969, 143.
8 Pyr. 638. Übers. a. a. O. 121.

an ihn gerichteten Hymnen werden nun diese Eigenschaften ihm zugesungen, werden in kurzen Rufen oder Sätzen systematisch, in weniger reflektierten Dichtungen auch assoziativ, aneinandergereiht.

Berühmt sind Isishymnen aus griechischer Zeit, teils auch in griechischer Sprache und weit über das Nilland hinaus in der Mittelmeerwelt verbreitet, die in knappen Sätzen der vielnamigen Göttin ihre Taten und Eigenschaften zusingen – sie gehen in der Wissenschaft unter der Bezeichnung Aretalogien. Es wird keine Geschichte erzählt, kein fortlaufender Gedanke gesponnen, sondern die einzelnen Aussagen stehen unvermittelt nebeneinander, es sind ‚Namen'.

„Isis bin ich, die Herrscherin jedes Landes.
Ich wurde erzogen von Thot.
Ich habe den Menschen Gesetze gegeben und als Gesetz aufgestellt, was kein Mensch umstoßen kann.
Ich bin die Frau und die Schwester des Königs Osiris.
Ich bin die Mutter des Königs Horus ...
Ich habe die seemännischen Berufe erfunden ...
Ich habe die Bahn der Sonne und des Mondes geregelt.
Ich habe zum Gesetz erhoben, daß die Eltern von den Kindern geliebt werden.
Ich habe denen, die sich lieblos zu den Eltern verhalten, Strafe auferlegt ..."

So folgen sich 55 Aussagen über die Isis polyonymus, die vielnamige.

Wir dürfen nach dem Grund solcher Reihungen fragen. Freilich geben uns ägyptische Texte kaum Aufschluß darüber, doch legen sich zwei Antworten, die sich nicht ausschließen, nahe: Der Gott freut sich an Hymnus und Gebet, freut sich, wenn die Menschen ihn nicht nur erkennen, sondern anerkennen, sich seiner ‚Taten' bewußt sind. Daß Gott gebeten und gepriesen sein will, ist eine der Grundlagen jeder theistischen Religion, Zentrum des Kults. In einem ägyptischen Märchen des 2. Jahrtausends wird ein Schiffbrüchiger auf eine einsame Insel verschlagen, wo ihn ein Schlangengott rettet und auf einem Schiff nach Hause bringen läßt. Dankopfer, wie sie der Mensch ihm anbietet, verschmäht der Gott, aber er bittet den Heimkehrer, ihm einen guten Namen in seiner Stadt zu machen. «Siehe, das ist es, was ich mir von dir wünsche."[9]

9 *E. Brunner-Traut,* a. a. O. 9.

Nun kommt hier aber eine neue Dimension des Begriffs Göttername in unsere Überlegung. Es gibt ein weit verbreitetes ägyptisches Sprichwort: „Der Mann lebt, dessen Namen genannt wird.“ Wir werden ihm nachher in einem Text noch einmal begegnen. Daß hier die Vorstellung von der Wirkungskraft des gesprochenen (nicht des gedachten!) Wortes zugrundeliegt, versteht sich. Im Munde Gottes kann das Wort schöpferisch sein („Gott sprach: ‚Es werde Licht!‘ und es ward Licht“), aber auch bei den Menschen wirkt das ausgesprochene Wort ebenfalls, mehr oder weniger stark, je nachdem, in welcher Vollmacht es gesprochen wird (Im Aberglauben bis heute lebendig im dreimaligen Klopfen an Holz, ‚unberufen‘, wenn jemand ein unheilträchtiges Wort gesprochen hat, dessen Realisierung verhindert werden soll). Wir können hier nicht eine religionsgeschichtliche Theologie des Wortes entfalten, nicht von der Schöpferkraft des Wortes, nicht von Segen und Fluch, Heil- und Schadenzauber sprechen, nicht von dem Wort, das zurückkehrt, nicht von der gewichtigen Bewertung von Zungensünden (auch in Ägypten) – genug, wenn wir mit unseren Stichworten ein kurzes Blendlicht auf die weiten Gebiete haben fallen lassen, die sich bei der Verwendung des Begriffes ‚gesprochenes Wort‘ auftun. Jedenfalls strebt der Ägypter danach, daß sein Name in helfendem Sinn ausgesprochen wird – „der Mann lebt, dessen Name genannt wird“. ‚Nennen‘ heißt dabei wörtlich ‚wetzen‘ – ein höchst anschauliches Bild, daß ein Name so wie ein Messer ‚gewetzt‘, d. h. durch häufiges Aussprechen scharf gehalten werden kann oder muß. Das gilt insbesondere für Verstorbene, deren namentlich gedacht werden soll, gilt aber auch für Lebende, deren man wohlwollend, im Guten gedenkt. Grob und in der Sprache der Magie ausgedrückt, würde also die Häufung der Namen bedeuten, daß durch eine solche multiple Anrufung der Gottheit deren Macht gestärkt, ihre Wirkung vervielfacht würde.

Es sind verschiedene und verschiedenartige Zusammenstellungen solcher Anrufungen der bloßen ‚Namen‘ der Gottheit erhalten, so etwa eine Sonnenlitanei, die 75mal beginnt: „Lobpreis dir, Re, oberste Macht ...“, wobei diesem gemeinsamen Anfang 75 verschiedene Namen, genauer Beiwörter folgen, die, planvoll angeordnet, die Macht der Sonne beschreiben.[10] Keine Frage, diese in vielen Handschriften

10 *Alexander Piankoff,* The Litany of Re. Bollingen Series XL 4, New York 1964.

und Inschriften überlieferte Litanei wurde im Kult des Sonnengotts gesungen. Dasselbe gilt von einem nur auf Papyrus überlieferten Text, den der Herausgeber in Anlehnung an mittelalterliche christliche Texte ähnlichen Inhalts ‚Book of Hours' genannt hat. Diese Namen wurden im Osiris-Kult verlesen und sind nach den 12 Stunden des Tages eingeteilt. In jeder Stunde sind etwa 80 ‚Namen' des Gottes vorzutragen, wobei auch andere verwandte Gottheiten im Sinne des Synkretismus dem Osiris zugerechnet werden, aber auch Kultgeräte und heilige Gegenstände.[11] Dies ist die wohl umfangreichste Namenszusammenstellung aus Ägypten, doch enthält fast jede der unzähligen Hymnen und nahezu jedes Gebet derartige Elemente. Osiris wird im 142. Spruch des Totenbuches unter 100 Namen angerufen – wie Allah im Islam 100 Namen hat.

Nur kurz sei hier der Seitenweg unserer Betrachtungen verfolgt, daß sich aus solchen Benennungen leicht im Volksglauben Götter und Gestalten abspalten, die dann dazu neigen, ein Eigenleben zu führen. Das ist insbesondere dann der Fall, wenn das Beiwort einen bestimmten Verehrungsort nennt: ‚Osiris von Naref', ‚Osiris von Hermopolis', ‚Osiris von Sam-Behedet' usw. Wir kennen ähnliche Erscheinungen bei katholischen Heiligen. Besonders gern knüpfen sich solche Abspaltungen an Kultstätten, die in Ägypten je einen eigenen Namen tragen können, etwa ‚Amenophis vom Vorhof'. Unter solchen spezielleren Namen werden dann die Gottheiten vom Volk mit Vorliebe angerufen – stehen sie ihm doch näher als die großen, im unzugänglichen Reichstempel oder gar im Himmel thronenden Götter.

Der Sinn litaneiartiger Zusammenstellungen von Gottesnamen – worunter auch Attribute Gottes zu verstehen sind – ist also einmal, den Gott mit solchen Erinnerungen zu erfreuen, zum anderen aber auch, dadurch seine Macht zu aktivieren, die genannten Machtäußerungen, die ihm an sich eignen, ‚hervorzurufen', wie der aus gleichem Geist geborene anschauliche deutsche Ausdruck lautet.

Nicht immer weiß der Ägypter, welcher Macht er begegnet, nicht immer gelingt es, den Gott, der ins Leben eingreift, zu benennen. Sinuhe etwa, der in einer langen autobiographischen Erzählung über sein Leben berichtet, wird in einer politisch verworrenen Lage plötzlich getrieben, ins Ausland zu fliehen. Später kann er sich diesen Impuls nicht anders erklären, als daß ein höherer Wille ihn dazu gebracht ha-

11 *R. O. Faulkner*, An Ancient Egyptian Book of Hours, Oxford 1958.

be. Von dem Wunsch beseelt, wieder in sein Heimatland zurückzukehren, das ihm aber zunächst versperrt erscheint, betet er in der Fremde: „O Gott, wer du auch seist, der diese Flucht bestimmt hat, sei gnädig und bring mich wieder in die Heimat!"[12] Aus ähnlicher Haltung haben die Athener den Altar eines agnostos theos erbaut, an dem Paulus seine berühmte Areopag-Predigt hält.[13] Dort lautet die Inschrift auch konsequenterweise nicht, wie unsere christlich adaptierten Übersetzungen geben, ‚dem unbekannten Gott', sondern artikellos: ‚einem unbekannten Gott' – wie viele solcher von den Menschen noch nicht erkannten und benannten Götter es gebe, blieb völlig offen – grundsätzlich eine unbegrenzte Zahl.

Namenlosigkeit der Gottheit

a) Geheimhaltung

Scheinbar in krassem Widerspruch zu allem bisher Gesagten steht es, wenn Götter ohne Namen bleiben, wenn sie anonym sind, nicht nur dem betroffenen Menschen im Augenblick oder einer bestimmten Epoche überhaupt unerkannt bleiben, sondern wenn sie gar keinen Namen tragen, wenn er zumindest grundsätzlich unerkennbar bleibt. Um diese merkwürdige Erscheinung, von der im ersten Beitrag schon Wichtiges gesagt worden ist, ganz zu verstehen, müssen wir genauer zusehen, und dabei werden wir entdecken, daß es zwei verschiedene Namenlosigkeiten der Gottheit gibt: eine Geheimhaltung, die entweder die Gottheit selbst schützen oder die Welt vor der Macht des ausgesprochenen Namens bewahren soll, oder aber eine Anonymität, die genauer Ausdruck des Wesens der Gottheit ist.[14]

Zunächst also zur Geheimhaltung des Namens, die entweder vom Gott selbst oder von seinen Verehrern ausgeht oder aber auch von einem Zauberer, der den zaubermächtigen Namen erfahren hat, ihn aber für sich behält, um seine Macht mit niemandem zu teilen. Es gibt einen berühmten Text, in zwei Papyri in Turin und London erhalten, der uns Kunde gibt vom Geheimnis um den letzten Namen des Sonnengottes Re.

„Isis war eine listige Frau.

12 Sin. 156 f., übersetzt z. B. von *E. Edel*, in: *Kurt Galling*, Textbuch zur Geschichte Israels, Tübingen ²1968.

13 Apg 17, 22 ff.

14 Vgl. *E. Brunner-Traut*, Art. Anonymität (der Götter), in: Lexikon der Ägyptologie I, Wiesbaden 1973, Sp. 281–291.

Ihr Herz war listiger als das von Millionen Menschen.
Sie überragte Millionen Götter
und hatte tiefere Einsichten als Millionen Geister.
Es gab nichts, was sie nicht gewußt hätte im Himmel und auf Erden,
wie Re, der die Erde erhält.
Nun plante die Göttin in ihrem Herzen,
auch den Namen des ehrwürdigen Gottes in Erfahrung zu bringen.“

Zu diesem Zweck formt sie eine Schlange aus Staub und ihrem Speichel und legt dies Kunsttier auf den Weg, den Re täglich nimmt. Das Untier beißt den großen Gott, und da es nicht von ihm geschaffen ist, kann er des Giftes nicht Herr werden.

„Kommt mir zu Hilfe, die ihr aus mir entstanden seid,
ihr Götter, die ihr aus mir hervorgekommen seid,
damit ich euch wissen lasse, was geschehen ist.
Mein Herz kennt es nicht, meine Augen haben es nicht gesehen.
Meine Hand hat es nicht gemacht,
und ich kenne es nicht unter allem, was ich geschaffen habe.
Ich habe nie einen Schmerz gekostet wie diesen,
und es gibt nichts Schmerzhafteres als dies.“

Nun nennt der Gott seine ‚Namen‘, um zu versuchen, ob das Gift anspricht.

“Ich bin ein Fürst, Sohn eines Fürsten,
bin Same eines Gottes, der zum Gott wurde.
Ich bin ein Großer, Sohn eines Großen.
Mein Vater hat meinen Namen erdacht.
Ich habe viele Namen und viele Gestalten,
meine Gestalten sind in jedem Gott.
Ich werde gerufen Atum und Horus-Hekenu.
Mein Vater und meine Mutter haben mir meinen Namen genannt,
aber ich habe ihn in meinem Leib verborgen seit meiner Geburt,
um zu verhindern, daß Macht erhielte Zauberer oder Zauberin gegen mich.“

Also, meint der göttliche Träger des Geheimnamens, kann doch eigentlich niemand ihn bezwingen. Er kann sich den Biß nicht erklären. Schließlich, als kein Gott helfen kann, kommt mit unschuldiger Miene auch Isis.

„Sage mir deinen Namen, mein göttlicher Vater,
denn der Mann lebt, der bei seinem Namen besprochen wird“

(Hier biegt sie das bekannte Sprichwort grausam um!). Re entwirft daraufhin eine ganze Kosmogonie, indem er seine Schöpfertaten aufzählt – sie alle fallen unter den Begriff ‚Name'. Nur einige Sätze als Probe:

„Ich bin es, der die Erde gemacht und die Berge geknüpft hat und der erschuf, was darauf ist ...
Ich bin es, der seine Augen öffnet, auf daß es Licht werde, und der seine Augen schließt, auf daß es Finsternis werde;
auf dessen Geheiß die Fluten des Nils dahinströmen,
dessen Namen aber die Götter nicht kennen.
Ich bin es, der die Stunden schafft, auf daß die Tage werden ...
Ich bin Chepre am Morgen und Re am Mittag
und am Abend Atum." ...
„Das Gift aber wurde nicht gehemmt in seinem Fluß,
und der Große Gott erholte sich nicht.
Da sprach Isis zu Re:
‚Dein wirklicher Name ist nicht unter denen, die du mir genannt hast.
Nenne ihn mir, dann wird das Gift austreten!
Denn ein Mann lebt, dessen Name ausgesprochen wird!'
Das Gift nun brannte mit Brennen,
es war stärker als Flamme und Feuer.
So sprach die Majestät des Re:
‚Leih mir dein Ohr, meine Tochter Isis,
auf daß mein Name aus meinem Leibe übergehe in deinen Leib.
Der göttlichste Gott hat ihn verborgen,
damit mein Platz in der Sonnenbarke mächtig sei ...'
Der Große Gott offenbarte seinen Namen
der Isis, der zauberreichen Göttin."[15]

Genannt freilich wird der Name in diesem Text nicht, er bleibt uns verborgen. Tatsächlich aber setzt die Geschichte voraus, daß es einen solchen höchsten verborgenen Namen gibt, dessen Kenntnis ungeheure Machtfülle verleiht, den Gott, wie die moderne Theologie es ausdrücken würde, ‚verfügbar' macht. Mit dem ‚geheimen Namen' entweicht ein Stück Kraft aus seinem Träger und gehört einem anderen, der nun mächtiger wird (wir kennen diese Vorstellung aus unserem Märchen vom Rumpelstilzchen). Die Kenntnis des Namens ist poten-

15 Übersetzung nach *E. Brunner-Traut,* Altägyptische Märchen, Düsseldorf–Köln 31973, Nr. 16.

tielle Verfügungsmacht. In solchen Vorstellungen liegt eine der Wurzeln für einen Namen-Tabu, wie er in Ägypten zwar nicht in solcher Konsequenz bekannt ist wie in Israel, wo der Name des Gottes so völlig verschwiegen wurde, daß er tatsächlich in Vergessenheit geriet und daß ihn erst moderne Gelehrsamkeit wieder ans Licht holen mußte; immerhin ist von Pharaos Namen zu gewissen Zeiten ein Verbot, ihn ‚freventlich', d. h. zu Zauberzwecken, wohl auch im Fluch, auszusprechen, bekannt, und auf eine weitgehende Tabuierung wird es zurückgehen, wenn die Erzähler vom Aufenthalt der Israeliten in Ägypten zur Zeit des Joseph und des Mose gar keinen Namen des Königs angeben, vielmehr offenbar ‚Pharao' für einen Eigennamen gehalten haben, wenn sie diesen Titel, der eigentlich ‚Großes Haus' heißt und vom Palast auf seinen Bewohner übertragen wurde, wie seinen Eigennamen verwenden.[16]

Immer wieder begegnen wir in Ägypten Götternamen, die nach Ortsnamen gebildet sind: ‚Die Göttin ‚Bastet' heißt ‚die von der Stadt Bast' ‚der von Behedet' ist ein überaus häufiger Name des Horus von Edfu. Auch hier wird eine verhüllende Bezeichnung verwendet, eindeutig zwar, aber nichts über das Wesen der Gottheit aussagend. Auch hier ist es Zurückhaltung, die die Ägypter zu solchen bergenden Umschreibungen greifen läßt, Scheu vor zu großer Distanzlosigkeit, vor Anbiederung, also Ehrfurcht.

Wir beschließen diesen Abschnitt über den aus Scheu geheimzuhaltenden Namen Gottes mit einem Hinweis auf die Gewalt, die – jedenfalls im Vorstellungskreis der Magie – durch bloßes Nennen des Namens entfesselt werden kann. In einem Zaubertext heißt es: „Wenn man den Namen am Ufer ausspricht, so versiegt der Fluß; spricht man ihn auf dem Lande aus, so wird es Funken sprühen."[17] Auch dieser Text verrät diesen gewaltigen Gottesnamen nicht – vielleicht wurde er flüsternd von Meister zu Schüler tradiert –, oder die Magier schwindeln einfach.

Scheu, dem Gott nahezutreten, religionsgeschichtlich herkommend aus der Scheu, ihm einen Teil seiner Kraft durch Namensnennung zu nehmen, später ehrerbietige Distanz hat in Ägypten nie zu einem vollen

16 Vgl. aus der umfangreichen Literatur z. B. *J. Vergote,* Joseph en Égypte (Orientalia et Biblica Lovaniensia III), Löwen 1959, 45–48.

17 pMag. Harris VII 1–2, bei *H. O. Lange,* Der magische Papyrus Harris (Det Kgl. Danske Videnskabernes Selskab, Hist.-Fil. Meddelelser XIV, 2) Kopenhagen 1927, 57 f.

Verbot geführt, den Gottesnamen auszusprechen, aber zu einer Einschränkung, den Namen hemmungslos im Munde zu führen. Daß diese Scheu und ihre Begründung in Gegensatz steht zu dem Bestreben, den Namen recht oft zu nennen, ihn zu ‚wetzen', da die Nennung dem Gott Kraft zuführe, läßt sich leicht erklären: Helfend und ehrfürchtig soll der Gottesname oft ausgesprochen werden, nicht aber leichtfertig oder gar im Bösen. Im Umgang mit dem Namen ist dieselbe behutsame Scheu geboten wie im Umgang mit dem Numen selbst.

b) Geheimes Wesen der Gottheit

Solche Geheimhaltungen stehen zunächst in der Nähe der Magie, sind häufig noch mit magischen Vorstellungen verknüpft. Daneben gibt es aber ein anderes, völlig unmagisches Feld, auf dem ebenfalls der Gottesname vorhanden, aber unaussprechbar ist, und damit kommen wir nochmals auf die Gleichsetzung von Namen und Wesen zu sprechen. Es war mehrfach die Rede von Amun, auch davon, daß sein Name übersetzt werden muß mit ‚der Verborgene'. „Der Verborgene ist sein Name entsprechend dem, wie er geheimnisvoll ist."[18] Eine der häufigen theologischen Varianten seines Namens lautet Amun-renef, was sich übersetzen läßt (und von den Ägyptern verstanden worden ist) auf dreifache Weise: ‚der seinen Namen verbirgt', ‚der, dessen Name verborgen ist' und ‚der, dessen Name 'der Verborgene' lautet'. Hier wird Amun, der Gott der unsichtbaren Luft, als deus absconditus, als ‚verborgener, ferner' Gott erlebt. Er ist der, der „seinen Namen vor seinen Kindern verbirgt in seinem Namen Amun"[19]. Ein Hymnus beschreibt, immer im Zusammenhang mit seinem Namen, sein entsprechendes Wesen folgendermaßen: „Der einzigartige Amun, der sich vor Menschen und Göttern verbirgt. Man kennt sein Wesen nicht. Er ist höher als der Himmel und tiefer als die Unterwelt. Kein Gott kennt sein wahres Aussehen. Sein Bild ist nicht in Büchern aufgezeichnet, er ist zu geheimnisvoll, als daß man seine Herrlichkeit enthüllen könnte, er ist zu groß, als daß man ihn erforschen, und zu gewaltig, als daß man ihn erkennen könnte. Sofort fällt wie tot nieder, wer seinen verborgenen Namen bewußt oder unbewußt ausspricht."[20] Wieder korrespondiert der Name mit dem Wesen: Der unerforschliche,

18 Tausend – Strophen-Lied IV 21, s. Anm. 19.
19 pBoulaq 17, 5,4. Übers. z. B. bei *James B. Pritchard*, Ancient Near Eastern Texts Relating to the Old Testament, Princeton 1950, 366.
20 pLeiden I 350, IV 17–21; siehe *J. Zandee*, De Hymnen aan Amon van Papyrus Leiden I 350, Leiden 1948.

unbegreifliche Gott, der über alle menschliche Vorstellung geht, kann auch keinen Namen mehr tragen. Er ist ‚der Verborgene' schlechthin. Wenn das aber so ist, dann handelt es sich nicht mehr um ein Specificum des Amun, sondern um eine Seite der Gottheit, die gelegentlich auch bei anderen Göttern hervortreten müßte. In der Tat ist das der Fall, und kaum einer von den großen, mächtigen Göttern erhält nicht je und dann einmal das Epitheton ‚mit geheimem Wesen' oder, gleichbedeutend, ‚mit geheimem Namen'.

Nach dem, was wir zu Beginn über die erweiterte Bedeutung des Namens in Ägypten gehört haben, werden wir es nicht mehr als absurd empfinden, wenn wir lesen: „Chons, der du herrlich ruhst in Theben, dessen Namen man nicht kennt, sowenig wie sein Wesen oder seine Gestalten ..."[21], wird doch die Paradoxie, daß von einem soeben mit dem Namen gerufenen Gott sofort danach behauptet wird, niemand kenne seinen Namen, im folgenden aufgelöst: Im Grunde ist der Name so unbekannt wie das (in diesem Namen beschlossene) Wesen und seine Gestalten. Bereits in einem Text der Mitte des 3. Jahrtausends, der in einer Pyramide steht, heißt es: „Ich kenne deinen Namen, ich bin nicht in Unwissenheit über deinen Namen: Dein Name ist ‚der Grenzenlose', der Name deines Vaters ist ‚Sei groß!', der deiner Mutter lautet: ‚Sei zufrieden'." Auch hier Epitheta, deren Inhalt bei beiden Eltern auf den angeredeten Sohn ausgerichtet ist. In diesem Fall können wir dem Kontext entnehmen, daß es sich um Osiris und seine Eltern Geb und Nut handelt, als deren ‚Namen' bestimmte, gerade in diesem Zusammenhang wichtige Eigenschaften genannt sind.

Wenn also ein Gottesname nicht genannt wird, so kann das aus Furcht oder Ehrfurcht geschehen, welch beide Haltungen sich nicht in jedem Fall trennen lassen, oder weil der Name seinem Wesen nach den Menschen unbekannt ist, so unbekannt wie das innerste Wesen der Gottheit. Magier freilich werden vorgeben, auch den geheimsten Namen zu kennen – zu ihrem Geschäft gehört das Prahlen mit Wissen, das angeblich Macht bedeutet.

Namenstilgung

Der Name entspricht dem Wesen eines Gottes wie eines Menschen, ja auch eines Tieres und Dinges. Dieses Wesen erhält erst durch die Namengebung volle Existenz, ja kann durch vollmächtiges Nennen

21 *Th. Hopfner*, Griech.-ägyptischer Offenbarungszauber I 99.

des Namens ‚hervorgerufen', d. h. geschaffen werden. Es ist nur logisch, daß es durch Namenstilgung seine Existenz verliert. Einer solchen damnatio memoriae, die freilich mehr ist als Löschung der Erinnerung, die vielmehr Existenzvernichtung bedeutet, unterliegen Verbrecher, mißliebige Menschen, deren Name auf Grabsteinen oder in Inschriften von ihnen böse gesinnten Mitbürgern oder Nachkommen, in Fällen von Hochverrat auch von Amts wegen getilgt wird, ihr unterliegen aber auch Götter. Da ist zunächst der verfemte Gott Seth, der Gegenspieler des Horus, der Mörder des Osiris, der Gott der Unordnung, der Wüste, der rohen Gewalt, die gegen die Gesittung, gegen die Selbstbeherrschung steht. Zunächst ist er eine Verehrung verdienende Macht wie die anderen Götter auch, selbst wenn er einem wenig sympathischen Bereich zugeordnet ist. Aber auch er entspricht einer Realität des Lebens. Seit dem frühen 1. Jahrtausend jedoch wird er – im Zuge einer Moralisierung der Religion – zum Teufel schlechthin, der nicht nur keine Verehrung erhält, sondern sogar verfolgt wird. Mag sein, daß diese Entwicklung mit den Fremdherrschaften zusammenhängt, die damals – und seitdem mit ganz kurzen Unterbrechungen bis 1952! – in Ägypten kamen und gingen – jedenfalls wird Seth als Inkorporation und Urheber alles Bösen im persönlichen wie im politischen Leben angesehen. Lange Rituale dienen dazu, ihn zu vertreiben oder auch zu töten – und neben anderen Mitteln wird dabei auch die Tilgung seines Namens angewandt. Der Fluch in einem dieser Rituale lautet: „Nicht sollst du existieren, nicht soll dein Name existieren, nicht soll dein Griff existieren, nicht soll dein Plan entstehen! usw."[22] Nach dem Mythos besiegt Horus seinen Feind Seth und „kratzt seinen Namen im ganzen Lande aus". Freilich gehört es zum Bösen, daß es wieder aufersteht und erneut sein Wesen treibt. Wir können hier nicht auf diese mythische Fassung letzter Realitäten eingehen, wenden uns vielmehr einem rein irdischen Fall von Tilgung eines Gottesnamens zu: der Häresie des Königs Echnaton um 1350 v. Chr., der vom Thron her den Versuch eines reinen Monotheismus wagte. Nach dem Entwurf seiner Theologie und der Installierung seines Gottes Aton, einer auch schon vorher der Theologie nicht unbekannten Form der Sonne, verfolgt er die alten Götter, die er nicht etwa, wie Jesaja, für ‚Nichtse' erklärt, sondern denen er offenbar Existenz zutraut – weshalb sonst hätte er ihre Namen verfolgen sollen, wären

22 *S. Schott,* Urkunden mythologischen Inhalts. Urkunden des ägyptischen Altertums Abt. VI, Leipzig 1929, 28/29, Z. 8 f.

sie nichtexistent gewesen? Denn es handelt sich gewiß nicht nur darum, ihre Namen dem Gedächtnis der Menschen zu entrücken, sonst hätten seine Häscher nicht den Namen besonders des Amun, aber auch – freilich weniger systematisch – den anderer Götter, ja vereinzelt sogar den Plural des Wortes ‚Gott', ‚Götter', auch an Stellen getilgt, wo kein menschliches Auge ihn erblicken konnte: auf der zum Himmel gewendeten Spitze von 30 m hohen Obelisken, im Dunkel alter Gräber, ja sogar in den abgelegten Akten der Kanzleien. Hier war ein Eiferer am Werk, der seinen Feind auslöschen wollte, und nicht den Priestern der alten Ordnung galt seine Feindschaft, sondern dem Gott selbst. So gewissenhaft sind seine Schergen vorgegangen, daß es heute ein nahezu sicheres Datierungsmerkmal ist: Ein Denkmal, auf dem der Name des Amun in Originalfassung steht, stammt mit allergrößter Wahrscheinlichkeit aus der Zeit nach Echnaton – wir kennen neben vielen tausenden von älteren Denkmälern mit getilgtem – und größtenteils von Echnatons Nachfolgern restauriertem – Namen nur 2 oder 3, bei denen der Amunname stehengeblieben ist.

Wir sind am Ende. Was wir in Ägypten vor allem gefunden haben, ist die Gleichsetzung des Namens eines Gottes mit seinem Wesen, den Namen als Ausdruck, als Inbegriff dieses Wesens. Das hat sich nicht nur in der Epiklese, dem Gebetsanruf geäußert, sondern auch in litaneiartigen Reihungen von Namen, zu denen dann auch Eigenschaften, ja sogar Taten der Gottheit gehörten. Umgekehrt führt diese Gleichsetzung zur Vorstellung von einem letzten, geheimen Namen, den zu wissen den Menschen verboten ist und dessen Kenntnis ungeheure potentielle Machtfülle verleihen würde, wie sie dem Menschen so wenig zukommt wie ewiges Leben. Daß Zauberer damit prahlen, über dieses Wissen zu verfügen, beweist allein schon die Illegitimität dieses mißgeborenen Kindes der Religion. Daß man durch Tilgung des Namens eines mißliebigen Gottes auch in der Schrift – selbstverständlich auch durch ein Verbot der Nennung – diesen selbst treffen kann, ist nur konsequent. Um unsere zu Anfang aufgeworfene Frage, ob der Name Schall und Rauch sei, zu beantworten: Die Ägypter waren nicht dieser Ansicht, und diese ihre Meinung war tief in ihrer Religion verwurzelt.

Heinrich von Stietencron

Name und Manifestation Gottes in Indien[1]

Die alten Hochkulturen der Menschheit weisen trotz räumlicher Distanz und unterschiedlicher Umweltsbedingungen in vielen ihrer religiösen Vorstellungen gemeinsame Züge auf. Deshalb wird es nicht verwundern, wenn manche der mit Göttern und Götternamen verbundenen Vorstellungen, die H. Brunner an Beispielen aus Ägypten deutlich machte,[2] in ganz ähnlicher Weise auch im alten Indien anzutreffen sind. Ich weise darauf besonders hin, weil im folgenden, um Wiederholungen nach Möglichkeit zu vermeiden, das Augenmerk vor allem auf Entwicklungen gelenkt werden soll, die noch nicht so ausführlich dargestellt worden sind oder in Indien eine besondere historische Ausprägung erfahren haben. Das Feld dazu ist weit. Denn erstens gab es schon in alter Zeit neben dem Gemeinsamen auch deutliche Unterschiede, und zweitens hat sich in Indien – anders als in Ägypten – die Entwicklung religiösen Denkens kontinuierlich über Jahrtausende hinweg bis in die Kolonialzeit und teilweise sogar bis in die Gegenwart fortsetzen können.

Die Vielheit der Götter und das Absolute

Der Glaube an die Existenz einer Vielzahl von Göttern ist auch in Indien tief verwurzelt. Selbst der Buddhismus vermochte sich diesem alten Glauben nicht zu entziehen. Schon in den frühesten Quellen der altindischen Religion, in den vedischen Hymnen, tritt uns eine Vielheit von Göttern entgegen und sie bleibt ein auffallendes Element des Hinduismus bis zum heutigen Tag. Aber neben den Glauben an das Wirken vieler Götter in der dem Menschen als ebenso vielfältig und vielschichtig erfahrbaren Wirklichkeit trat schon früh eine gegenläufige, eine monistische Tendenz. Sowohl auf dem Wege der philosophi-

1 Eine Literaturübersicht über die Beziehung von Name und Wesen der Götter allgemein findet sich in *F. Heiler*, Erscheinungsformen und Wesen der Religion, Stuttgart 1961, 275. Über Namen indischer Götter vgl. *J. Gonda*, Epithets in the Ṛgveda, s'Gravenhage 1959; *ders.*, Notes on Names and the Name of God in Ancient India, Amsterdam–London 1970, mit weiteren Literaturangaben.

2 Oben S. 33–49.

schen Spekulation als auch auf dem Wege der meditativen Versenkung versuchte man, eine letzte Einheit hinter der Vielheit der Erscheinungen, auch hinter der Vielheit der Götter zu finden.[3] Das Streben nach Erkenntnis und nach unmittelbarer Erfahrung eines letzten Absoluten, das tief hinter allen Erscheinungen verborgen liegt, das aber zugleich ihr innerstes Sein ausmacht und das in allem Wandel selbst unwandelbar bleibt – das Streben nach diesem letzten Grund der Welt war so stark, daß es seit der Zeit der ältesten Upanishaden in immer neuen Formulierungen die religiös-philosophische Literatur der Hindus und auch die Formen ihres Erlösungsstrebens bestimmt hat.

Trotz dieses Einheitsstrebens und Einheitsbewußtseins wurde jedoch die Vielheit der Götter nicht verdrängt. Im Gegenteil: die Zahl der Götternamen und damit auch die Zahl der dem Menschen erkennbaren und definierbaren göttlichen Kräfte mehrte sich noch. Der Sinn für die Vielheit blieb offenbar erhalten. Gerade dies ist charakteristisch für den Hinduismus, daß sich in ihm zwei scheinbar entgegengesetzte Tendenzen aufs engste miteinander verflechten und gegenseitig ergänzen: die Tendenz zur vollen Realisierung des göttlichen Seins in der Vielheit seiner Manifestationen, bei gleichzeitiger Tendenz zur Reduktion dieser Vielheit auf ein letztes Absolutes.

Dieser engen Verflechtung beider Tendenzen ist es u. a. zu danken, daß es trotz heftiger Rivalitäten zwischen den Anhängern der großen Hindu-Götter innerhalb des Hinduismus niemals zu einem größeren Religionskrieg gekommen ist. Selbst in der Blütezeit theistischer Bewegungen in Indien, als verschiedene religiöse Gruppen um die Vorherrschaft kämpften und sich gegenseitig zu überbieten suchten, kam es nur gelegentlich zu emotionalen Ausschreitungen. Denn philosophisch und theologisch ließen sich die Gegensätze immer wieder überbrücken durch den Rückgriff auf das allen Namen und Erscheinungen gemeinsam zugrunde liegende Absolute.

Die Vielzahl der Manifestationen und Wirkungsbereiche jener rivalisierenden großen Götter kommt in der Fülle ihrer Namen deutlich zum Ausdruck. Es ist ein Unterschied, ob sich ein Gott in wohlwollendem oder ob er sich in grauenvollem Aspekt zeigt, ob er welterschaffend oder weltzerstörend, ob er belehrend oder verwirrend, ob er besänftigend oder beunruhigend, rächend oder Gnade spendend auftritt.

3 *Bṛhadāraṇyaka-Upaniṣad* 1,4,9–15; 3,7,3–23; 3,8,7–12; 3,9,1–9; *Bhagavadgītā* 11,15 ff.; etc.

Jedesmal trägt er einen anderen Namen obwohl es derselbe Gott ist. Aber er begegnet dem Menschen auf andere Weise, er wird anders erfahren. Und da alle eben genannten Erscheinungsformen und noch viele andere Aspekte der Gottheit ständig und gleichzeitig wirksam sind, sind auch die mit diesen Namen benannten Manifestationen des Gottes koexistent. Auf diese Weise löst sich ein Gott in viele Erscheinungen auf. Jeder Name umgreift nur einen Teil seines Wesens, aber alle Namen beziehen sich auf den gleichen Gott.

Es gab aber – und gibt noch heute – mehrere solcher großen Götter im Hinduismus. Jeder dieser großen, rivalisierenden Götter wurde von seinen Anhängern als der höchste bezeichnet. Dies führte zur Erkenntnis, daß auch die Namen dieser großen Götter nichts anderes sein konnten als verschiedene Bezeichnungen der gleichen höchsten Gottheit, die ihrerseits mit dem absoluten Grund allen Seins identisch ist. In letzter Konsequenz des eben geschilderten Prozesses wird es gleichgültig, mit welchem Namen man die Gottheit bezeichnet. Die Götternamen werden austauschbar.

Besitzen also die Namen keine wesenhafte Zuordnung zu dem, was sie benennen? Sind sie nur ein Produkt der Konvention,[4] ohne eindeutige, unmittelbare Beziehung auf den in ihnen angesprochenen Gott?

Das würde der schon in den beiden voranstehenden Beiträgen deutlich gewordenen und auch für Indien vielfach belegten Vorstellung widersprechen, daß die Kenntnis eines Namens Macht verleiht: Macht über das diesem Namen zugeordnete Wesen, Macht über die in dem Namen erfaßte Realität. Es ist dies eine Vorstellung, die bereits oben dargestellt worden ist[5] und die sich in vielen alten Kulturen findet. Auf ihr beruht die magische Bedeutung des Gottesnamens, die Suche nach dem richtigen oder höchsten Namen Gottes und die Geheimhaltung dieses höchsten Namens, um ihn vor möglichem Mißbrauch zu bewahren, um die ihm innewohnende Macht nicht preiszugeben.[6] Nur wenn der Name die Essenz des Benannten wirklich trifft und verfügbar macht, wird all dies sinnvoll und verständlich. Demgegenüber scheint jedoch die präzise Zuordnung des Namens zu einem Wesen zu verschwimmen, ja sogar gänzlich aufzuhören, wenn Götter miteinander gleichgesetzt und ihre Namen ausgetauscht werden können.

4 Diese Auffassung wurde in Indien von den Philosophen der Nyāya-Schule vertreten.

5 *B. Gladigow*, oben S. 19 ff. *H. Brunner*, oben S. 42 ff.

6 Über diese Vorstellung im alten Indien vgl. *J. Gonda*, Notes ..., a. a. O. 79 ff.

Hier tritt in der Tat ein Widerspruch auf. Aber er entsteht nur, wenn man den Blick gleichzeitig auf die Vielheit und auf die Einheit richtet. In der Einheit konvergieren notwendigerweise alle Namen und alle Erscheinungsformen. Deshalb gehört der Name seinem Wesen nach dem Bereich der Vielheit zu. Und deshalb ist auch der Gottesname dem Bereich der Manifestationen und Funktionen Gottes zugeordnet, soweit sie dem Menschen in der Begegnung erfahrbar sind, nicht aber der Fülle göttlichen Seins. Der Versuch, die dem Zugriff menschlicher Erkenntnis entzogene Fülle des Göttlichen und die seinen Manifestationen zugrunde liegende Einheit zu umschreiben, muß folglich zum Verzicht auf den Namen führen: Die Konzeption vom namenlosen Gott wird zur unausweichlichen Konsequenz – und zwar meine ich, im Anschluß an die von H. Brunner gegebene Unterscheidung[7] nicht den aus Gründen der Geheimhaltung namenlosen Gott, sondern den seinem Wesen nach namenlosen Gott. In anderen Kulturkreisen wurde diese Bezeichnung ‚namenloser Gott' schließlich selbst zum höchsten Namen. Den Indern aber war selbst diese Bezeichnung noch zu bestimmt, da sie immerhin einen männlichen Gott voraussetzt, welcher namenlos ist. Sie wählten stattdessen ein Neutrum, das Wort *Brahman*, um den Bereich jenes Nicht-Erfaßbaren, Nicht-Erkennbaren zu bezeichnen, in dem Sein, Bewußtsein und Glückseligkeit zu einer Einheit zusammenfallen.[8]

Die historische Dimension

Die Erkenntnis, daß der Name Gottes dem Bereich der Vielheit zugehört, führt uns wieder zu dieser Vielheit zurück. Der Polytheismus stellt ja nicht nur ein erkenntnistheoretisches Problem dar, sondern ist, soweit es ein bestimmtes Götterpantheon betrifft, auch ein historisches Phänomen, dessen Wandlungen sich im Licht der Geschichte vollziehen. So gewinnen manche Götter im Lauf der Zeit an Bedeutung, während andere verblassen. Neue Götter treten auf. Oder verschiedene Götter

7 Oben S. 42.

8 Die Lehre von den drei Qualitäten des geistigen Prinzips (*sat* = Sein, *cit* = Bewußtsein und *ānanda* = Wonne, Glückseligkeit) wurde in der Zeit der Upaniṣaden entwickelt.
Vgl. *Taittirīya Upaniṣad 2; Bṛhadaraṇyaka-Upaniṣad* 3,9,28. In späteren Upaniṣaden wie *Nṛsiṃhatāpanīya* und *Rāmatāpanīya* etc. ist die Formel *sac-cidānanda* bereits fester Bestandteil der *brahman-Lehre*.

verschmelzen im Bewußtsein des Volkes zu einer einzigen Göttergestalt.

Natürlich spiegeln sich solche historischen Vorgänge in den Namen der Götter. Dabei ändern sich jedoch die einzelnen Namen im allgemeinen nicht, oder jedenfalls nicht wesentlich. Da ihrem Klang eine ganz spezifische Macht eigen ist, werden die Namen sogar dann beibehalten, wenn ihre Bedeutung längst vergessen ist. Dieser Fall tritt z. B. auf, wenn sich das Volk oder der Gott durch Wanderung aus dem Sprachbereich entfernt, welchem der Gottesname ursprünglich entstammt; er tritt auch dann auf, wenn sich die Sprache selbst im Lauf der Zeit so verändert, daß man manche ihrer archaischen Wortformen nicht mehr versteht. Beide Fälle sind in Indien, wo sich verschiedene Völkerschaften vermischten und eine sehr lange Sprachentwicklung vorliegt, relativ häufig anzutreffen. Die Priester und Gelehrten gaben sich in solchen Fällen große Mühe, dem überlieferten Gottesnamen durch eine keineswegs immer zutreffende etymologische Herleitung wieder eine Bedeutung zu verschaffen. Und nur dann wurde ein nicht mehr verständlicher Name wenigstens in seiner Schreibweise abgeändert, wenn dies ohne einen Verlust seines akustischen Klangwertes möglich war.

Die Götternamen selbst ändern sich also im allgemeinen kaum. Wohl aber ist ihre Anwendung insofern einer Wandlung unterworfen, als ihre Beliebtheit bei den Gläubigen und damit auch die Häufigkeit ihres Gebrauches zunimmt oder abnimmt. Manche Namen werden zeitweise besonders bevorzugt, andere Namen werden gefürchtet. Eine fanatische, die Götter selbst bekämpfende Namensvernichtung, wie sie in Ägpten von Echnaton betrieben wurde, ist in Indien nicht belegt; aber Namen können gemieden und durch Euphemismen ersetzt werden. So wird z. B. der Name des wilden und unberechenbaren Gottes Rudra in Brahmanenkreisen der nachvedischen Zeit mehr und mehr gemieden, weil schon das Aussprechen dieses Namens gefahrbringend sein kann. Statt dessen benuzt man später vorwiegend den Namen Śiva (sprich: Schiwa) in der Bedeutung ‚der Wohlwollende', ‚der günstig Gesinnte'. Man hoffte, durch diesen Namen auch die Stimmung des Gottes entsprechend zu beeinflussen.[9]

9 Entsprechend wird im *Śatapatha-Brāhmaṇa* 1,7,3,8 von mehreren Namen des Feuergottes der Name Agni ausgewählt, weil dieser Name am friedlichsten oder ungefährlichsten (*śāntatama*) sei, während die anderen Namen *aśānta*, nicht befriedet und damit gefährlich sind. Auch gefährliche Gegenstände kön-

Die Möglichkeit der Wahl zwischen mehreren Namen eines Gottes bildet nicht nur ein wesentliches Element für die künstlerische Gestaltung der Preislieder, sondern kann auch ein Mittel sein, um den Gott auf den Wunsch des ihn anrufenden Menschen vorzubereiten, etwa wenn man ihn als denjenigen preist, der früher einen ähnlichen Wunsch gewährt oder eine ähnliche Tat vollbracht hat. Schon in den ältesten Quellen zur indischen Religion wird ja die Zahl der Götter von der Zahl ihrer Namen weit übertroffen. Einerseits ermöglichte es der sprachliche Reichtum des Altindischen, die einzelnen Götter und ihre Wirkungsweisen mit verschiedenen, aber gleichbedeutenden Ausdrücken zu bezeichnen. Anderseits bot der in der Folgezeit noch ständig wachsende Schatz an Mythen und Legenden immer neue Möglichkeiten der Benennung einzelner Götter nach ihren Taten und Funktionen, nach ihren Reittieren und Attributen, nach ihrem Schmuck und ihrer Wohnstätte, auch nach ihren verwandtschaftlichen Beziehungen als Eltern, Kinder oder Ehepartner von anderen Gottheiten, ja sogar nach berühmten Gläubigen, denen sie sich irgendwann als hilfreich erwiesen hatten.
Diese Vielheit der Namen hatte zunächst einen dichterischen, spielerischen Charakter. Sie wurden gesungen zum Preis des Gottes, der sich freut, wenn man ihn und seine Taten kennt und deshalb gnädig gestimmt wird.[10] Es konnte aber nicht ausbleiben, daß manche der Namen in das Opferritual der großen jahreszeitlichen Feste einbezogen wurden, ebenso wie in die täglichen religiösen Observanzen. Ein so im Ritual verwendeter Name bekam in seiner Verknüpfung mit ganz bestimmten rituellen Verrichtungen eine neue unverwechselbare Identität; er verlor seine Austauschbarkeit gegen andere Namen desselben Gottes.[11] Aus einem vielleicht ursprünglich nur synonymen sprachlichen Ausdruck wurde eine selbständig wirkende Wesenheit im komplexen Mikrokosmos des Ritus, der notwendigerweise eine makrokosmische Realität entsprechen mußte. So wirkte die Fülle der Namen über den Ritus bisweilen vermehrend auf die Zahl der Götter zurück.
Eine andere, nicht minder bedeutsame Ursache für die Mehrung von

nen durch ihre Benennung beeinflußt werden, etwa das Rasiermesser, mit dem Haar und Bart des Opferherrn geschoren werden. Bei der Aufforderung an dieses Messer, nicht zu verletzen, wird es ebenfalls mit dem Namen *śiva* (wohlwollend, freundlich) bezeichnet. Vgl. *Vāyasaneyi Saṃhitā* 3,63: *śivo nāmāsi ... mā mā hiṃsīḥ.*

10 *Śatapatha Brāhmaṇa* 9,1,1,24; 9,3,3,8; etc.

11 *H. Oldenberg,* Die Religion des Veda, Darmstadt [5]1970, 89. *J. Gonda,* Notes ... 73.

Göttern und Götternamen ist in der historischen Überlagerung verschiedener Stammesreligionen zu sehen. Es handelt sich dabei um einen Integrationsprozeß, der sich im Laufe der Geschichte immer wieder abgespielt hat. Die siegreich vordringenden Einwanderer sehen sich gezwungen, bereits vorgefundene Gottheiten zu befrieden, indem sie diese, mit ihren Namen, in die Reihe ihrer eigenen Götter aufnehmen. Schon aus der Zeit ehe die vedischen Arier nach Indien eindrangen, lassen sich solche Überlagerungen erschließen.[12] Sie spielen dann bei der allmählichen brahmanischen Kolonisation Indiens und bei der Entwicklung des hinduistischen Götterpantheons eine sehr große Rolle. Späte Beispiele dieses Prozesses der Assimilisation und Integration lassen sich noch heute in den Rückzugsgebieten der indischen Eingeborenenstämme beobachten.

Die Überlagerung verschiedener Religionen führte also zu einer Mehrung der Götter. Der gleiche historische Prozeß religiöser Überlagerung mußte jedoch auch der entgegengesetzten Tendenz förderlich sein und zur Verschmelzung von Göttern verschiedenen Namens und verschiedenen Ursprungs führen, wenn ihre Wirkungsbereiche identisch waren. Als eines von zahlreichen Beispielen sei die Gestalt des indischen Kriegsgottes genannt. In dieser Göttergestalt haben sich Elemente ganz verschiedenen Ursprungs zusammengefunden,[13] wovon heute nur noch seine verschiedenen Namen[14] und die lokalen Varianten seines Mythos und Rituals Zeugnis ablegen. Ähnliches läßt sich bei vielen der Götter, vor allem bei den großen Göttern des Hinduismus nachweisen. Sie sind in ihrer Machtfülle und in ihrem Wirkungsbereich historisch gewachsen, indem sie regionale oder lokale Gottheiten absorbierten und dabei in den meisten Fällen die Namen dieser Gottheiten mit übernahmen.[15]

Hier tritt uns ein Phänomen entgegen, das dem schon erwähnten philosophisch-theologischen Einheitsstreben verwandt ist, jedoch zusätzlich auch eine soziale und machtpolitische Komponente in sich birgt. Durch

12 *H. Oldenberg*, a. a. O. 90.

13 *W. E. Hopkins*, Epic Mythology, Straßburg 1915, 229 f; *A. K. Chatterjee*, The Cult of Skanda-Kārttikeya in Ancient India, Calcutta 1970, passim.

14 Namenslisten des Kriegsgottes finden sich u. a. im *Baudhāyana-Dharmasūtra* 2,5,9,8; *Mahābhārata* 3,232,3–9a (Gītāpress Edition); *Skanda Purāṇa* I,2, 29,127–141 (Veṇkateśvara Edition).

15 Ein deutlicher Hinweis auf diesen Vorgang aus älterer Zeit findet sich im *Śatapatha-Brāhmaṇa* 1,7,3,8, wo die regionale Herkunft verschiedener Namen des Feuergottes angegeben wird. Vgl. ferner *P. V. Kane*, History of Dharmaśāstra Vol. II,2, Poona 1941, 726 ff.

die Identifikation mit anderen Göttern steigt ein Gott zu immer größerer Machtfülle auf, er absorbiert alle anderen bis er schließlich zur höchsten, zur universalen Gottheit wird.

Träger dieser Bewegung, die sich in der 2. Hälfte des 1. vorchristlichen Jahrtausends anbahnt, waren die einzelnen religiösen Gemeinschaften, die jeweils für ihre Hauptgottheit den höchsten Platz beanspruchten. Ihr Kampf um soziale Anerkennung und um religiöse Vormachtstellung dauerte viele Jahrhunderte.[16] Allmählich wandte sich in Indien die Mittel- und Oberschicht der Bevölkerung immer mehr den beiden heute wichtigsten hinduistischen Göttern Viṣṇu (sprich: Wischnu) und Śiva zu,[17] und es entstand ein labiles Gleichgewicht zwischen diesen beiden größten Göttern, deren Anhänger, durch den Wettstreit inspiriert, entscheidend zu Indiens großer kultureller Blüte im ersten Jahrtausend nach Chr. beigetragen haben. Der ebenfalls bedeutende Kult der großen Göttin sowie eine Reihe anderer populärer Kulte, etwa der Kult des Affengottes Hanumān oder der Kult des elefantenköpfigen Gottes Gaṇeśa (sprich: Ganescha), wurden den beiden Hauptgöttern lose zugeordnet. In dieser historischen Situation, in der sich die beiden großen Religionen des Viṣṇu und des Śiva die Waage hielten, so daß sich keine von der anderen absorbieren ließ, trat das ein, was ich vorhin schon erwähnte: die beiden Götter wurden miteinander gleichgesetzt. In voller Konsequenz der philosophisch-theologischen Prämissen beider Gruppen *mußten* die höchsten Götter Viṣṇu und Śiva als identisch erkannt werden. So wird denn die letzte Identität dieser Götter in zahlreichen Texten belegt, und zwar sind es meistens Viṣṇu und Śiva selbst, welche ihre Identität mit der großen Partnergottheit enthüllen und zusätzlich auch den Gott Brahmā, den dritten Gott der Hindu-Trinität, in diese Einheit mit einschließen.[18]

16 *J. Gonda*, Viṣṇuism and Śivaism, London 1970, 92 ff.; 100 f.; *Varāha-Purāṇa* Kap. 70 f.; *Vṛddhaharīta* 9,359; 363 f.; *Śaṅkaradigvijaya* 15,1–28.

17 In literarischen Quellen zeigt sich die beginnende Dominanz von Viṣṇuismus und Śivaismus über andere religiöse Gemeinschaften zuerst in den Epen (ca. 1.–3. Jh.). Archäologisch tritt sie in der Guptazeit (ab 320 n. Chr.) deutlich in Erscheinung.

18 In diesem Zusammenhang ist auch an die Bildnisse der hinduistischen Trimūrti (Brahmā, Viṣṇu und Śiva in einer Gestalt) und des Hari-Hara (Visnu und Śiva in einer Gestalt) zu erinnern. Textstellen vgl. u. a.: *Mahābhārata* 3,187,5; *Vāmana-Purāṇa* 62, 22–23; 67,37; *Siva-Purāṇa* II,2,19,68; *Nārada-Purāṇa* 15,74; 6,42; *Īśvaragītā* 5,16; 5,30; etc. Die in Textstellen dieser Art proklamierte Einheit verhinderte nicht, daß auch später Gegensätze zwischen Viṣṇuiten und Śivaiten bestanden. Sie waren eine natürliche Folge des ausgepräg-

Damit ergibt sich für den Gläubigen die Möglichkeit, alle sektarischen Beschränkungen hinter sich lassend, die Gottheit sowohl in ihrer absoluten Einheit, als auch in ihrer Vielheit zu begreifen.[19] Um sie in ihrer allumfassenden Wirksamkeit zu schildern und zu preisen, wird sie mit immer mehr Namen belegt, von denen jeder den Gott in einem spezifischen Aspekt beschreibt. So entstehen die großen sektarischen Preislieder, die den höchsten Gott mit 100 oder 108 und schließlich mit 1000 und 1008 Namen besingen und zu denen Kommentare verfaßt wurden, welche die einzelnen Namen erklären. Es ist jedoch bemerkenswert, daß auch in diesem Stadium die Existenz der Göttervielheit nicht negiert wird. Sie wird nur auf ein niedrigeres Niveau in der Skala des Daseins verwiesen.

Um dies zu illustrieren, lassen sich Beispiele sowohl aus der viṣṇuitischen als auch aus der śivaitischen Theologie des 7.–12. Jahrhunderts nach Chr. anführen, die in ihrer monotheistischen Ausprägung völlig analog sind. Viṣṇu bzw. Śiva ist der eine, anfanglose, absolute Gott, neben dem es keinen zweiten gibt. Er ist transzendent und immanent, er ist die Fülle des Seins und reiner Geist, unergründlich und undenkbar, allgegenwärtig und allmächtig, Schöpfer und Urgrund zahlloser Welten, die nach ihrem Vergehen wieder in ihn zurücksinken.

Auf einer tieferen Ebene der Manifestation tritt dieser eine Gott in Gestalt zweier Prinzipien auf, welche den Ausgangspunkt der weiteren Evolution bilden. Man hat diese Zweiheit in verschiedener Weise zu bezeichnen versucht: als Geist und Materie, als Erkenntnis und Energie, oder auch als männliches und weibliches Prinzip der Gottheit, als Gott und Göttin, welche gemeinsam die weitere Entwicklung bestimmen.[20]

Auf einer dritten Ebene tritt der absolute Gott als Göttertrinität in Erscheinung. Diese Trinität umfaßt die drei großen Götter des Hinduismus: Brahmā, Viṣṇu und Śiva. Sie repräsentiert drei simultan wirksame

ten Exklusivitätsbewußtseins, welches trotz der theologischen Einheitsspekulationen beide Religionsgemeinschaften gegeneinander abgrenzte. Schon in frühen Texten ist eine gemeinsame Anrufung von Viṣṇu und Śiva seitens der Gläubigen selten. Später betonten vor allem die mittelalterlichen Mystiker ihre ausschließliche Zuwendung (*ekāntibhāva*) zu einem der beiden Götter.

19 Vgl. schon *Bhagavadgītā* 9,15.

20 Die Einbeziehung der Göttin auf dieser Ebene ermöglicht eine gemeinsame theologische Grundlage für die Śāktas (Verehrer der Göttin) und für die Śivaiten. Im Viṣṇuismus tritt die Göttin als wirkende Kraft im Emanationsprozeß nur in Ausnahmefällen in Erscheinung.

Aspekte des höchsten Gottes, der nun als Weltschöpfer, als Welterhalter und als Weltzerstörer wirksam wird.[21]

Abermals darunter liegen die vielen Ebenen der anderen Götter und Geister sowie der irdischen und unterirdischen Wesen, die alle geschaffen sind, oder von Geschaffenem abstammen. Sie alle tragen jenen Funken göttlicher Essenz in sich, der zwar in absteigender Linie und mit zunehmender Geistferne immer mehr verdeckt wird, aber im Erlösungsstreben des Individuums aktiviert werden kann. Schließlich greift der höchste Gott im Sonderfall durch Teilinkarnationen auch direkt in die verschiedenen Ebenen des Daseins ein.[22]

Die Manifestation Gottes im Götterbild

Wurde soeben die für den Hindu bestehende Einheit alles Göttlichen deutlich, so ergab sich auch die Gleichzeitigkeit göttlicher Manifestationen in verschiedenen Göttergestalten. Darüber hinaus kann jede dieser Göttergestalten zu gleicher Zeit an verschiedenen Orten präsent sein. Diese Gleichzeitigkeit kommt schon darin zum Ausdruck, daß jeder der großen Götter in zahlreichen, über ganz Indien verstreuten Bildnissen oder in anikonischen Kultobjekten verehrt wird, die alle in gleicher Weise ein Ort möglicher göttlicher Präsenz sind.

Wenn es heißt, Gott sei allgegenwärtig, so trifft dies insofern zu, als er allem Dasein innewohnt. Diese Allgegenwart impliziert jedoch noch keine Zuwendung, keine personale Präsenz Gottes, sie bedeutet nicht, daß er dem Gläubigen jederzeit und an jedem Ort unmittelbar zugänglich ist.

Der Gott muß vielmehr gerufen werden. Seine Präsenz ist kein permanenter Zustand, sondern ein Akt der Begegnung, eine Manifestation für den Priester oder für den Gläubigen. Man hofft, daß diese, den Ruf des Gläubigen erhörende, sein Opfer annehmende Manifestation Gottes segensreich sei, daß sie Rettung aus der Not, Sieg in der Schlacht, Erfüllung der Wünsche und letztlich auch Erlösung aus dem Kreislauf der Geburten bewirke. Deshalb kommt der Anrufung Gottes und der Kenntnis seines Namens eine besondere Bedeutung zu. Wer ihn nicht zu rufen versteht, dem wird er sich nicht zeigen.

21 *Śiva-Purāṇa* II,2,19,68–75; *Kūrma-Purāṇa* II,6,12–15; *Viṣṇu-Purāṇa* I, 2,59–61; etc.

22 Dies ist insbesondere bei dem Gott Viṣṇu der Fall, von dessen zehn Inkarnationen (skr: *avatāra*) die letzte noch aussteht.

Die Möglichkeit des Versagens bei der Anrufung Gottes ist eine schmerzliche aber allgemein menschliche Erfahrung. In Indien rechnete man mit dieser Möglichkeit schon zu vedischer Zeit. Deshalb wetteiferten die Priester mit kunstvollen Preisliedern und wohlbereiteten Opfergaben um die Gunst des Gottes und die flehten ihn an, er möge sich nicht bei einem anderen Opfer, schon gar nicht beim Opfer des Feindes niederlassen,[23] sondern er möge kommen und hier, nach empfangener Gabe, die Bitte des Opferers erhören.
In späterer Zeit blieb die Erkenntnis bestehen, daß die Manifestation Gottes von der Intensität der Zuwendung des Gläubigen an die Gottheit abhängig ist, ob sich diese Intensität nun in der Anrufung, im Ritus, im Gebet oder in der Meditation vollzieht. In allen diesen Bereichen, auch im Ritus vor dem Götterbild, spielt der Name des Gottes eine entscheidende Rolle für die Gewährleistung göttlicher Präsenz. Zwar behaupten manche dem Ruhm einer heiligen Stätte gewidmete Texte, dort sei der Gott in seinem Bildnis ständig zugegen. Aber in der Praxis des täglichen Rituals erweist sich, daß dies nicht wörtlich gemeint ist, sondern nur die dauernd bestehende *Möglichkeit* göttlicher Präsenz betrifft. Denn das Bildnis des Gottes selbst ist nichts als toter Stein (oder Holz, Bronce, etc.).[24]
Erst durch die Anrufung Gottes wird das Kultbild für die Dauer des Rituals von der Gottheit belebt.[25] Für die Vorbereitung dieses Phänomens göttlicher Manifestation und für die Anrufung selbst gibt es verschiedene Vorschriften je nach dem Charakter der Gottheit, nach dem Anlaß der Anrufung und nach der regionalen priesterlichen Tradition, die im Laufe der Zeit ebenfalls Wandlungen unterworfen war. In allen Fällen geht der Anrufung eine rituelle Reinigung der Stätte voraus, an der sich die Gottheit niederlassen soll. Das war bereits in vedischer Zeit der Fall und hat sich bis heute als Voraussetzung göttlicher Präsenz an der Opferstätte oder im Götterbild erhalten.
Nicht immer nimmt der gerufene Gott direkt in dem ihm bereiteten Bildnis Platz. Nach der priesterlichen Tradition[26] der Verehrer des

23 *Ṛgveda* X,160,1–2; IV,24,2–8; VI,47,19; VII,32,1; VIII,33,14; etc.

24 Das rituell nicht belebte Götterbild wird häufig als *pañjara* d. h. als (leerer) Käfig oder Skelett bezeichnet.

25 Über die Belebung des Bildnisses bei der Einweihung (*prāṇapratiṣṭhā*) vgl. *J. Herbert,* Spiritualité Hindoue, Paris 1947, 324; *J. N. Farquhar,* The Crown of Hinduism, Oxford 1913, 322 f.; etc.

26 Das Ritual der Viṣṇu- und Kṛṣṇaverehrung in Indien beruht mit wenigen Ausnahmen auf der Tradition der Pāñcarātra-Schule, deren rituelle Vorschrif-

Gottes Viṣnu z. B. muß zuerst die innere Reinheit des Rufenden unter Beweis gestellt werden und in seinem Herzen ist folglich die erste Stätte der Manifestation Gottes. Dies ist möglich, weil das innerste Selbst des Menschen göttlicher Natur ist. Die Inder benennen das Selbst mit dem Wort *Ātman* und betrachten diesen *Ātman* als wesensgleich mit dem absoluten *Brahman*. Wegen dieser fundamentalen Wesensgleichheit ist der Mensch selbst ein adäquater Ort für die Manifestation Gottes.

Im Hohlraum des Herzens wird durch meditative Imagination ein Thron für die Gottheit geschaffen, ein Lotossitz, auf dem der Gott Gestalt annehmen wird.[27] Zuvor jedoch muß der Leib des rufenden Priesters, nach entsprechender ritueller Reinigung, zum möglichen Leib Gottes umgestaltet werden, indem jedes seiner Glieder mit der Essenz der Gottheit erfüllt wird.

Dabei wird wieder die Vielheit göttlicher Manifestationen berücksichtigt. Jeweils mit ihrem Namen und mit einer ihrem Wesen noch intensiver entsprechenden mystischen Keim-Silbe (*bīja-mantra*) angerufen, gehen die einzelnen Aspekte des Gottes, seine Namen und Formen in die ihnen zugewiesenen Glieder des rituell entstehenden Gottesleibes ein.[28] Erst wenn der Leib des den Gott anrufenden Priesters ganz von den verschiedenen Gestalten Gottes erfüllt ist, manifestiert sich die Gottheit selbst auf dem ihr bereiteten Sitz im Herzen des Priesters.[29] Von dort wird sie anschließend auf das in gleicher Weise rituell als Leib Gottes vorbereitete Götterbildnis übertragen. Erst jetzt ist das Bildnis belebt. Erst jetzt können die anderen Gläubigen auf Erhörung ihrer Bitte hoffen, wenn sie das Bildnis mit dem Namen Gottes ansprechen.

ten in den Pāñcarātrasaṃhitā, sowie in den viṣṇuitischen Purāna und Tantra erhalten sind. Als Ausnahmen sind die Viṣṇutempel von Tirupati und Kāñcīpuram zu nennen, in denen das Ritual der Vaikhānasa-Schule durchgeführt wird. Vgl. *R. V. Joshi*, Le rituel de la dévotion Kṛṣṇaite, Pondichéry 1959, 6 f.

27 *G. C. Tripathi*, The Mode of Daily Worship in the Jagannātha Temple of Puri (in: Sonderforschungsbereich 16: Orissa-Projekt, Zwischenbericht Mai 1972) 14 f.

28 *G. C. Tripathi*, a. a. O. 11 ff.; *R. V. Joshi*, Le rituel . . . 90 f.

29 Die Zeremonie hebt den Gläubigen auf eine Ebene der Gottnähe, von der aus er erst fähig wird, die Präsenz Gottes voll zu realisieren. *J. Gonda*, Pratiṣṭhā (in: Saṃjñāvyākaranam, Studia Indologica Internationalia I, 1954) 34.

So wichtig in Indien die Verehrung von Götterbildnissen ist, so hat es doch immer zugleich Strömungen gegeben, welche auf die äußere Gestalt Gottes im Bildnis und auf den äußeren Raum göttlicher Manifestation im Tempel verzichteten und beides ausschließlich im Herzen des Gläubigen zu verwirklichen suchten.

Zwar ist die sichtbare oder vorgestellte Gestalt der Gottheit eines der wesentlichsten Elemente der meditativen Vergegenwärtigung Gottes für den Gläubigen. Sie ist konkreter, sie erfaßt die göttliche Manifestation noch präziser als der Name. Aber in dieser Präzision beschränkt sie den Gott auf eine einzige seiner Gestalten, greift nur einen seiner Aspekte in aller Deutlichkeit heraus. Der Name ist etwas undeutlicher aber zugleich weiter, offener für die vielschichtige Tiefe Gottes; vor allem, wenn es sich um einen der höchsten Namen handelt.

Aus dieser Erkenntnis entwickelte sich in Indien eine auf Bildnisse verzichtende religiöse Bewegung, welche sich fast ausschließlich dem Namen Gottes widmete. Der Name wurde laut gesprochen, er wurde gesungen zum Preise Gottes und zur Läuterung der Gläubigen. Dabei gewann insbesondere das gemeinsame rhythmische Rezitieren der Gottesnamen eine große Bedeutung. Aber auch bei jedem alltäglichen Tun sollte das Denken ganz auf den Namen Gottes gerichtet bleiben. So intensiv sollte die Beschäftigung mit dem Namen werden, so oft wurde er in völliger Hingabe wiederholt, bis er das ganze Bewußtsein des Gläubigen ausfüllte, bis alles Denken ohne die geringste Ablenkung ausschließlich vom Namen Gottes erfüllt war.[30]

Um diese religiöse Bewegung zu verstehen, deren Vorstufen weit in die Vergangenheit zurückreichen, deren Höhepunkt jedoch erst ins 11.–16. Jahrhundert fällt, müssen wir den Blick noch einmal zurückwenden. Es ist die Macht des *ausgesprochenen* Gottesnamens, von welcher der Gläubige seine Erlösung erhofft. Damit greift er zurück auf die seit alters geübte laute Rezitation der vedischen Hymnen, der heiligen Schriften Indiens, in denen göttliches Wissen (*veda* = Wissen) verborgen liegt.

30 *Bhagavadgītā* VIII,5–7; IX,14; *Garuḍa-Purāṇa* I,220,9 und zahlreiche Textstellen in den Purāṇas. Nach der Lehre des Jīva Gosvāmin besteht in bezug auf den Namen Gottes keinerlei Unterschied zwischen dem Namen und dem Träger des Namens (*nāma-nāminor-abhedah*). Der Name *ist* der Gott (*bhagavat-svarūpam-eva nāma*), so daß der Gläubige, der sich in Demut ganz dem Preis des Namens widmet, zur Gottheit selbst gelangt.

Aber die höchste Stufe des Wissens ist der Name Gottes,[31] und dieser muß folglich auch die letzte Essenz der heiligen Schriften sein. Deshalb ersetzt der Name nun die vedischen Texte und intensiviert dabei zugleich die Wirkung der Rezitation.

Solche Wirkung hat nur das ausgesprochene Wort. Es besitzt eine eigentümliche Macht, die über die Macht des bloßen Gedankens weit hinausgeht. Das gesprochene Wort schafft eine Realität, es begründet eine Wirklichkeit. Wir kennen diese Auffassung aus dem Alten Testament, wenn es heißt: Gott sprach, es werde Licht, und es ward Licht. Bei den Indern war das Bewußtsein von dieser Realität-schaffenden Macht des gesprochenen Wortes besonders ausgeprägt.[32] Was auf diese Weise durch Aussprechen Gestalt gewonnen hatte, konnte nicht mehr ohne weiteres zurückgenommen werden. Deswegen wurden die mit der Zunge verübten Sünden ernst genommen. Deswegen maß man auch dem Fluch eine ungeheure Bedeutung bei. Zum Beispiel glaubte man, daß selbst ein Gott es nicht vermöge, die Wirkung eines einmal ausgesprochenen Fluches ganz zu verhindern. Was gesagt ist, muß Wirklichkeit werden. Der Gott kann nicht einmal eine von ihm selbst verhängte Strafe zurücknehmen, eben weil sie mit dem Aussprechen bereits in den Prozeß der Verwirklichung eintritt. Er kann nur die Folgen durch ein neues Wort mildern oder wandeln.[33]

Der Versuch, die Macht des Gottesnamens mit Hilfe der lauten Rezitation für den Gläubigen nutzbar zu machen,[34] beruht noch auf einer weiteren alten Tradition. Man war seit früher Zeit der Meinung, daß Wissen zur Erlösung führt. Es gilt, das Wesen dieser Welt der Erscheinungen zu durchschauen und die Einheit von Immanenz und Transzendenz, die Einheit von *Ātman* und *Brahman*, d. h. die Einheit des innersten menschlichen Selbst mit dem Absoluten zu erkennen. Aber diese Erkenntnis darf nicht oberflächlich sein. Sie muß so vollständig realisiert werden, daß der Sinn des Menschen von allem gereinigt wird, was ihn an die Welt der Erscheinungen bindet. Andernfalls wird die nur ober-

31 *Ch. Vaudeville,* L'Invocation: Le Haripāṭh de Dñyāndev, Paris 1969, 52,72.

32 Beispiele bei *J. Gonda,* Notes ..., 22.

33 Auf der Macht des gesprochenen Wortes beruhen auch Schadenzauber (gegen Feinde, Nebenbuhler etc.) und Segenszauber. Der Zauber trifft den Adressaten jedoch nur, wenn dessen Name ausdrücklich genannt wird.

34 Im Kabīr Panth wurde der Name Gottes sogar durch Essen internalisiert. Bei der Initiation und beim gemeinsamen Mahl wurden mit dem Namen Gottes beschriebene Betelblätter gekaut. *J. Gonda,* Notes, 101; *N. Macnicol,* Indian Theism, Oxford 1915, 143.

flächliche Erkenntnis im entscheidenden Moment des Todes versagen.[35] Dann vergessen die Menschen in der Agonie des Sterbens jenes erlösende Wissen und sie bleiben in den Kreislauf des Werdens und Vergehens gebunden.

Um dieser Gefahr zu begegnen versuchten einige, sich im Alter an heilige Stätten zu begeben, um dort den Tod zu erwarten. Sie hofften, daß der dort residierende Gott dem Sterbenden, wenn seine Sinne schwinden, selbst das erlösende Wissen ins Ohr flüstern werde.[36] Einige Texte verraten uns auch, worin dieses erlösende Wissen besteht: Es ist entweder die heilige Silbe *Om*, welche als Symbol des absoluten *Brahman* gilt,[37] oder aber ein Name des höchsten Gottes.[38]

Der höchste Gott ist immer auch der Retter, vor allem Retter im Tod. So groß ist die erlösende Kraft seines Namens, daß sie selbst den schlimmsten Sünder augenblicklich reinigt. Erlöst wird sogar auch, wer im Tod den Namen Gottes nur aus Versehen nennt. So erging es z. B. dem Sünder Ajamila. Er war von Geburt ein Brahmane, hatte jedoch seine religiösen Pflichten vernachlässigt und seine Frau im Stich gelassen, um mit einer liederlichen Magd zu leben. Seinen väterlichen Besitz verschwendete er, und als er nichts mehr besaß, lebte er von Betrug und Diebstahl. So wurde Ajamila 88 Jahre alt und die Magd gebar ihm noch 10 Kinder, von denen er das jüngste besonders liebte. Dieses jüngste Kind war ein Sohn und er hieß Nārāyaṇa nach einem der Namen des großen Gottes Viṣṇu. Mit ihm spielte der alte Gauner, als sein Ende nahte. Da erblickte er plötzlich die grauenvollen Boten des Todes, und während sie ihn mit ihren Schlingen banden, schrie er in Angst den Namen seines Sohnes Nārāyaṇa. Das aber war auch der Name Gottes. Und so mußten die Boten des Todes von ihm lassen und der alte Ajamila wurde innerlich gewandelt und erlöst.[39]

Das ist ein extremes Beispiel für die erlösende Macht des Gottesnamens.

35 *Bhagavadgītā* VII,29–30; VIII,5; *Matsya-Purāṇa* 182,22–23; *H. v. Stietencron*, Suicide as a Religious Institution (in: Bhāratīya Vidyā XXVII, 1967) 16. Zur Bedeutung der durch lange Übung gefestigten Gewohnheit für die Todesstunde siehe auch *Rāmānuja*, Gītābhāṣya 8,5–7.

36 *Matsya-Purāṇa*, 182,23–25; *Skanda-Purāṇa*, Kāśīkhanda 32,115–116; *H. v. Stietencron*, a. a. O. 16 f.

37 *Taittirīya-Upaniṣad* I,1,8: *om iti brahma; Bhagavadgītā* 8,13; *om ity-ekākṣaraṃ brahma.*

38 Nach dem Tristhalīsetu des *Nārāyaṇabhaṭṭa* (Ānandāśrama Edition S. 291), wo zwei entsprechende Stellen aus *Rāmatāpanīya* und *Padma-Purāṇa* zitiert werden, lautet der erlösende Name Rāma.

39 *Bhāgavata-Purāṇa* VI, Kap. 1–3.

Ein anderes Beispiel zeigt, daß auch ein Feind Gottes, der dessen Namen sterbend noch im Haß ausruft, um Gott zu verhöhnen, dennoch erlöst wird. In dieser Kombination von Haß und Erlösung kommt ein typischer Zug der indischen Gottesliebe zum Ausdruck: Da ihr wesentliches Element die Zuwendung zur Gottheit ist, schließt sie den Haß als eine Variante der Liebe in sich ein. Intensiver Haß ist nahezu ebensogut wie intensive Liebe.[40] So erfüllte z. B. den Dämon Śiśupāla ein rasender Haß gegen den Gott Viṣṇu, als dieser gerade in seiner Inkarnation als Kṛṣṇa (sprich Krischna) auf der Erde weilte. Dieser Haß erfüllte sein ganzes Denken. Tag und Nacht sah er nur seinen Feind Kṛṣṇa vor Augen und noch im Sterben hatte er keinen anderen Gedanken, als wie er seinen Namen schmähen könnte. Durch diese ausschließliche, wenn auch feindliche Konzentration auf den Gott erlangte, dem Mythos zufolge, der Dämon Śiśupāla seine Erlösung.[41]
Wenn also der Name Gottes die Lebenden läutert und die Sterbenden errettet, so wird der Sinn der ausschließlichen Konzentration auf den Gottesnamen verständlich. Dank dieses Namens erlangt der Gläubige nicht nur die Himmelswelt, sondern er geht endgültig in die Gottheit ein.[42] Der Name Gottes selbst wird zum einfachsten und zugleich zum vollkommensten Mittel der Erlösung. Dabei ist es nicht mehr wichtig, welcher der vielen Gottesnamen es ist, den man sich erwählt. Jeder dieser Namen bietet einen Zugang zur Gottheit, ebenso wie jede ihrer Manifestationen auf den absoluten Urgrund göttlichen Seins zurückweist, dem sie entspringt.

40 *Bhāgavata-Purāṇa* X,29,24–26; III,16,31; III,2,24; *A. Gail*, Bhakti im Bhāgavatapurāṇa, Wiesbaden 1969, 72 f. Das Praktizieren von Haß als Mittel zur Erlösung ist nie gefordert worden. Die betreffenden Textstellen machen jedoch deutlich, daß die ausschließliche Konzentration auf Gott auch dann zur Erlösung führt, wenn sie in feindlicher Absicht geschieht.
41 *Mahābhārata II,40–45; Bhāgavata-Purāṇa* X,74.
42 *Ch. Vaudeville, L'Invocation ...*, 55.

Werner Eichhorn

Der ‚Name Gottes' in religiösen Strömungen des alten China

Wegen des großen Umfangs der chinesischen Literatur müssen Aussagen zu einem Thema dieser Art auf einen bestimmten Zeitraum und auch dabei wieder auf eine Gruppe der aus und über diesen vorliegenden Quellen begrenzt werden. Meine hier folgenden Informationen betreffen die historische Epoche vor der 206 v. Chr. beginnenden Han-Zeit[1] und basieren auf literarischen Quellen des Konfuzianismus und Taoismus.

Außerdem ist hier zu betonen, daß die chinesischen Dokumente nicht in Buchstaben- oder Silbenschrift, durch die eine Aussprache fixiert würde, vorliegen, sondern in einer Zeichenschrift, die nach chinesischer Auffassung das Wesen der Dinge erfaßt und deshalb von lautlichen Formulierungen weitgehend unabhängig ist. Die Aussprache der Zeichen in der von mir angegebenen Periode ist uns fast völlig unbekannt.[2]

Das aber bedeutet, daß die lautliche Wiedergabe der Bezeichnungen der Götter – vielleicht aber spreche ich besser von ‚gottartigen Wesen' – uns verschlossen und damit also ein Beitrag zu ‚ausgesprochenen' Namen und allem, was sich aus diesen ergibt, nicht möglich ist. Was uns vorliegt sind zu Schriftzeichen reduzierte Bilder, die aber nun Schlüsse auf das durch sie Dargestellte zulassen.[3]

Die ältesten Götter des chinesischen Kulturraums sind höchstwahrscheinlich die Erdgötter. Das für sie verwandte Zeichen spricht sich heute T'u und stellt einen aus der Erde aufragenden Gegenstand, d. h.

1 Nach traditioneller Zeitberechnung wären dies die Dynastien Hsia, ca. 2205 bis 1766, Shāng oder Yin, ca. 1765–1123, Chou, ca. 1122–247 (unterteilt in die Perioden West-Chou bis 771, Ch'un-ch'iu = Frühling und Herbst 722–247 und Chan-Kuo = Kämpfende Staaten 480–222) und die Dynastie Ch'in 221 bis 207 v. Chr.

2 Die von mir benutzte ist die des modernen Hochchinesisch, das eine verhältnismäßig junge Entwicklungsform darstellt.

3 So gibt es auch Wortzauber. Im Jahre 625 v. Chr. kann ein Königsleichnam, dem man posthum den Namen Ling (magische Kraft) gegeben hatte, nicht die Augen schließen, bis man den Namen ändert in Ch'êng (Vollendet), s. *Legge:* Chinese classics, V, 228/30.

einen Baum oder Stein, vor.[4] Später wurde, um diese Gottheiten vom Begriff ‚Erdboden' oder dem Agens (Element) Erde zu unterscheiden, das Kennzeichen (Radikal) für ‚Manifestation' (shih) beigefügt. In der dadurch veränderten Aussprache She[5] bezeichnet es die Erdgottaltäre, wie sie heute noch auf den Feldern in Formosa zu finden sind. Die Namen dieser Erdgötter waren natürlich von Ort zu Ort verschieden. Von einer bestimmten Zeit an wurden lokale Berühmtheiten, gute Beamte usw. mit der Funktion solcher Erdgötter betraut.

Wie wichtig diese Götter auch immer im alten China gewesen sein mögen, für unser Thema sind sie unergiebig. Außerdem möchte ich sie nicht gerade als ‚Hochgötter' bezeichnen.

Diese dagegen werden repräsentiert durch zwei Schriftzeichen, von denen das eine Ti (dièg), das andere T'ien (tien oder dëng) gesprochen wird.

Das erste findet sich bereits auf den ältesten Dokumenten, den seit 1900 durch Grabungen in Shantung zutage geförderten Orakelknochen, die sich einem Zeitraum von etwa 1500–1122 v. Chr., d. h. der Shāng-Dynastie, zuordnen lassen. Vom zweiten behaupten die Spezialisten für diese eingeritzten Inschriften, daß es auf den Orakeltexten nicht auftrete.[6] Es ist aber nicht selten auf Bronzeinschriften der älteren Chou-Zeit und häufig in den Texten der anschließenden Epochen. Ich und mit mir auch andere Sinologen (z. B. H. Creel) sind geneigt, daraus den Schluß zu ziehen, daß Ti einen Gott der Shāng und T'ien einen Gott der Chou bezeichne. Erstere könnten wir uns vorstellen als eine vielleicht aus Nordostsibirien stammende Jäger- und Viehzüchtersippe, die die Huangho-Ebene erorberte, letztere als eine Stammesliga von Landbebauern, die vom Westen (Wei-ho-Tal) her den Shāng-Staat überwältigte.

Was stellen nun die Schriftbilder vor?

Unsicher ist die Ausdeutung des Zeichens Ti. Manche wollen darin den

4 Erst später taucht in der Literatur die Gottheit Hou-t'u, Fürstin (oder Fürst) Erde, auf und damit das Problem, ob man im alten China bereits eine Erdmuttergöttin gekannt habe, aus der alle Lebewesen entstehen und zu der sie zurückkehren, vgl. z. B. Chuang-tzû, XI (Tsai yu) und Tao-tê ching. Kap. 25 und 52. Ausführliche Diskussion der Erdgötter siehe *B. Schindler*: The development of the Chinese conception of supreme beings, in Asia Major, Hirth Anniversary Volume, 1923.

5 Für T'u läßt sich vielleicht eine alte Aussprache tăg und für She shiăg rekonstruieren.

6 Z. B. *Hu Hou-hsüan* in seinen Aufsätzen über die Religion der Shāng in Chia-ku hsüeh Shāng-shih lun-ts'ung, 1944.

Stengel einer Pflanze oder einen Phallus erkennen, andere ein weibliches Gebärorgan, wieder andere einen Opfertisch mit Gaben – ja, man hat sogar an einen „achteckigen Stern", der „uns aus dem Zweistromland wohlbekannt ist", gedacht.[7] Durchaus sicher dagegen sind wir darüber, was mit diesem Zeichen gemeint ist. Es bedeutet den gottartigen Zustand, in den jeder Shāng-König nach seinem Tod überging.[8] Aus der Vielzahl dieser vergöttlichten Ahnen wird schließlich der älteste oder mächtigste nach Analogie zum lebenden König zum Oberhaupt erhoben. Es ist dies der Shang-ti (Ober-ti), der erste Obergott der alten Chinesen.

Shang-ti ist also kein Name, sondern eine Rangbezeichnung innerhalb einer Gruppe von vergöttlichten Ahnen.[9] Der Titel Ti wird schließlich (ab 221 v. Chr.) von den lebenden Kaisern übernommen.

Auch der T'ien-Gott wird, wie aus den alten Formen des Zeichens klar hervorgeht, in Menschengestalt vorgestellt mit starker Betonung der Stirn. Das bedeutet ein Wesen von solcher Größe, daß darüber hinaus nach oben nichts mehr vorhanden sein konnte.[10] Das nun wieder bewirkte, daß dieser ursprünglich anthropomorphe T'ien mehr und mehr überging in den Begriff Himmel als Bezeichnung für das ‚runde Gewölbe', das über die viereckige Erde gestülpt war. Wahrscheinlich war er, wie auch immer er ursprünglich vorgestellt wurde, nicht so mit einer einzigen Sippe verknüpft wie der Shang-ti. Als Gott einer Stammesliga von Ackerbauern könnte er auch mehr mit der Fruchtbarkeit der Felder in Beziehung gestanden haben, d. h. seine wichtigste Funktion wäre gewesen, einen erntegünstigen Jahresablauf zu bewirken.

Mit einigem Vorbehalt könnte man also zu dem Schluß kommen, daß es sich bei Shang-ti vornehmlich um einen politischen Ahnengott der Herrschersippe, vielleicht sogar um einen Kriegsgott handle, wogegen der T'ien einem mehr ‚übersipplichen', oder wenn man so will, ‚über-

7 *H. Kremsmayer*, in: Archiv für Völkerkunde 9 (1954) 73.

8 Charakterisiert durch das Zeichen Ling, das Zauberkraft, Mana, Orenda usw. bedeutet. In etwa zu vergleichen mit der Kraft, die von Jesus ausging.

9 In seiner Sozialgeschichte des alten China (Peking 1955) bringt *Hou Wai-lu* eine Tabelle der Shāng-Königsahnen. An der Spitze steht das Fabeltier K'uei, das wohl in eine totemistische Periode gehört. Es folgen Namen, die auf Viehzucht schließen lassen, abgelöst von solchen, die aus zyklischen Zeichen der Opfertage für den toten König oder den Tag seiner Geburt oder seines Regierungsantritts bestehen. Shang-ti könnte der genannte K'uei oder der erste König Shang-chia = Ch'êng-T'ang, Vollender T'ang, sein.

10 Die Anti-T'ien-Propaganda der Shāng-Könige war bemüht zu zeigen, daß dieser Himmelsgott für einen Bogenschuß erreichbar war, s. Mem. Hist. I, 198.

völkischen' Himmelsgott nahekäme.[11] Im Rahmen unseres Themas ist aber zu bemerken, daß keiner der beiden Bezeichnungen einen Namen im eigentlichen Sinn des Wortes darstellt.

Meiner persönlichen Ansicht nach sollte man versuchen, die Götter Shang-ti und T'ien im Licht der alten chinesischen Religion zu sehen. Diese wird gekennzeichnet durch das Schriftzeichen Wu, das eine mit herabhängenden Ärmeln oder Wedeln ausgestattete tanzende Gestalt darstellt und oft als ‚Schamanismus' verstanden wird. Ich möchte jedoch lieber das Wort Wuismus verwenden, weil wir unter Schamanismus eine allerdings wohl auf diesem basierende, aber durch viele andere Elemente bestimmte Religion jüngeren Datums verstehen.[12] Ferner neige ich dazu, diese Religion anhand einer Stelle im Lun-yü (XI, 25) aufzufassen als charakterisiert durch lebensfrohe Naturverbundenheit und zwanglosen Verkehr der Menschen mit den Göttern, die auf einer (primitiven?) Stufe erhöhter Eidetik wahrscheinlich tatsächlich auftraten, auch wenn sie nur von denen gesehen wurden, denen sie sich zeigen wollten. Man trat mit ihnen in Verbindung durch Trancetanzen, Drogenrausch, Traum und Orakel.[13] Die weitere Kommunikation richtete sich dann nach der Art der herbeigeholten Götter. So schildern die aus dem wuistischen Südstaat Ch'u stammenden ‚Neun Lieder' die Begegnung der männlichen und weiblichen Wu-Praktiker mit ihren Gottheiten als eine Art Liebesbegegnung, bei der wohl viel getanzt und agiert, aber wenig geredet wurde.[14] Beim Treffen mit den Ahnengeistern im großen Ahnentempel verhielten sich die Lebenden wie fromme Kinder vor ihren Eltern. Eine Art direkte Kommunikation bestand dabei

11 Ungünstig wäre es für die hier vorgetragene Theorie, wenn sich beweisen ließe, daß der T'ien eine Verkörperung der Sonne wäre, siehe *Schindler*, a. a. O. 301 und 305. Nach unserem heutigen Verständnis der chinesischen Mythen nähmen wir ein Sonnenkönigtum eigentlich mehr für die Shāng-Ahnen in Anspruch. Vgl. z. B. *Y. Mori:* Kōtei densetsu, Kyōto 1970, 13. Die Sonne war im alten China mehr ein Feind als ein Freund der Ackerbauer. Der Mythos vom Abschluß der neun Sonnen ist höchstwahrscheinlich als anti-Shāng zu bewerten. Vgl. auch *Chang Tsung-tung* Der Kult der Shang-Dynastie im Spiegel der Orakelinschriften, 1970, 132 u. a.

12 Dazu *M. Hermanns*, Schamanen – Pseudoschamanen, Erlöser und Heilbringer, 3 Bde., Wiesbaden 1970.

13 Der Wuismus war im hohen Altertum vorherrschend, und wir wissen heute, daß die Shāng-Könige zugleich auch die obersten Wu-Praktiker ihres Volkes waren. Auch der Chou-König Wên, von dem es heißt, daß er zum Ti auf- und absteigen konnte (Shih-ching, ch. 6, Ta-ayh, S. 1–2), wäre demnach ein Wu gewesen.

14 *A. Waley*, The nine songs, London 1955.

durch die Person des Totenrepräsentanten (Shih, eigentlich ‚Leichnam'), meistens ein kleiner Knabe und Enkel des Letztverstorbenen, dessen Aussprüche als ‚inspiriert' galten und laut wiederholt der Versammlung mitgeteilt wurden.[15] Er wurde im Verlauf der Chou-Zeit nach und nach abgelöst durch die Ahnenfigur und die Ahnentafel, d. h. ein aufrechtes Holzbrett mit dem Namen des Gottes oder Geistes, der sich bei den Opferfeiern dort niederließ.

Zu den Opferfeiern[16] mußten die Gottheiten natürlich herbeigeholt werden. Wir haben im Ritenklassiker Li-chi eine Stelle, aus der hervorgeht, wie man sich die historische Entwicklung solcher Zitationen in konfuzianischen Kreisen dachte. Danach bestand in der ältesten Zeit das Anlockmittel aus der Ausdünstung des frisch geschlachteten Fleisches und Blutes. Unter der Shāng-Dynastie rief man die Gottheiten herbei durch Musik und Tanz, d. h. die Mittel der Wu-Praktiker, zur Chou-Zeit dagegen durch den Duft der korrekt zubereiteten Speisen und der parfümierten Getränke.[17] Ein Herbeirufen durch Namensnennung wird nicht erwähnt.

Zu betonen wäre hier die Rolle der Musik, deren Wichtigkeit in der alten chinesischen Gesellschaft gar nicht übertrieben werden kann. Durch besondere Tonfolgen (verbunden mit Tänzen) wirkte man ein auf die Himmelsgötter, die Erdgottheiten und die Geister der Berge und Gewässer. Es gab Spezialmelodien für die ‚Erste Mutter' und den ältesten Ahnherrn der Chou. Mit Musik konnte man alle Wesen in den Wäldern und Flüssen, ja sogar Wolken und Winde beeinflussen und zum Herbeikommen oder Verschwinden veranlassen.[18]

Anderseits aber könnte doch eine Möglichkeit bestehen, daß es auch in den Chou-Staaten Ansichten und Gebräuche gab, die sich den Aus-

15 Ich bin geneigt anzunehmen, daß dieser Repräsentant doch nicht ganz so alt ist, wie man vermutet. Meiner Ansicht nach kam erst, als die Göttererscheinungen infolge zunehmender, rationaler Aufklärung immer seltener wurden, die Idee auf, daß Gottheiten von einer Person Besitz ergreifen und sich durch diese äußern konnten. Die alten Wu-Praktiker befanden sich ihren Göttern gegenüber, d. h. diese erschienen vor ihnen.

16 Im Altertum waren das große Eß- und Trinkgelage, an denen nach den Gottheiten fast die gesamte Bevölkerung teilnahm, siehe Li-chi, XXII (Chi-t'ung). In späterer Zeit beschränkte sich die Teilnahme auf den Hochadel und die obere Beamtenschaft.

17 Li-chi, IX (Chiao t'ê-shêng). In manchen Fällen genügte das Auslegen einer Sitzmatte mit einem Stütztischchen davor, um einen Geist oder Gott herbeizuholen, s. Li-chi, XXII (Chi-t'ung).

18 Chou-li Ch'êng-chu, Taipei 1964, 119–20. (Übers. *Biot*, II, 28).

führungen von Heiler über die Gottesnamen[19] etwa zur Seite stellen ließen. Feststellungen darüber könnten wir treffen, wenn uns bessere Informationen über das alte Priestertum vorlägen.

Im Shāng-Staat bestand höchstwahrscheinlich kein Unterschied zwischen Priester, Amtsträger und Krieger. Ein solcher kam erst in der Chou-Zeit auf und bedeutet praktisch die Abwertung des Priesterstandes zugunsten zunächst des Militärs und später der konfuzianischen Bürokratie.

Im hohen Altertum aber lassen sich drei Arten religiöser Funktionsträger ausmachen: Der ‚Zaubertänzer' oder ‚Priestertänzer' (Wu), der ‚Priesterbeter' oder ‚Anrufer' (Chu) und der ‚Priesterschreiber' (Shih).[20] Auch am Chou-Hof und in den Lehensstaaten bildeten diese ‚Religionssachverständigen' höchstwahrscheinlich noch eine geschlossene Gruppe mit gewissen Monopolen. Eines davon war die Schrift,[21] die ausschließlich in den Händen der Priesterschreiber lag, bis sie durch die Aktivität des Konfuzius einer größeren Schicht der alten Gesellschaft zugänglich gemacht wurde. Ebenso waren die Priesterbeter im Besitz von alten Formeln, die gleichfalls der ‚konfuzianischen Aufklärung' zum Opfer fielen. Im Kap. Li-yün (‚Schicksal der Riten')[22] gibt es eine Stelle, die besagt, daß es nicht mit der guten Sitte vereinbar sei, wenn die „Glückwunschformeln der Anrufer geheimgehalten würden". Auch dieses ‚Durchsichtigmachen' der Segenssprüche und Verfluchungen ist natürlich bezeichnend für eine Änderung im Status der Berufspriesterbeter, die sich etwa so darstellt, daß mit dem Aufkommen des Konfuzianismus das alte Priestertum immer mehr in ein Beamtentum von Ritenkennern überging.

Erhalten aber hat sich aus dem alten Priestertum eine Art Tabusprache für gewisse Dinge des Staatskultes, z. B. ‚dunkler Wein' für Wasser u. a. Wahrscheinlich hängen damit auch die Staatstabus für die persönlichen Namen der Kaiser und das Vokabular für die Todesfälle u. a. in den verschiedenen sozialen Schichten zusammen.

Was nun das weitere Schicksal der beiden Hochgötter Shang-ti und T'ien angeht, so wurden sie bereits in der ersten Chou-Zeit vereinigt in dem Ausdruck Hao (oder Huang)-t'ien-Shang-ti (Heller oder Erhabe-

19 *F. Heiler:* Erscheinungsformen und Wesen der Religion, 1961, 275–277.

20 *B. Schindler:* Das Priestertum im alten China, 1. Teil, Leipzig 1919.

21 Die Schrift diente wahrscheinlich im Anfang überhaupt nur dem Verkehr mit den Gottheiten.

22 Li-chi, VII.

ner Himmel und Obergott).[23] Es ist dies eine Folge der Politik, den Gegensatz zwischen Shāng-Volk und Chou-Volk zum Verschwinden zu bringen. Dieser Ausdruck wurde später die Anrede für den obersten Gott des Staatskultwesens.[24]

Es gibt aber nun doch auch die Möglichkeit, im alten China vielleicht einen ‚deus absconditus' mit unbekanntem Namen anzutreffen. Doch müssen wir dazu die Sphäre des konfuzianischen Ritualismus verlassen und in die des alten Taoismus eintreten, der in der letzten Periode der Chou (Chan-kuo) den Wuismus zu verdrängen begann.

Das allgemeine Verlangen, die Nationalstaatsgrenzen zu überwinden und das ganze Reich (wieder) in einer großen Einheit zu vereinigen,[25] führte dazu, daß sich bei einigen Denkern die Idee einer sich aus einem einzigen großen Grundprinzip entfaltenden und zu diesem wieder zurückkehrenden Mannigfaltigkeit herausbildete. Dieses letzte Eine wurde bezeichnet mit dem Wort Tao (Weg, Bahn, ewiger Wandel) und war das große undifferenzierte Chaos der Potentialitäten, die sich dauernd ins aktive Sein hinein und auch wieder zurück ins Nichtsein wandelten. Die erste Stufe des in die Existenz emanierenden Tao war dabei die Größt-Eins (T'ai-i)[26] oder der Größt-Eine. Und dies wieder wurde für viele Jahrhunderte der oberste Gott nicht nur der Taoisten, sondern auch der Staatsreligion.[27] Sein Gegenstück auf Erden war der erste Kaiser des neuen Einheitsreiches Ch'in, Shih-huang-ti, „der erhabene Gottkaiser des Anfangs".

23 Es gab auch eine Kombination Huang-t'ien-Hou-t'u (Erhabener Himmel und Fürstin Erde), die sich aber nicht durchsetzte, siehe *Couvreur,* Chou king, 158 (Wu-ch'êng).

24 Meiner Ansicht nach scheint eine restlose Verschmelzung der beiden Götter niemals gelungen zu sein, sondern wenn im Staat die Macht des Monarchen vorherrschte, trat der Ahnendienst und damit der Shang-ti als Urahn des Himmelssohnes in den Vordergrund; jeder Machtzuwachs beim Beamtentum aber führte zur Aufwertung des Außenkults, d. h. einer Demonstration der Überlegenheit des Himmels über den Kaiser. Allgemein war die Tendenz der Bürokratie, das gesamte Kultwesen um die Hauptstadt zusammenzuziehen und durch allerlei Reduzierungen zu verbilligen.

25 Von den Konfuzianern angestrebt in der Allgemeingültigkeit des Li = korrektes Verhalten, Ethos, Ritus oder Chinese way of life.

26 Tao an sich lag jenseits der Zahlenreihe. Es war unnumerierbar.

27 Abgelöst wurde er vom Polarsterngott Yao-po-pao (etwa Kleinod, das den dunklen Teil des Mondes überstrahlt), der um die Zeitwende auf dem Hintergrund einer neuen Kosmologie als oberster Weltmonarch mit fünf Assistenzgöttern ausgemacht wurde. Seine Titulatur aber war und blieb Hao-t'ien-Shang-ti.

Die ‚theologische', wenn ich mich so ausdrücken darf, Spekulation der Taoisten aber drehte sich vornehmlich um das ‚unerforschliche' Tao. Und da nun findet sich im 1. Kap. des Tao-tê ching der vielzitierte Satz: „Ming k'o ming, fei ch'ang ming", was oft verstanden wird als: „Der Name, den man nennen kann (d. h. Tao), ist nicht der ewige Name." Und das wieder vermittelt den Eindruck, als gäbe es daneben einen geheimnisvollen, verborgenen Namen, über den man nun Betrachtungen anstellen kann.

Es ist aber eine andere Auffassung der Stelle möglich und ebenso wahrscheinlich, nämlich: „Der Name, der genannt werden kann, ist nicht immer der Name."[28]

Tao, das in ständiger Umformung, im Übergang vom Chaos zum Kosmos und zurück begriffen ist, wechselt natürlich fortwährend die Erscheinungsform und müßte auch damit eigentlich immer anders benannt werden. Der Satz besagt also im Grunde nur, daß es aussagbaren Seinsbegriffen nicht unterworfen werden kann.

Diese Auffassung wird bestätigt durch eine Stelle im Kap. 14, die besagt: „Da es (Tao) sich in einer ununterbrochenen Abfolge (wie die einer Schnur) befindet, kann es nicht mit einem Namen belegt werden." Es kehrt immer wieder zurück ins ‚Undingliche' (wu-Wu), ein Begriff, der anhand einer Bemerkung in dem Buch Chuang-tzû, Kap. 2, verstanden werden muß. Dort heißt es: „Ein Ding (Wu) wird dadurch das, was es ist, daß es benannt wird." Was sich also der Benennbarkeit entzieht, ist ein Nichtding oder Unding.[29] Wir können es vielleicht verstehen unter dem ebenfalls im Tao-tê ching gegebenen Vergleich mit einem Lichtblitz, einem kurz aufscheinenden Glanz, der keine Möglichkeit für eine Dingerkenntnis bietet.

Tao ist – wenigstens in diesem Stadium des Taoismus – kein am Schicksal der Menschen interessierter Gott. Es ist weder erschaffen noch erschafft es. Seine Wandlung in die Emanationen hinein und zurück sind ungewollt und ohne auf andere Wesen gerichtete Zwecke. Auch die dabei entstehenden Dinge wie zum Beispiel Himmel und Erde bestehen

28 Der Unterschied liegt in der Doppeldeutigkeit des Zeichens ch'ang, das sowohl ‚ewig' als auch ‚immer' bedeuten kann.

29 Im selben Kap. werden für die Unsichtbarkeit, Unhörbarkeit und Untastbarkeit des Tao charakterisierende Zeichen vorgeschlagen, die in heutiger Aussprache Yi, hsi und wei ergeben. Man hat versucht, daraus den Namen Jehova zu konstruieren. Faktisch handelt es sich um die Bezugnahme auf eine Ansicht der Logizisten (Ming-chia), nach der die verschiedenen Sinnesdata nicht zu einem Ding vereinigt werden können. „Obgleich aber diese drei nicht feststellbar sind, vermischen sie sich doch zu Einem."

aus sich und für sich und haben deshalb, wie es im Kap. 5 heißt, keinerlei Menschenliebe. Sie lassen sich nur benutzen, so wie sie selbst eben Tao zu ihrem So-sein benutzen.

Tao gibt jedoch ein Vorbild ab, dem man sich soweit wie möglich angleichen sollte. So wie es selbst nach keiner Seite hin Widerstand leistet und deshalb eben auch nicht abgenutzt werden kann,[30] so soll auch der Heilige (d. h. Lao-tzû) möglichst widerstandslos sich dem großen Gang der Dinge einfügen und nur sich selbst leben, ohne andere zu „bessern und zu bekehren". Nur so kann es ihm gelingen, sein Dasein um viele Jahre zu verlängern.

Deshalb ist auch ein speziell an Tao gerichteter Kult auf dieser Stufe des Taoismus nicht recht nachweisbar,[31] wohl aber ein solcher für T'ai-i und andere ihm nahe Himmelsgötter, die im zweiten Teil der Chou-Zeit, als die Erdgottkulte der Staaten an Wichtigkeit verloren, mehr und mehr in Mode kamen.

Hier komme ich an die zeitliche Grenze, die ich mir für diese Ausführungen gesetzt habe. In der nun folgenden Dynastie Han ereignen sich auf jedem Gebiet, besonders eben auch auf religiösem, so grundlegende Veränderungen, daß es durchaus gerechtfertigt ist, hier einen nachdrücklichen Einschnitt zu machen.

30 Die Sehdinge werden ja dadurch existent (lat. existere), daß sie dem Licht Widerstand entgegensetzen. Damit aber sind sie der Abnutzung und dem Tod verfallen.

31 Wir haben aber Textstellen, die den Eindruck taoistischer Hymnen machen. Die älteste wäre vielleicht die in dem Buch Kuan-tzû, ch. 49, überlieferte. *Rickett (Kuan-tzû*, vol. I, Hong kong, 1965, 159) versucht dem Text gerecht zu werden:

„How silet! No one hears its sound.
How compact! It resides, then, in the heart.
How obscure! No one sees its form
How bounteous! It is born together with me.
Its form cannot be seen, its sound cannot be heard,
Yet we may trace its achievements –
Such we call the Way" (Tao).

Hartmut Gese

Der Name Gottes im Alten Testament[1]

Es ist selbstverständlich, daß das Alte Testament, und damit das alte Israel, eine Fülle von Konzeptionen, von Denkformen und -inhalten mit seiner Umwelt teilt, zumal wenn sich in ihnen Elementar-Menschliches ausprägt: *so* das Verständnis des Namens als das, was das Eine im Unterschied zum Anderen benennt, ja vielmehr das, was das *eine* Wesen in seiner Einmaligkeit und Besonderheit, in seiner Selbigkeit vom Gleichen oder Verglichenen trennt, die Bezeichnung dieses einen unverwechselbaren Wesens; *so* das Nennen des Namens als das Rufen des Wesens, als das In-eine-Beziehung-Treten zu ihm; *so* die Angst, den Namen nicht zu kennen, dem Namenlosen zu begegnen, dem der Mensch sich nicht zuordnen kann (Gen 32,30; Ri 13,6); *so* die Scheu, die im Namen gegebene Beziehung zu verletzen, der Drang, diese Beziehung rein zu erhalten, nicht zu mißbrauchen. Ist das alles selbstverständlich, so versteht es sich doch durchaus nicht von selbst, daß das Alte Testament, das von dem einen, einzigen und unvergleichlichen Gott handelt, einen Namen, Jahwe, nennt. Ist nicht in diesem Zeugnis von dem *einen* Gott ein Name sinnlos, ja geradezu mißverständlich, und müßte hier

Es werden die folgenden Abkürzungen benutzt:

BEvTh	=	Beiträge zur Evangelischen Theologie. Theologische Abhandlungen. Begr. von *E. Wolf*, hrsg. v. *E. Jüngel* u. *R. Smend;*
BWANT	=	Beiträge zur Wissenschaft vom Alten und Neuen Testament, hrsg. v. *S. Herrmann* u. *K. H. Rengstorf*;
EvTh	=	Evangelische Theologie;
RM	=	Die Religionen der Menschheit, hrsg. v. *C. M. Schröder;*
THAT	=	*E. Jenni – C. Westermann* (Hrsg.), Theologisches Handwörterbuch zum Alten Testament!
ThB	=	Theologische Bücherei, hrsg. v. *E. Wolf;*
ThWNT	=	Theologisches Wörterbuch zum Neuen Testament, hrsg. v. *G. Friedrich*;
WO	=	Die Welt des Orients;
ZAW	=	Zeitschrift für alttestamentliche Wissenschaft;
ZThK	=	Zeitschrift für Theologie und Kirche.

1 Literaturübersichten z. B. bei *H. Bietenhard*, Art. ὄνοαμ κτλ., ThWNT V, 242 f.; *E. Jenni*, Art. Jhwh, THAT I, Sp. 701 ff.; *W. Zimmerli*, Grundriß der alttestamentlichen Theologie, Stuttgart 1972, 15.

nicht einfach von ‚Gott' gesprochen werden? Man möchte empfinden wie der um die Zeitwende lebende jüdisch-hellenistische Theologe und Philosoph Philo von Alexandrien, der die Grundstelle des Alten Testaments, in der von der Offenbarung des Jahwe-Namens an Mose gesprochen wird (Ex 3, 13–15), in seiner Vita Mosis I 74 f folgendermaßen wiedergibt:

Weil Mose sehr genau wußte, daß seine Stammesgenossen und alle anderen seiner Rede (von der Gottesoffenbarung) nicht glauben werden, sagte er (zu Gott): „Wenn sie mich nun fragen, was denn der Name dessen ist, der mich sendet, ich selbst ihn aber nicht nennen kann, erscheine ich dann nicht als Betrüger?" Gott aber antwortete: „Zuerst sage ihnen, daß ich der Seiende bin (*egō eimi ho ōn* – so übersetzt LXX, die griechische Version, hier den Namen Jahwe), damit sie, wenn sie den Unterschied zwischen dem Seienden und dem Nichtseienden verstanden haben, auch die Lehre vernehmen, daß es für mich, dem allein das Sein eigen ist, überhaupt keinen eigentlichen Namen gibt."

Philo betont also: Ein Gottesname wird nur offenbart, damit die Gottesoffenbarung an Mose benennbar wird, und eigentlich ist es kein Name, sondern eine Wesensaussage von Gott, und schließlich geht gerade aus ihr hervor, daß kein Name *Gott* benennen kann. Diese sicherlich tiefsinnige philonische Exegese von Ex 3, 13–15 geht aber am ursprünglichen Sinn des Textes vorbei, und wir müssen die erstaunliche Tatsache verstehen lernen, daß das Alte Testament in seiner grundlegenden Tradition von der Offenbarung Gottes diese gerade als Offenbarung seines Namens versteht und an dieser Namensoffenbarung bis in die letzten Schichten des alttestamentlichen Traditionsgefüges festhält, ja bis in die späten Schichten des Neuen Testaments fortwirken läßt, wenn es z. B. im hohenpriesterlichen Gebet Jesu Joh 17,6 heißt: „Ich habe deinen Namen den Menschen offenbart, die du mir aus der Welt gegeben hast."

1. Die Sinaioffenbarung

Es gilt als communis opinio in der alttestamentlichen Wissenschaft, daß die Überlieferung vom Auszug aus Ägypten den traditionsgeschichtlichen Anfangspunkt des Alten Testaments bildet. Das ist unbestreitbar hinsichtlich der heilsgeschichtlichen Darstellung des Alten Testaments, ist doch der Exodus gleichsam die Geburt Israels, und setzt doch die davor liegende Vätergeschichte in ihrer Gestaltung von vornherein dieses Israel voraus. Aber diese Exodusüberlieferung, was immer sie ursprünglich gewesen sein mag, ist alttestamentlich nie anders rezipiert worden denn als Herausführung Israels durch Jahwe. Und das dabei einfach vorausgesetzte Verhältnis Jahwe-Israel ergibt sich erst aus einer anderen Tradition, der von der Offenbarung Jahwes am Sinai. Diese traditionsgeschichtliche Vorordnung der Sinaitradition[2] bringt die jetzt vorliegende Gestalt der Darstellung selbst dadurch zum Ausdruck, daß sie Mose aus Ägypten zum Gottesberg fliehen und hier Jahwes Offenbarung empfangen läßt, so daß er vorweg das erfährt, was Israel am Sinai später erlebt. Und erst durch diese Vorwegnahme wird das Auszugsgeschehen, das ohnehin in der jetzigen Gestaltung nur Auszug zum Sinai hin ist, möglich, indem in Ägypten Mose von seiner Gottesoffenbarung Israel Mitteilung macht. Da die Offenbarung Jahwes fest verbunden ist mit dieser Sinaiüberlieferung – wird doch Jahwe altertümlich geradezu „der vom Sinai" genannt (Ri 5,5; Ps 68,9), und gilt doch auch lange Zeit, daß er nur vom Sinai her zur Theophanie in Israel erscheint (Ri 5,4 f; Dt 33,2 f; Hab 3,7) – und da für diese Offenbarung die Zuordnung Gottes zu dem diese Offenbarung empfangenden Israel konstitutiv ist, müssen wir hier den eigentlichen Kern des Alten Testaments sehen, so wenig wir auch historisch die dieser Überlieferung zugrunde liegenden Vorgänge fassen können.

Diese zentrale Tradition des Alten Testaments ist ihrem Inhalt nach wesentlich Offenbarung des Gottesnamens. In der Sinaiüberlieferung wird die Epiphanie des Göttlichen in Feuer und umhüllendem Rauch oder verhüllender Wolke, in vulkanischen oder Gewittererscheinungen beschrieben, die aber zur Theophanie des Gottes führt, der sich mit der sogenannten Selbstvorstellungsformel „Ich bin Jahwe"[3] offenbart und der sich in dieser Offenbarung Israel exklusiv zuordnet. In Ex 3, 13–15 (in späterer Parallele 6,2 f) verbindet sich diese Namensoffenbarung, wie gesagt, vorlaufend mit der Berufung des Mose, in Ex 20,2; 33,18 f; 34,6 f tritt sie im Zusammenhang mit dem Bericht von Israels Aufenthalt am Sinai auf. Wie sehr diese Sinaiüberlieferung in der Namensoffenbarung ihren Höhepunkt findet, wird an den beiden letztgenann-

2 Vgl. *H. Gese*, Bemerkungen zur Sinaitradition, ZAW 79 (1967) 137 ff. (= *Ders.*, Vom Sinai zum Zion. Alttestamentliche Beiträge zur biblischen Theologie [BEvTh 64], München 1974, 31 ff).

3 Vgl. *W. Zimmerli*, Ich bin Jahwe, in: Geschichte und Altes Testament (Festschr. A. Alt), Tübingen 1953, 179 ff. (= *Ders.*, Gottes Offenbarung. Gesammelte Aufsätze zum Alten Testament [ThB 19], München 1963, 11 ff.); *K. Elliger*, Ich bin der Herr – euer Gott, in: Theologie als Glaubenswagnis (Festschr. K. Heim), Hamburg 1954, 9 ff. (= *Ders.*, Kleine Schriften zum Alten Testament [ThB 32], München 1966, 211 ff.).

ten Stellen deutlich, die in der Namensoffenbarung den eigentlichen Offenbarungsvorgang sehen. Aber auch in Ex 20,2 ist die hier vor dem Dekalog erscheinende Selbstvorstellungsformel mehr als etwa nur ein Vorspruch zum Dekalog, vielmehr kann der Dekalog geradezu als Explikation der Namensoffenbarung verstanden werden. Denn was bedeutet diese Selbstvorstellungsformel hier?

Die Formel ,Ich bin der Gott x' in Offenbarungseinleitungen ist ein im alten Orient weit verbreitetes Phänomen, sie steht zu den darauf folgenden Ausführungen und Befehlen in einem eher untergeordneten Verhältnis und ist wesentlich durch die Funktion bestimmt, die befehlende, mahnende oder verheißende Gottheit zu identifizieren. In dem Kontext der Sinaiüberlieferung ist aber die Selbstvorstellung Gottes völlig anderer Art. Es geht hier um die Offenbarung des *einen* Gottes, der Israel in ein jede Beziehung zu anderen Gottheiten ausschließendes Verhältnis allein zu sich setzt und der auch allein an Israel sich bindet (den Völkern ist der Name Jahwes nicht bekannt, Ps 79,6). Es geht um Offenbarung in der alles andere ausschließenden Relation und damit um die Selbsterschließung des göttlichen Ich an das menschliche Gegenüber, das seinerseits durch diese Relation erst konstituiert wird. Denn erstens gilt, daß diese Selbstvorstellung des Sinaigottes den Inhalt des ersten Gebots, den Ausschluß jeder anderen Gottesbeziehung voraussetzt, jedenfalls im alttestamentlichen Kontext nie anders verstanden werden darf, und daß sie daher auch in der erweiterten Form ,Ich bin Jahwe, dein Gott' auftreten kann; zweitens gilt, daß der sich so vorstellende Gott in keiner Weise anderen Gottwesen untergeordnet oder auch nur nebengeordnet ist, also in keiner Beziehung zu einem Pantheon steht; drittens gilt, daß die hier und jetzt erfahrene Offenbarung sich nicht auch an irgendein anderes menschliches Gegenüber wendet, sondern daß vielmehr der Begriff Israel als gleichsam internationaler Zusammenschluß Jahwe verehrender Stämme gerade durch diese Offenbarung begründet wird. Unter diesen Voraussetzungen wird die Namensoffenbarung in der Form der Selbstvorstellung zu dem Akt der Selbstoffenbarung Gottes an ein menschliches Gegenüber in einer letzten Form der Zuordnung, zur Selbsterschließung Gottes in der Relation zum Menschen, in der die Ausschließlichkeit dieses Gottes sich in der Ausschließlichkeit Israels widerspiegelt. Ist die Gottesoffenbarung so von der Zuordnung des Menschen bestimmt, so gehört zu ihr wesentlich die Offenbarung des Heilszustandes, des Schalom des neuen Seins, wie sie etwa im Dekalog als paarweise Definition von fünf Seinsbereichen, die von Gott bis zum Mitmenschen reichen, vollzogen ist.[4]

Willens- und Wesensoffenbarung Gottes können hier nicht voneinander getrennt werden, weil das ‚Ich bin Jahwe, dein Gott' dieses neue Sein setzt. Entscheidend ist, daß diese äußerste Offenbarung Gottes als Namensoffenbarung eine Selbsterschließung als Person bedeutet, die sich an den Menschen bindet, der als Du diesem Ich Gottes konstitutiv zugeordnet wird. So wie hier Gott ganz und gar sich erschließt, nicht nur irgendeine Botschaft, einen Befehl erteilt, sich selbst erschließt, so wird sein Name zum Ausdruck der Offenbarung des göttlichen Selbst und dient nicht mehr, wie in der altorientalischen Selbstvorstellungsformel, zur Identifikation eines zu anderen göttlichen Wesen in bestimmten Bezügen stehenden, besonderen göttlichen Wesens, das sich mit einem in seiner Bedeutung notwendig eingeschränkten Offenbarungsinhalt an einen Menschen oder eine Gruppe wendet. Anderseits offenbart sich Gott nicht einfach als solcher, als Gottheit schlechthin, die er ja durch seine Pantheonlosigkeit in keiner weiter einzuschränkenden Weise ist. Er offenbart sich eben nicht an sich, sondern als Selbst. Wir kommen also zu der These: Gott hat einen Namen, er ist Person und erschließt sein Selbst in der Offenbarung, die darum in der alles andere ausschließenden Zuordnung zu ihm besteht.

Wir haben bisher nur traditionsgeschichtlich argumentiert und mußten dabei eine weitgehend entwickelte Gestalt der Sinaiüberlieferung voraussetzen. Die zentrale Stellung dieser Überlieferung im Alten Testament führte nicht nur zu einer ungeheuren quantitativen Anreicherung des Materials, sondern auch zu einer notwendigen theologischen Reflexion und Verarbeitung, so daß irgendeine Urform nicht oder nur fragmentarisch erkennbar wird. Können wir religionsgeschichtlich eine ältere Form fassen? Deutlich wird aus den spärlichen historischen Nachrichten, die wir haben, daß bei der Sinaiüberlieferung besondere Beziehungen zu den Midianitern/Kenitern bestehen. Der Sinaiberg, wo immer er genauer gelegen haben mag, gehörte zu den Weide- und Wandergebieten der Midianiter und war ein heiliger Ort dieser Nomaden. Ob Jethro oder Hobab oder Reguel der Schwiegervater des Mose war, sicher ist, daß er der Priester Midians genannt wird, und Ex 18 berichtet von einer Kultgemeinschaft mit den Midianitern am Gottesberg, die allerdings nach dem Alten Testament das Bekenntnis Jethros zum Gott Israels voraussetzt. Das Alte Testament enthält manches über die Jahwe-Verehrung der Keniter, die wenigstens zeitweise einen

4 Vgl. *H. Gese*, Der Dekalog als Ganzheit betrachtet, ZThK 64 (1967) 121 ff. (= *Ders.*, a. a. O. 63 ff.).

besonderen Clan der Midianiter gebildet haben müssen, wobei offen bleibt, woher diese Keniter die Kenntnis von Jahwe haben. Neuerdings sind in ägyptischen Quellen vorisraelitischer Zeit Erwähnungen von *jhw'*-Beduinen aufgetaucht, die nicht weit von dem als Se'ir-Gebirge bekannten Bereich der Midianiter lokalisiert werden müssen.[5] Möglicherweise hängt der *jhwś*-Name hier mit dem alttestamentlichen Gottesnamen insofern zusammen, als eben eine bestimmte Landschaft, in der wir auch den Sinai zu suchen hätten, nach ihm benannt war. Aus all dem könnte dann nur das eine geschlossen werden, daß es bei den Midianitern oder anderen Beduinen in lokaler Bezogenheit zum Sinai eine Jahwe-Verehrung gegeben hat, die Mose und jenes Urisrael, das am Sinai stand oder dorthin wallfahrtete, übernommen hat. Aber die Offenbarung, die Mose vermittelt hat, muß insofern wesentlich davon unterschieden gewesen sein, als für sie die Exklusivität des Jahwe-Israel-Verhältnisses konstitutiv ist, zumal der Begriff Israel als Stämmeverband sich durch diesen Jahwe-Bezug erst definiert, es sei denn, wir setzten die Erkenntnis dieses exklusiven Verhältnisses Gott-Israel in späterer Zeit an. Dann müßte das Sinaierlebnis eines unter vielen gewesen sein. Wie kann der Bezug zu diesem fernen Gottesberg und der zu Mose später so umgestaltet werden, ohne daß der darin liegende totale Umbruch aller mythischen Gottesbezüge zu dem der Selbsterschließung Gottes in zueignender Offenbarung nicht in seinem Ereignis selbst Tradition wird? Denn nicht eine kontinuierliche Entwicklung führt aus der mythischen Religiosität zu diesem Verständnis der Offenbarung, nicht irgendeine universale Pantheonzusammenziehung oder -zusammenfassung in *eine* Gestalt der Gottheit liegt hier vor, sondern gerade eine im Partiellen liegende Totalität der Ausschließlichkeit, die einen Bruch mit der Überlieferung darstellen müßte, der seine Spuren hinterlassen hätte. Darum müssen wir schließen: Wie immer diese Namensoffenbarung an Mose und Israel primär ausgesehen haben mag, sie muß in nuce dem entsprochen haben, was das Alte Testament als Sinaioffenbarung überliefert. Gewiß sind Zeit und Raum nicht gleichgültig: die in den mythischen syrischen Religionen am Ende der Bronzezeit spürbare Krise, die Stellung im Zentrum zwischen den Oasenkulturen Ägypten und Mesopotamien und eingeschlossen in den Kulturkreis der vom Regen abhängigen Ackerbaukulturen Syrien, Kleinasien und Griechenland, und vor allem die besondere ge-

5 Vgl. *R. Giveon,* Les bédouins Shosou des documents égyptiens, Leiden 1971, Doc. 6a, 16 a und 267 ff.; *S. Herrmann,* Der alttestamentliche Gottesname, EvTh 26 (1966) 281 ff.

schichtliche Situation und die zu Israel sich zusammenfindenden ins Kulturland übergehenden und übergegangenen Halbnomaden. So ergab sich ein Kairos, in dem ein Neues, nicht einfach religionsgeschichtlich-evolitionistisch Ableitbares erschien.

2. Der Jahwe-Name[6]

Was bedeutet der Name Jahwe? Von den eben erwähnten ägyptischen Belegen abgesehen, läßt sich ein Gebrauch unabhängig von der israelitischen Jahwe-Religion außerhalb des Alten Testaments nicht nachweisen, weder in selbständiger Form noch als theophores Element in Personennamen. Der Name erscheint unter bestimmten Bedingungen in verschiedenen verkürzten Formen; die Grundform ist mit an Sicherheit grenzender Wahrscheinlichkeit die des Tetragramms *JHWH*. Als Vokalisierung dieser Konsonantenschrift ergibt sich aus griechischen Transskriptionen und aus philologischen Gründen *Jahwä*. Da die Synagoge den Namen durch die Gebetsanrede ‚Mein Herr' *'ᵃdōnāj* ersetzt und den Konsonantentext der Schrift, das Tetragramm, entsprechend mit den Vokalzeichen ᵉ, ō, ā versieht, konnte der Name im Mittelalter fälschlicherweise *Jᵉhōwā* gelesen werden. Der Name *Jahwä* zeigt eine für Namen typische Form eines Verbums im sogenannten Imperfekt der hebräischen Wurzel *hj(h)*, die in einer alten Form des Nordwestsemitischen, gerade auch im Bereich südöstlich von Palästina, als *hw(h)* auftritt und ‚sein', ‚werden', ‚sich erweisen' bedeutet. Da ein kausativer Stamm dieser Wurzel nicht belegbar ist, muß es sich um den Grundstamm handeln, so daß der Name bedeutet ‚er ist', ‚er erweist sich'. Freilich ist dies nicht im Sinne eines statischen Seins gemeint, wie LXX übersetzt *egō eimi ho ōn*, sondern in dem eines dynamischen, wirkenden Seins, wie es die Übersetzung ‚er erweist sich' wiederzugeben versucht. Das Alte Testament bezieht sich, von einer Ausnahme abgesehen, nicht auf die Bedeutung des Namens, vielmehr steht im Vordergrund die Tatsache, daß Gott einen Namen hat: Wichtiger als die Bedeutung des Namens ist die Funktion als Name. Bei der einen Ausnahme handelt es sich um eine Deutung durch Gott selbst bei der ersten Stelle der Namensoffenbarung in Ex 3,14 und selbst hier in bezug auf eine charakteristisch veränderte Form in der 1. Person: ‚ich erweise mich', so wie es der Namensoffenbarung in der Selbstvorstellung entspricht. Die Deutung besteht in einem paronomastischen Relativsatz

6 Vgl. bes. *W. v. Soden*, Jahwe „Er ist, Er erweist sich", WO III (1966) 177 ff.

‚ähjä ‚^{a}šär ʿähjä ‚ich erweise mich, als der ich mich erweisen werde', ‚ich bin, als der ich mich erweisen werde'. Zweierlei fällt bei dieser Deutung sofort ins Auge: 1. Jede Festlegung des Wesens Gottes durch den Namen wird abgewiesen; nicht der Name bestimmt Gott, sondern Gott gibt dem Namen Inhalt in völliger Freiheit und Souveränität. 2. Es gilt für die Zukunft, als wer sich Gott erweist; Gottes Namensoffenbarung als Selbsterschließung an Israel ist nicht auf die Sinaioffenbarung als solche einschränkend bezogen, sondern ist die Eröffnung einer Zukunft, für die eben dieses Als-Jahwe-sich-Erweisen gilt.[7] So bleibt der Name Gottes in Israel vom Geheimnis göttlichen Wirkens umschlossen und läßt keine Verobjektivierung Gottes zu.

3. Die Zuordnung weiterer Namensüberlieferung zum Jahwe-Namen

Die ganze Breite der Gotteserfahrungen und -erkenntnisse, die Vielzahl der religiösen Traditionen schlägt sich nieder in Gottesnamen. Auch im Alten Testament gibt es neben Jahwe viele Namen, deren Relation zum Jahwe-Namen wir bestimmen müssen. Natürlich ist es nicht möglich, im Rahmen dieses Vortrags das gesamte Material auszubreiten, ein kurzer Überblick muß genügen.

a) Da sind zunächst die Bezeichnungen des sogenannten Vätergottes:[8] ‚der Gott Abrahams', ‚der Gott Isaaks', ‚der Gott Jakobs', oder auch ‚der Gott meines Vaters', Bezeichnungen, die auf eine Zeit des halbnomadischen Zustands unmittelbar vor der Landnahme zurückzugehen scheinen, wenn dieser Gott Nachkommenschaft und Landbesitz verheißt und von dem Nachkommen des Ahnherrn im Kulturland angerufen wird. Der Gott der Väter trägt keinen eigentlichen Namen (höchstens bestimmte Umschreibungsbezeichnungen) und scheint auch nicht in ein Pantheon eingeordnet zu sein. Allerdings bahnt sich jetzt, nachdem ein ganz ähnlicher Typ im ugaritischen Pantheon bekannt geworden ist, eine neue Beurteilung an, wonach man in einer besonderen Kultform den Gott des Vaters verehrt, um auf diese Weise den offenbar als unterschieden gedachten religiösen Bezug des Vorvaters, von dem man sich physisch hergeleitet weiß, mit in die eigene Gottesverehrung einzubeziehen.[9] Wie dem auch sei, selbstverständlich ist der

7 Vgl. *H. D. Preuss,* Jahweglaube und Zukunftserwartung (BWANT 5. Folge Heft 7), Stuttgart 1968, 15 ff.

8 Vgl. bes. *A. Alt,* Der Gott der Väter, 1929 (= *Ders.,* Kleine Schriften I, München ^{3}1963, 1 ff.).

9 Vgl. *H. Gese,* Die Religionen Altsyriens (RM 10,2), Stuttgart 1970, 104 ff.

Gott der Väter im Alten Testament mit Jahwe identisch, es ist seine vorlaufende Offenbarungsform an die unmittelbaren Vorfahren. In später Zeit wird die besondere theologische Theorie ausgebildet, daß diese vorlaufende Offenbarungsform die des ‚*El Šaddaj* sei (Ex 6,3), wobei eine sehr alte Bezeichnung Jahwes als des *Šaddaj* aufgegriffen wird (Gen 49,25; Num 34,4.16), d. i. wohl ‚der Berghafte', ‚der auf dem Berge', und so heißt wohl der auf dem Berge epiphane Gott; jedenfalls ist der Wettergottypus gemeint, der der schlechthin epiphane Gott in Syrien ist.[10]

b) In der Väterüberlieferung treten neben dem Vätergott Namen auf, die sich auf die Tradition von Kultorten beziehen. Mit der Übernahme bestimmter Heiligtümer wird auch der hier jeweils beheimatete Gottesaspekt übernommen, und so ist Jahwe notwendigerweise eben auch der *'Ēl bēt'ēl*, der Gott der Wohnung Els, des Himmelstores, dem der irdische Omphalos von Bethel entspricht,[11] oder der ‚*Ēl-'ōlām*, der Gott des Äons von Beerseba, oder der *'Ēl rå'ī*, der Gott der Schauung von Beerlahairoi.

c) In einem späten Text, Gen 14, wird gezeigt, daß Abraham, bevor ihm in c. 15 beim Bundesschluß das Sinaiereignis in symbolischer Form (Gott erscheint in Feuer und Rauch) bekannt gemacht wird, der jerusalemischen Tradition begegnet: Melkizädäk, der Urkönig und -priester von Jerusalem, bringt ihm Brot und Wein heraus und segnet ihn „in bezug auf ‚*Ēl ᶜäljōn qōnē šāmajim wā'äräṣ*", und Abraham verbindet sich durch die Ablieferung des Zehnten mit diesem Gott Jerusalems, der für das Alte Testament natürlich kein anderer als Jahwe ist. Der Jahwe-Name kann schon deswegen nicht erscheinen, weil er ja erst auf dem Sinai verkündet wird. Hinter denm '*Ēl ᶜaljōn qōnē šāmajim wā'äräṣ* steckt eine Triade: El, der erste und Vater aller Götter, der Urgott und das Haupt des Pantheons, der Gott schlechthin (alle Appellativa für Gott in sämtlichen semitischen Sprachen mit Ausnahme des Äthiopischen werden von diesem Namen abgeleitet, was nicht auf eine besondere Bedeutung Els, sondern auf die ursprüngliche und grundsätzliche Konzeption dieses ursemitischen Gottes als Gott schlechthin zurückzuführen ist)[12] Eljon, ‚der Höchste', der besondere Aspekt Els als Herr über alle Götter, und Qone'arṣ[13], ‚der Erderschaffer', der Schöpfer

10 Ebd. 133 f.
11 Ebd. 112 f.
12 Ebd. 94 ff.
13 Ebd. 113 ff.

des Schöpfungswerkes kat' exochen, der Erdgründung auf dem Urwasser, wobei die israelitische Tradition charakteristischerweise im Doppelausdruck Himmel und Erde das Schöpfungswerk zum kosmischen erweitert, auch dies ein besonderer Aspekt Els. Freilich ist für den Text der Gott Jerusalems nicht mehr eine Dreiheit von Göttern, von selbständigen Aspekten Els, sondern in den Ausdruck für einen einzigen Gott zusammengezogen „der höchste Gott, der Himmel und Erde geschaffen hat". Eljon, bezeichnenderweise zumeist in der Form *ʾĒl ᶜäljōn* ‚höchster Gott', erscheint gelegentlich als Name Jahwes im Alten Testament, eben wenn es um das Verhältnis Jahwes zu den Göttern geht und wenn die jerusalemische Tradition besonders zum Ausdruck gebracht werden soll. Umstritten ist, wie häufig *ʾēl* im Alten Testament noch die Bezeichnung des Gottes El ist – selbstverständlich in Identifikation mit Jahwe – und wieweit es nur Appellativum für Gott ist. Man kann die Frage schon deswegen schlecht beantworten, weil ein letzter Zusammenhang zwischen dem Eigennamen El und dem Appellativum ‚Gott' besteht. Insgesamt geurteilt, scheint man die Möglichkeiten des Gottesnamens El im Alten Testament zu überschätzen, denn El spielt in israelitischer Zeit ja kaum noch die alte bedeutende Rolle, und der appellativische Gebrauch ist lange vor dem Alten Testament gang und gäbe. *ʾĒl ᶜäljōn* wird im Alten Testament eben nicht mehr als ‚El (und) Eljon' und auch nicht als ‚höchster El' verstanden, sondern als ‚höchster Gott', ganz nach dem Muster *ʾēl* + Nomen, *ʾēl ᶜōlām* etc. Selbstverständlich ist auch das häufige theophore Element *ʾēl* in Personennamen im Alten Testament appellativisch zu verstehen, ist dies doch auch schon voralttestamentlich zu belegen, wie z. B. der Name Jabruqel zeigt, und es ist unsinnig, aus dem Namen Israel auf einen ursprünglich nicht an Jahwe, sondern an El orientierten Stämmeverband zu schließen.

d) Wie das Schema *ʾēl* + Nomen im Alten Testament verstanden wird, zeigt am deutlichsten die frühe, mit der deuteronomischen Bewegung zusammenhängende Theologie, die Gottesnamen aus theologischen Gründen bildet in der Form *ʾēl* + Adjektiv, um auf diese Weise Eigenschaften Gottes zu bekennen. So ist in diesen Texten von *ʾēl ḥannūn*, vom ‚gnädigen Gott' von *ʾēl raḥūm*, vom ‚barmherzigen Gott', von *ʾēl qannā*, vom ‚eifernden Gott', von *ʾel näʾᵃmān*, vom ‚treuen Gott', von *ʾēl ḥaj*, vom ‚lebendigen Gott' usw. die Rede. Die ja heute viel geschmähte theologische Methode, Eigenschaften Gottes zusammenzustellen, ist in ihren Wurzeln auch hier in der biblischen Tradition zu erkennen; und wie jede Wissenschaft mit Benennungen beginnt, so auch

die Theologie. Allerdings geht es nicht darum, Gott zu definieren, sondern, um ihn zu erkennen und zu bekennen, und nur in solchen Textzusammenhängen finden sich diese Ausdrücke.
e) Unter all diesen Bezeichnungen Gottes haben wir keine gefunden, die mit dem Jahwe-Namen in irgendeiner Weise konkurriert. Entweder mußten Vorformen der Jahwe-Offenbarung bezeichnet oder spezifische Heiligtumstraditionen zum Ausdruck gebracht werden, oder man möchte bestimmte theologische Aussagen von Gott machen. Es ist erstaunlich zu sehen, wie der eine Jahwe-Name durch die vielen Namen Gottes nicht tangiert wird. Aber eine Bezeichnung muß nun noch zum Schluß unseres Überblicks erwähnt werden, die eine besonders große Bedeutung hat und vielleicht deswegen stets mit Jahwe zusammen gebraucht wird: Jahwe Zebaot. *ṣᵉbāʾōt* sind die himmlischen Heere, und Jahwe Zebaot ist die Bezeichnung Gottes, der über alle göttlichen Wesen als seine Engel verfügt. Jahwe wird hierbei als König vorgestellt, denn der König, in der körperlich-passiven Haltung des Thrones durch sein Wort geistig regierend, hat stets um sich ‚die vor ihm Stehenden' versammelt, die sein Wort ausführen. Als das in dem Kultgegenstand eines leeren Kastens, der Lade, symbolisierte Anwohnen der Gottheit als Thronen über der Lade verstanden wurde, konnte dieser Name Jahwe Zebaot der Name des Ladegottes und mit Davids Überführung der Lade auf den Zion schließlich der Name dessen werden, der auf dem Zion seinen Thron hat.
Da der Zebaot-Name sich stets mit Jahwe verbindet, ist auch hier jede Konkurrenz zum Jahwe-Namen von vornherein ausgeschlossen. Wir kommen damit zu der ergänzenden These: Gott hat ein und denselben Namen, er hat sich ganz mit diesem einen Namen verbunden, er ist der Eine, Unverwechselbare, oder wie es das berühmte sogenannte *Šᵉmaᶜ*, das Bekenntnis des Urdeuteronomiums Dtn 6,4 ausdrückt: „Höre, Israel, Jahwe ist unser Gott, der eine (einzige) Jahwe." Die gesamte Offenbarung ist auf diesen einen Namen bezogen. Das kommt in großartiger Weise in einer aus der frühen prophetischen Tradition stammenden (vgl. 1 Kön 20,13.38) Formel[14] zum Ausdruck, die das gesamte Alte Testament durchzieht. Zimmerli hat sie die Formel des göttlichen Selbsterweises genannt:[15] „Und ihr werdet (du wirst, er wird, sie wer-

14 Vgl. *Zimmerli,* Erkenntnis Gottes nach dem Buche Ezechiel, 1954, bes. 17 ff. (= *Ders.*, a. a. O. 54 ff.).
15 Das Wort des göttlichen Selbsterweises (Erweiswort), eine prophetische Gattung, in: Mélanges Bibliques réd. en l'honneur de A. Robert, 1957, 154 ff. (= Ders., a. a. O. 120 ff.).

den) erkennen, daß ich Jahwe bin." Die das Sinaiereignis der Gottesoffenbarung zum Ausdruck bringende Formulierung „Ich bin Jahwe" ist das Ziel aller aus der heils- und unheilsgeschichtlichen Erfahrung resultierenden Erkenntnis. Die Erkenntnis der göttlichen Selbstoffenbarung ist das Ziel von der Herausführung aus Ägypten an: „Ich werde euch herausführen aus der Fron Ägyptens und erretten aus ihrer Knechtschaft, euch befreien mit ausgestrecktem Arm und gewaltigen Gerichten . . ., ich werde euch zu meinem Volk annehmen und ich werde euer Gott sein, daß ihr erkennt, daß ich Jahwe bin" (Ex 6,6f), es ist das Ziel bis zur eschatologischen Offenbarung Gottes auf dem Zion, die sich an alle Völker wendet: „Laßt ab und erkennt, daß ich Jahwe bin, erhaben über die Völker, erhaben über die Erde!" (Ps 46,11). Alle Geschichte ist bezogen auf diese Offenbarung „Ich bin Jahwe"; diese alttestamentliche Erkenntnisformel ordnet alle Geschichtserfahrung dem Offenbarungsereignis zu.

4. Besondere Funktionen des Namens

Abgesehen von dieser grundsätzlichen Bedeutung des Namens als des ewigen Offenbarungsinhalts, der Selbsterschließung Gottes an die Menschen, ergeben sich besondere Funktionen des Gottesnamens.

a) Man kann etwas vereinfacht sagen, daß so, wie in den meisten Religionen die Ferne der Gottheit überbrückt wird durch die Nähe ihrer Repräsentation im Bild, in Israel die Nähe Gottes durch seine personale Offenbarung im Namen gesetzt war. Konnte anderswo der Kult höchsten Ausdruck im Dienst am Bild finden, so ist in Israel der allgemeine Begriff für Gottesdienst ‚Anrufung des Jahwe-Namens' (*qārā' b^e^šēm JHWH*), und entsprechend für Fremdgottesdienst ‚Namensentweihung'. Gewiß gibt es überall die Anrufung des Gottesnamens, aber in Israel gab es nichts darüber hinaus, denn hier war Gott selbst. Die Heiligung des Namens bzw. das Verbot jeglichen Mißbrauchs des Namens im ursprünglichen dritten Dekaloggebot erstreckt sich sicherlich nicht allein auf das Schwören und hat nicht nur Namens-Zauberei im Auge, sondern bezieht den gesamten Gottesdienst ein, beginnt doch jedes Gebet mit der Anrufung Gottes und wird doch jedes Opfer unter Anrufung Jahwes dargebracht.

b) So wird die heilige Stätte nur durch den Namen heiliger Ort. Im alten Altargesetz Ex 20,24 heißt es: „Du sollst mir einen Altar aus Erde bauen und darauf deine Brandopfer und deine Gemeinschaftsopfer darbringen von deinen Schafen und Rindern, an jeder Stätte, an der ich meines Namens gedenken lasse (= an der ich meinen Namen erwähnen lasse), werde ich zu dir kommen und dich segnen." In späterer, deuteronomischer Zeit konnte sich aus dieser Vorstellung von der Präsenz Gottes am heiligen Ort durch seinen Namen konsequent die Anschauung entwickeln, daß an dem einen Ort, dem Zion, an dem allein Gott präsent ist, Gott seinen Namen wohnen läßt. Die ältere Anschauung war die, daß in Jerusalem auf dem Zion mit der Lade Gott selbst thronend wohnt. Die Zionstheologie war fundamental dadurch bestimmt, daß hier Jahwe von einem Stück Land als seinem ‚Erbland', also eigenstem Eigentum, Besitz ergriffen hat. Im Gegensatz zur Vorstellung nur epiphaner Verbindung Gottes mit dem Sinai war Gott mit dem Zion in engere Verbindung getreten, hier hatte er Wohnung genommen für immer. Diese Vorstellung der Erwählung des Zion war aufs engste mit der Erwählung der Davidsippe verknüpft, und diese bis ins letzte gesteigerte Verbindung Jahwes mit Israel, ja der Welt bildet einen Kardinalpunkt der biblischen Theologie, der hier nicht weiter entfaltet werden kann.[16] Der gewaltige theologische Umbruch, der sich unter der assyrischen Überwältigung im Prophetismus der zweiten Hälfte des 8. Jahrhunderts vollzog, brachte einen ontologischen Wandel mit sich, der sich in der in prophetischer Tradition stehenden deuteronomischen Theologie des 7. Jahrhunderts in Hinsicht auf die Präsenz Gottes auf dem Zion fassen läßt. Am Wohnen Gottes (*škn*) wird festgehalten, aber es ist der Name, den Gott hier wohnen läßt (Dtn 12,5.11.21 etc), eigentlich aber ist Gott im Transzendenzbereich des Himmels (vgl. 1 Kön 8, 29.30). Das wird oft nur als einschränkende Spiritualisierung einer nicht mehr haltbaren älteren Vorstellung beurteilt. Man muß sich aber deutlich machen, daß die Wohnvorstellung, die ja dann in erster Linie aufgegeben werden müßte und etwa durch die Erscheinung an heiliger Stätte ersetzt werden könnte, voll bewahrt, ja geradezu betont wird. Das hier eingeführte Namenstheologumenon drückt nicht nur negativ ein nicht eigentliches Präsentsein Gottes aus, sondern positiv die Präsenz der in seinem Namen gegebenen Selbstoffenbarung Gottes. Die Präsenz Gottes im Anwohnen kann präziser verstanden werden als Präsenz im Vollzug seiner Offenbarung und wird so der kultischen Objektivierung entzogen. Ähnlich

16 Vgl. *H. Gese,* Der Davidsbund und die Zionserwählung, ZThK 61 (1964) 10 ff. (= *Ders.*, a. a. O. 113 ff.) und *ders.*, Natus ex virgine, in: Probleme biblischer Theologie (Festschr. G. v. Rad), München 1971, 78 ff. (= Ders., a. a. O. 134 ff.).

konnte auch die alte Vorstellung von der Repräsentation Gottes in seinem Boten – nicht in irgendeinem Engel, sondern in der *einen* Form, die der Mensch mit seinen Sinnen wahrnehmen kann – so präzisiert werden, daß man von der Anwesenheit des Namens in ihm sprach (Ex 23,21).

c) Diese Präsenz des Namens konnte man noch weiter ausdehnen in der Deutung der höchsten Segenshandlung, des bekannten aaronitischen Segens (Num 6,22ff). Hier wird in der dreigliedrigen Formulierung der Segen Gottes ja gesteigert zur Epiphanie (Leuchten lassen des Antlitzes) und zur Präsenz (Erheben des Antlitzes zum Gesegneten hin). Es entspricht dem Sinn einer solchen höchsten Segenshandlung, wenn abschließend gesagt wird: „So sollen sie (die Priester) meinen Namen auf die Israeliten legen, und ich will sie segnen."

d) Gegenüber diesen dem kultischen Bereich zugehörigen Verwendungen des Namensbegriffs, der in eine bemerkenswerte Nähe zur Namenshypostase rückt, ohne sie jedoch voll zu erreichen, wird in anderen Lebensbereichen der Namensbegriff sehr frei verwendet, so etwa in der Rede vom Ausrufen des Namens Gottes über eine Sache oder Person, was dem Rechtsleben entstammt und die Besitzerklärung bezeichnet, u. ä. Formulierungen wie ‚im Namen Gottes', d. h. im Auftrag, in der Vollmacht Gottes, bedürfen keiner Erklärung, ebensowenig der Gebrauch des Begriffs Name für Ruhm o. ä., oder die in poetischen Texten auftretende Erscheinung, daß der Name Gottes Wechselbegriff für Gott selbst wird. Das alles ist nicht typisch alttestamentlich und ergibt sich ohne weiteres aus dem allgemeinen Namensbegriff.

5. Die Namensscheu

Dem freien Gebrauch des Namensbegriffs entspricht ein freier Gebrauch des Namens Jahwe selbst. Aber im Lauf der Zeit mußte sich hier doch das Bestreben geltend machen, das Gebot der Namensheiligung auch in der Weise einer nur sehr bewußten Verwendung des Gottesnamens zu erfüllen. In später Literatur läßt sich eine Einschränkung der Verwendung des Jahwe-Namens insofern beobachten, als der Gebrauch des Appellativums ‚Gott' stärker hervortritt. Und schließlich führte in der nachexilischen Gemeinde seit Beginn der hellenistischen Zeit eine erweiternde Auslegung des Namensgebotes – wer will sagen, daß es nicht auch eine vertiefte war? – zu der Vermeidung der Aussprache des Jahwe-Namens selbst im Gebet. Als Ersatz bot sich selbstverständlich zunächst das Appellativum ‚Gott' an, so die sogenannte elohistische Psalmenredaktion in den alten Sammlungen Ps 42–84 Ende des 4. Jahrhunderts v. Chr., aber damit war ein wesentliches Moment des Jahwe-Namens verdeckt, eben das der im Namen liegenden Selbstoffenbarung Gottes, und konsequenterweise wurde die Anredeform in der Gebetssprache ‚mein Herr', *'adōnāj*, als Ersatz eingeführt: Hier konnte die durch die Offenbarung gesetzte Beziehung zum Menschen als Beziehung des betenden Menschen zu Gott zum Ausdruck gebracht werden. Entsprechend hat dann LXX Mitte des 3. Jahrhunderts den Jahwe-Namen durch *kyrios* wiedergegeben. Diese Vermeidung des Jahwe-Namens in der Aussprache ist aber noch keine völlige Tabuierung. Im Tempelkult wurde bis zuletzt der Jahwe-Name am Versöhnungstag durch den Hohenpriester mehrmals ausgesprochen. In dieser höchsten kultischen Handlung war ein Mißbrauch nicht möglich. Der Jahwe-Name ist also kein Geheimname und nicht als solcher verobjektivierbar.

Das führt uns zum Abschluß zu der Frage, in welcher Weise der Name Gottes im Alten Testament nicht gebraucht wurde und keine Funktion hatte. Ebenso wie das Alte Testament nicht viele, sondern nur einen Namen kennt, der ganz die Personnähe Gottes erschließt, so wird auch die Namenshypostase nicht eigentlich ausgebildet, obwohl Ansätze, wie wir sahen, vorhanden waren. Ein auffällig freier Gebrauch bleibt erhalten. Und hierin zeigt sich etwas Wesentliches. Der Gottesname ist kein heiliger Name an sich, sondern für den Menschen. Er ist nicht verabsolutierbar und verobjektivierbar. So wie Gott in seiner Offenbarung nicht Objekt werden kann, sondern das Subjekt ist, so daß wir erkennen, indem wir erkannt werden, so ist auch sein Name nicht zu verselbständigen und kann nicht vom Geheimnis der Person Gottes, des Ich Gottes getrennt werden. Offenbarung vollzieht sich nicht als Emanation aus Gott, vielmehr kommt es zur Begegnung, zur Verbindung von göttlichem Ich und menschlichem Du, die sich im *Wort Gottes* vollzieht, das die Verbindung stiftet, ohne das Gegenüber aufzuheben. So wird die Offenbarung vermittelt durch die hypostasierte *sophia* als die allem Seienden zugrunde gelegte Ordnung, das Schöpfungswort Gottes (Sir 24,3), so wird sie eschatologisch verwirklicht durch den Menschensohn, der das Wort Gottes ist, und die spätere kirchliche Trinitätslehre unterscheidet die ‚Personen'. Darum, durch diesen Offenbarungsvorgang im Wort Gottes, kann der Name Gottes vom Geheimnis des göttlichen Selbst umschlossen bleiben und löst sich in der Offenbarung nicht zur Welt hin auf.

Martin Hengel

Die christologischen Hoheitstitel im Urchristentum

Der gekreuzigte Gottessohn

Zwischen 110 und 112 n. Chr. beschreibt der jüngere Plinius, damals Statthalter in Bithynien, in seinem berühmten Brief an Kaiser Trajan einen Gottesdienst der Christen. Sie kommen „an einem bestimmten Tag vor Tagesanbruch zusammen, um Christus, *als sei er ihr Gott*, im Wechselgesang einen Hymnus zu singen" (carmenque Christo quasi deo dicere secum invicem).[1] Als Richter fordert er von den angeklagten Christen darum, daß sie ihren Gott Christus verfluchen (Christo maledicere).[2] Wer dieser Christus ist, dem seine Anhänger „quasi deo" Hymnen singen, sagt er nicht. Wir erfahren es wenig später von seinem Freund Tacitus in der bekannten Schilderung der neronischen Verfolgung: „Der Begründer der Christensekte, Christus, wurde unter Tiberius durch den Prokurator Pontius Pilatus hingerichtet",[3] d. h., er starb als Staatsverbrecher in der notorisch unruhigen Provinz Judäa. Einig sind sich beide, Plinius und Tacitus, in der schroffen Verurteilung dieser Sekte: Nach Plinius ist sie ein „wüster und maßloser" (prava et immodica), nach Tacitus ein „verderblicher Aberglaube" (exitiabilis superstitio).[4] Diese beiden ältesten römischen Zeugnisse über Christus

1 Epistulae 10,96,7. – Für Durchsicht des Manuskripts und das Mitlesen der Korrekturen danke ich meinem Assistenten Helmut Kienle.

2 10,96,5.6. Zum Pliniusbrief vgl. *R. Freudenberger*, Das Verhalten der römischen Behörden gegen die Christen im 2. Jahrhundert, Münchener Beiträge zur Papyrusforschung ... 52, ²1969. Speziell zur Verfluchung Christi s. 145 ff. Martyrium Polykarps 9,3 stellt Polykarp auf die Aufforderung des Statthalters hin die Gegenfrage: „Wie kann ich meinen König verfluchen, der mich errettet hat?"

3 Annales 15,44: Auctor nominis eius Christus Tiberio imperitante per procuratorem Pontium Pilatum supplicio affectus erat. Tacitus scheint in dem verlorengegangenen 7. Buch über Pilatus in Judäa berichtet zu haben, siehe *R. Syme*, Tacitus, 1958, I,449; II,469.

4 Vgl. Sueton, Nero 16,2: afflicti suppliciis Christiani, genus hominum superstitionis novae ac maleficae. Nach Tacitus, annales 11,15 versuchte Claudius das alte haruspicium zu beleben, quia externae superstitiones valescant. Im Jahr 57 n. Chr. wurde die vornehme Pomponia Graecina der superstitio externa angeklagt, annales 13,32. *R. Hanslik*, in: Paulys Realencyclopädie der class. Altertumswissenschaft, Neue Bearbeitung, 21,2, 1952, 2351 f. Nr. 83 vermutet „die Anhängerschaft an das Christentum". Zum Vorwurf der superstitio s. *R. Freudenberger*, a. a. O. 189 ff.

beschreiben den Anstoß, den die frühchristliche Verkündigung der antiken Welt bereitete. Ein ungebildeter Handwerker aus dem verachteten Volk der Juden, von den staatlichen Organen zu schimpflichem Tod verurteilt, er sollte der göttliche Offenbarer der Wahrheit Gottes und kommende Weltenrichter sein? Wurden hier nicht Vernunft, frommes Empfinden und Staatsräson in gleicher Weise herausgefordert?[5] Ein anschauliches Beispiel dafür aus den unteren Volksschichten bietet jene auf dem Palatin entdeckte Karikatur des Gekreuzigten mit einem Eselskopf und der Unterschrift: „Alexander betet seinen Gott an".[6] Für die Gebildeten spricht der Platoniker Celsus: „Wie sollten wir den für einen Gott halten, der ... nichts von dem, was er versprach, ausführte und der, da wir ihn entlarvten, überführten und beschlossen, ihn hinzurichten, sich verbarg und entfloh, jedoch auf schändlichste Weise gefangen wurde ...? Obgleich er doch ein Gott war, konnte er weder entweichen noch in Fesseln entrückt werden, noch viel weniger durfte er, der als Erlöser (sotēr), als Sohn und Gesandter des höchsten Gottes betrachtet wurde, von seinen Genossen ... im Stich gelassen und verraten werden!"[7] Celsus legt diese Anklage mit Bedacht einem Juden in den Mund; in dieser gemeinsamen Frontstellung waren sich Juden und Griechen einig. Die Vorwürfe des Juden Tryphon im Dialog Justins klingen ganz ähnlich: „Eben das können wir nicht begreifen ..., daß ihr auf einen gekreuzigten Menschen eure Hoffnung setzt."[8] „Beweise uns doch, daß (der Messias) gekreuzigt werden und so schändlich und ehrlos durch einen im Gesetz verfluchten Tod sterben mußte! So etwas können wir nicht einmal denken!"[9] Es war darum durchaus konsequent, wenn der jüdische Messiasprätendent Schim'on bar Kosiba 132 n. Chr. – ähnlich wie die römischen Behörden – von den Judenchristen in seinem Machtbereich die Verfluchung Christi forderte und die Weigerung mit dem Tod bestrafte.[10] Was schon Paulus 1 Kor 1,23 als ein durch jahrelange Missionserfahrung bestätigtes Pro-

5 Einen Überblick über die heidnischen und jüdischen Urteile über Christus gibt *W. Bauer*, Das Leben Jesu im Zeitalter der neutestamentlichen Apokryphen, 1909 (Nachdruck 1967), 452–486.

6 Dazu *E. Dinkler*, Signum Crucis, 1967, 150 ff.

7 Origenes, contra Celsum 2,9.

8 Dialogus cum Tryphone 10,3.

9 90,1.

10 Justin, apologia I, 31,6. *R. Freudenberger*, a. a. O. 148 ff. glaubt, daß diese Verfluchung mit der gottesdienstlichen Verfluchung der Christen im Achtzehnbittengebet zusammenhängt. Vgl. auch Justin, dialogus cum Tryphone 117,3 und 133,6.

gramm formuliert: „Wir aber verkündigen Christus als den Gekreuzigten, den Juden ein Ärgernis, den Heiden eine Torheit", läßt sich durch zahlreiche antike Zeugnisse illustrieren. Daß es sich dabei nicht allein um ein für die Antike geltendes Ärgernis handelt, zeigt jener Protest Goethes im Westöstlichen Divan, als er bei seiner Geliebten ein Kreuz an einer Perlenkette entdeckte:

„Mir willst du zum Gotte machen
Solch ein Jammerbild am Holze!"[11]

Die protestierenden Stimmen aus der Alten Welt wie der Unwille des Olympiers treffen den nervus rerum des christlichen Glaubens, sie um-

11 Aus dem Nachlaß. Ich zitiere im folgenden die entscheidenden Verse:
„Jesus fühlte rein und dachte
Nur den e i n e n Gott im stillen;
Wer ihn selbst zum Gotte machte,
Kränkte seinen heil'gen Willen.

Und so muß das Rechte scheinen
Was auch Mahomet gelungen;
Nur durch den Begriff des e i n e n
Hat er alle Welt bezwungen.

Wenn du aber dennoch Huld'gung
Diesem leid'gen Ding verlangest
Diene mir es zur Entschuld'gung,
Daß du nicht alleine prangest. –

Doch allein! – Da viele Frauen
Salomonis ihn verkehrten,
Götter betend anzuschauen,
Wie die Närrinnen verehrten.

Isis' Horn, Anubis' Rachen
Boten sie dem Judenstolze,
Mir willst du zum Gotte machen
Solch ein Jammerbild am Holze!

Und ich will nicht besser scheinen
Als es sich mit mir eräugnet,
Salomo verschwur den seinen,
Meinen Gott hab' ich verleugnet.

Laß die Renegatenbürde
Mich in diesem Kuß verschmerzen:
Denn ein Vitzliputzli würde
Talisman an d e i n e m Herzen."

Vgl. dazu auch das 66. Venezianische Epigramm:
„Wenige sind mir jedoch wie Gift und Schlange zuwider;
Viere: Rauch des Tabaks, Wanzen und Knoblauch und †."

reißen das Ärgernis wie das Geheimnis der Christologie. Gekreuzigte gab es im Römischen Reich unzählige: Sklaven, Räuber, Aufständische, überhaupt Verbrecher aus den unteren Schichten, nicht zuletzt bei den freiheitsliebenden Juden.[12] Ein *gekreuzigter Gottessohn,* d. h. ein gekreuzigter Gott, Kyrios, Soter oder auch Messias, *war dagegen ein Anstoß ohne Analogie.*

Es ist das Besondere, Einzigartige im Urchristentum, daß die Entwicklung der Christologie und ihrer Hoheitstitel untrennbar mit dem Ärgernis des gekreuzigten Jesus von Nazaret verbunden blieb. Denn dort, wo man unter dem Zwang von das damalige Denken beherrschenden religiösen und philosophischen Prämissen die Menschlichkeit des leidenden und sterbenden Jesus zur Scheinwirklichkeit erklärte, zerfiel das christolgische Denken in gnostischer Spekulation.[13] Dagegen war es für gemeinantikes Denken völlig konsequent, wenn der jüdische Gewährsmann des Celsus argumentierte: Wenn Jesus etwas daran gelegen hätte, seine Gottheit zu beweisen, so hätte er vom Kreuz weg unsichtbar werden (und zum Himmel entrückt werden) müssen,[14] ähnlich wie Ovid bei seiner Darstellung der Apotheose Caesars in den Fasti diesen unmittelbar vor dem Anschlag von Vesta entrückt werden läßt, während nur sein bloßes Abbild bzw. sein Schatten von den mörderischen Dolchen durchbohrt wird.[15] Die den antiken Gebildeten entsprechende, ‚fortschrittliche' Christolgie war die doketische, welche die Menschheit Jesu und vor allem seine Passion als ‚Schein' deklarierte.

Welchen Hymnus könnten nun jene Christen im kleinasiatischen Bithynien „Christo quasi deo" gesungen haben? Es ist müßig, darüber Vermutungen anzustellen, denn aus der reichen frühchristlichen Liturgie sind uns nur Bruchstücke erhalten, die meisten der christologischen

12 Vgl. *M. Hengel,* Die Zeloten, Arbeiten zur Geschichte des Spätjudentums und Urchristentums 1, 1961, 33 f.,36.265 f.333.352 ff.

13 Zur doketischen Christologie siehe 1 Joh 4,2 f.; Ignatius, An d. Smyrnäer 2; 4,2; 5,1 f.; An d. Trallianer 10; Irenaeus, adversus haereses 3,18,7; 4,33,5; *P. Weigandt,* Der Doketismus im Urchristentum und in der theologischen Entwicklung des 2. Jahrhunderts, Theol. Diss. Heidelberg 1961.

14 Origenes, contra Celsum 2,68.

15 3,701bf.: ipsa virum rapui simulacraque nuda reliqui; quae cecidit ferro, Caesaris umbra fuit. Siehe dazu *E. Bickerman,* Consecratio, in: Le culte des souverains dans l'Empire romain, Entretiens sur l'Antiquité classique XIX, 1973, 15 f. Metamorphoses 15,840 ff. hat dazu die griechische Alternative: Venus entführt aus dem ermordeten Leib die Seele Caesars und trägt sie zu den Sternen empor, wo sie sich in das feurige sidus Iulium verwandelt und als solches die noch größeren Taten des Sohnes Augustus neidlos bewundernd betrachtet.

Hymnenfragmente[16] haben aber ebendieses ‚quasi deo' zum Thema, wobei nicht selten das Kreuzesmotiv kontrapunktiert.[17] Dies ist kein Zufall, denn die Entfaltung der Würdetitel des Gekreuzigten und seiner Heilsfunktionen geschah nicht so sehr in der Prosa theoretischer Spekulation oder missionarischer Predigt als vielmehr im Hymnus und Bekenntnis, d. h., sie hatte ihren Ort im *Gottesdienst.* Hier formulierten die urchristlichen Gemeinden im überfließenden Lobpreis Christi ihren Dank für die empfangenen Heilsgaben. Im Gottesdienst aber verbanden sich die spontan formulierten, enthusiastischen Äußerungen des Geistes mit der bewährten älteren, verbindlich gewordenen ‚apostolischen' oder ‚jesuanischen' Tradition wie auch mit der charismatischen Schriftauslegung. Das Zusammenwirken dieser drei scheinbar gegensätzlichen Komponenten gab der christologischen Entwicklung ihre spezifische innere Dynamik.[18]

Ich möchte nun im folgenden von drei Hymnen aus verschiedenen Zeiten und Gemeinden ausgehen und sie jeweils in ihrem weiteren christologischen Kontext betrachten. Es trifft auf sie alle das ‚carmen Christo quasi deo' des Plinius zu, und doch bringt jeder wieder in anderer Weise die Entfaltung der Würde Jesu und seiner Funktionen zur Sprache.

1. Am vollkommensten erscheint dieses ‚quasi deo' im Prolog des Johannesevangeliums (1,1-18), das wenig früher als der Brief des Plinius entstanden sein dürfte. Wir werden uns mit ihm daher am eingehendsten beschäftigen müssen.[19]

16 Zu den neutestamentlichen Hymnen vgl. *R. Deichgräber,* Gotteshymnus und Christushymnus in der frühen Christenheit, Studien zur Umwelt des Neuen Testaments 5, 1967; *K. Wengst,* Christologische Formeln und Lieder des Urchristentums, Studien zum Neuen Testament 7, ²1973. Vgl. auch *Th. Wolbergs,* Griechische religiöse Gedichte der ersten nachchristlichen Jahrhunderte, 1971.

17 Phil 2,8; Kol 1,20; Hebr 1,3; 1 Petr 2,21; Apk 5,9; Ignatius, An d. Trallianer 9; An d. Smyrnäer 1.

18 Zur Entwicklung der Christologie siehe O. *Cullmann,* Die Christologie des Neuen Testaments, ³1963; *F. Hahn,* Christologische Hoheitstitel, Forschungen zur Religion und Literatur des Alten und Neuen Testamentes 83, ²1964; *R. H. Fuller,* The Foundations of New Testament Christology, New York 1965; *E. Schweizer,* Jesus Christus im vielfältigen Zeugnis des Neuen Testaments, 1968; *J. Ernst,* Anfänge der Christologie, Stuttgarter Bibelstudien 57, 1972; *M. Hengel,* Der Sohn Gottes. Die Entstehung der Christologie und die jüdisch-hellenistische Religionsgeschichte, 1975.

19 Aus der überfließenden Literatur s. *R. Schnackenburg,* Das Johannesevangelium, I. Teil, 1965, 197–269; *A. Feuillet,* Le prologue du quatrième évangile,

„Am Anfang war der Logos, und der Logos war bei Gott *(pros ton theón)* und der Logos war Gott (*theós ēn ho lógos*).“ Durch den Logos ist nicht nur alles Seiende geschaffen, er ist zugleich die Macht, die das wahre Leben verkörpert, und er ist das Licht, das die Finsternis erhellt. Dieses Licht leuchtet in Jesus von Nazaret auf. In ihm geschah das Unmögliche, Paradoxe: Der göttliche Logos wurde ein Mensch: „Und das Wort ward Fleisch und wohnte unter uns, und wir sahen seine Herrlichkeit.“ Er bringt „Gnade und Wahrheit“, im Gegensatz zum Gesetz Moses. Am Ende des Prologs erscheint nach dem Stilgesetz der inclusio wieder das Stichwort ‚Gott‘: *monogenēs theós*, „der Einzigerzeugte, Gott von Art, der in engster Gemeinschaft beim Vater weilt, er allein hat uns (Gottes Wesen) kundgetan“ (1,18).
Dieser rätselhafte *Logos* findet sich nur im Prolog des Evangeliums und sonst nur noch einmal im Neuen Testament. Er ist gewiß nicht die Weltvernunft der Stoiker, auch nicht, wie lange Zeit vermutet wurde, der himmlische Erlöser einer gnostischen Sekte; hinter ihm steht vielmehr das schöpferische Gotteswort des Alten Testaments, das sich im antiken Judentum mit der Weisheit verbunden hatte und so die Funktion des Schöpfungs- und Heilsmittlers übernehmen konnte. Die drei Varianten der Übersetzung Fausts: ‚Wort‘, ‚Sinn‘ und ‚Tat‘ umschreiben alle das Wirken dieses göttlichen Logos. Auch die Bezeichnung Christi als *theós*, als ‚Gott‘, begegnet uns nur noch einmal im Evangelium, und zwar an dessen Ende im Bekenntnis des ungläubigen Thomas vor dem Auferstandenen 20,28: *„Mein Herr und mein Gott“*, eine sorgsam bedachte zweite inclusio, die wohl kaum auf das ‚dominus et deus‘ des zeitgenössischen Kaisers Domitian[20] anspielen, sondern – wie das Possessiv-Pronomen der 1. Person Singular zeigt – als das Ziel des ganzen Evangeliums den persönlichen Glauben und das damit verbundene Bekenntnis zur Sprache bringen will. Denn unmittelbar darauf formuliert der Evangelist: „Dies aber ist geschrieben, damit ihr glaubt ...“ (20,31). Das Bekenntnis zur Gottheit Christi steht so am Anfang und am Ende des 4. Evangeliums. Zugleich bestimmt es auch seine Mitte, nämlich in der Selbstaussage Jesu 10,30:

Paris 1968; *G. Richter,* Die Fleischwerdung des Logos im Johannesevangelium: Novum Testamentum 13 (1971) 81–126; 14 (1972) 257–276; gegen dessen Deutung von Joh 1,14 siehe *K. Berger,* in: Novum Testamentum 16 (1974) 161–166. Vgl. auch *P. Borgen,* in: Novum Testamentum 14 (1972) 115–130, der vor allem die Beziehungen zu Gen 1,1 herausarbeitet.
20 Sueton, Domitianus 13,2. Vgl. dazu *Kenneth Scott,* The Imperial Cult under the Flavians, Stuttgart 1936.

„Ich und der Vater sind eins"; ihr entspricht der Hinweis des johanneischen Jesus auf seine *Präexistenz* 8,58: „Ehe Abraham war, bin ich."

Im 4. Evangelium erreichen so die christologischen Aussagen der Urkirche ihren eigentlichen Höhepunkt. Außerhalb von ihm finden wir den Titel *theós* nur noch in dem verwandten 1. Johannesbrief in der Schlußformel: „Dieser ist der wahrhaftige Gott und das ewige Leben" (5,20), dazu an zwei oder drei späten Stellen des Neuen Testaments (Tit 2,13; 2 Petr 1,1 und vielleicht 2 Thess 1,12), und dann sehr viel massiver in den nach 110 n. Chr. entstandenen Ignatiusbriefen.[21] Das Johannesevangelium bildet damit die wichtigste Basis für die weitere christologische Denkbewegung in der Alten Kirche.

Zugleich wird deutlich, daß das Christentum des 1. Jahrhunderts – genau wie das zeitgenössische Judentum – gegenüber der Übertragung des Begriffs *theós* auf eine himmlische Mittlergestalt zurückhaltend war, sie jedoch nicht völlig ausschloß. Man wagte es als Grenzaussage, ähnlich wie Philo, der – im Gegensatz zu dem determinierten *ho theós*, das allein Gott selbst vorbehalten war – den Logos mit dem artikellosen *theós*, ja sogar als *deúteros theós* bezeichnen konnte.[22] Die Rabbinen haben später zu Unrecht den Vorwurf des ‚Ditheismus' gegen die Christen erhoben. Selbst die rabbinische Mystik kannte ja gottähnliche Mittlergestalten wie Metatron, der ‚der kleine Jahwe' genannt wurde, und sogar die Essener von Qumran hatten den Mut, eine Stelle wie Jes 52,7: „*Dein Gott* ist König geworden" auf den himmlischen Erlöser der Lichtsöhne Michael-Melchisedek zu übertragen.[23]

Man könnte nun freilich meinen, daß gerade im 4. Evangelium die Apotheose Jesu zum spekulativen Selbstzweck geworden sei und das Heilsgeschehen, vor allem sein Leiden und Sterben, an den Rand gedrängt habe. Dies wäre jedoch ein Fehlschluß. Denn schon die Hervorhebung des *Vaters* und des ‚einzigerzeugten' Sohnes im Prolog (1,14.18) wie auch die Zieldefinition des Evangeliums am Ende, „damit ihr

21 Ignatius, An d. Römer prooem.; 3,3; 6,3; An d. Epheser prooem.; 1,1; 7,2; 15,3; 18,2; 19,3; An d. Smyrnäer 1,1; 10,1; An d. Trallianer 7,1; vgl. 2. Klemensbrief 1,1. In Hebr 1,8 f. wird Christus in einem Septuagintazitat von Ps 45,7 f. zweimal ebenfallls in seiner Sohnesfunktion als ho theós angeredet. Zum Ganzen siehe O. *Cullmann*, a. a. O. (A. 18), 314 ff.

22 Quaestiones et solutiones in Genesin 2,62; vgl. auch legum allegoriae 3,207; de somniis 1,229 f.238 f.

23 S. dazu *M. Hengel*, a. a. O. (A. 18), 126 ff.

glaubt, daß Jesus der Christus, der *Sohn Gottes* sei" (20,31), zeigen, daß Jesus als der *Sohn,* d. h. in seiner Relation zum Vater und in seiner Heilsfunktion für die Glaubenden, das beherrschende christologische Motiv des Evangeliums ist. Die Aufgabe des *monogenēs theós,* des „Einzigerzeugten, Gott von Art", ist es, Gottes innerstes Wesen den Menschen mitzuteilen, und dieses Wesen ist Liebe: „Also hat Gott die Welt geliebt, daß er seinen einzigerzeugten Sohn (*ton hyión ton monogenē*) hingab, auf daß alle, die an ihn glauben, nicht verlorengehen, sondern das ewige Leben haben" (3,16).

Der 1. Johannesbrief, der die Intentionen des Evangeliums weiterführt, bringt dies auf eine präzise Definition: „Wer nicht liebt, hat Gott nicht erkannt, denn *Gott ist Liebe.* Darin ist Gottes Liebe unter uns erschienen, daß Gott seinen einzigerzeugten Sohn in die Welt sandte, damit wir durch ihn leben" (4,8f). Das heißt, im menschgewordenen Sohn wird Gottes Liebe, sein ureigenstes Wesen, für die Menschen offenbar, kommt Gott selbst zu ihnen. Nicht die Vergöttlichung Christi, sondern die Menschwerdung der Liebe Gottes ist das Grundmotiv der johanneischen Theologie. Das bedeutet zugleich: Ihr Ziel liegt im Heil der Menschen: „Denn aus seiner Fülle haben wir alle empfangen ..." (Joh 1,16). Darum ist weder ‚Gott' noch ‚Logos', sondern ‚Sohn' der häufigste christologische Titel, und zwar nicht in zweigliedriger Form als ‚*Sohn Gottes*', sondern als *das absolute ho hyiós, ‚der Sohn'*, in seiner ständigen Bezogenheit zum Vater, dessen Wesen er den Menschen erschließt. Öfter als alle christologischen Titel miteinander erscheint ja bei Johannes der Vater selbst, *ho patēr,* und gerade in der Einheit mit ihm bleibt ihm der Sohn stets untergeordnet: Der Sohn kann nichts ohne den Vater tun (5,19).[24] Man könnte in einer gewissen Zuspitzung sagen, daß das ‚Wort' von Joh 1,1 nichts anderes als das eine Wort ‚Vater' zum Inhalt hat und dieses den Menschen mitteilt.

Die johanneische Sohneschristologie wird darum mißverstanden, wenn man sie als synkretisch-spekulative Verfremdung der ursprünglichen, schlichten Botschaft Jesu oder der Urkirche betrachtet. Sie ist vielmehr

24 Zur Diskussion um die johanneische Christologie s. *E. Käsemann,* Jesu letzter Wille nach Johannes 17, 1966; *E. Schweizer,* Jesus der Zeuge Gottes, in: Studies in John, Presented to J. N. Sevenster, Supplements to Novum Testamentum 24, 1970, 161–168; *G. Bornkamm,* Geschichte und Glaube, Erster Teil (Gesammelte Aufsätze III), 1968, 104–121; *H. Schlier,* Das Ende der Zeit (Exegetische Aufsätze und Vorträge III), 1971, 85–101. Über ihr Fortwirken siehe *T. E. Pollard,* Johannine Christology and the Early Church, Society for New Testament Studies, Monograph Series 13, 1970.

die letzte, ausgereifte Konsequenz einer geistigen Enwicklung, die mit der messianischen Reich-Gottes-Predigt und dem einzigartigen Gottesverhältnis Jesu einsetzt, ein Verhältnis, das sich in Jesu Gebetsanrede ‚Abba', ‚lieber Vater', manifestierte.

Daß die Christologie des 4. Evangeliums kein gnostischer Fremdkörper ist, sondern die Vollendung der innerkirchlichen Tradition von der Person und dem Werk Christi darstellt, ergibt sich weiter aus der Tatsache, daß hier, noch mehr als in den synoptischen Evangelien, auch nahezu alle anderen wesentlichen christologischen Titel deutlich akzentuiert nebeneinander erscheinen. Die Reihe geht vom absoluten ‚*Herr*' (*ho kýrios*) über ‚*Heiland der Welt*' (*sotēr tou kósmou*), ‚*Menschensohn*', '*Christós*' und sein hebräisches Äquivalent ‚*Messias*'[25] bis hin zu der einfachen palästinischen Anrede des Lehrers ‚*Rabbi*' oder ‚*Rabbuni.*' Spezifisch johanneische Würde- oder besser Offenbarungsaussagen sind die ‚*Ich-bin*'-*Worte:* „Ich bin das Brot des Lebens", „das Licht der Welt", „der gute Hirt", „der wahre Weinstock", „der Weg, die Wahrheit und das Leben".[26] Die neuere, sogenannte kritische Forschung vermutet hinter dieser Vielfalt christologischer Titel im Urchristentum allgemein und bei Johannes im besonderen gern verschiedene, einander widersprechende Christologien. Es ist jedoch zu fragen, ob diese Akkumulation der Würdenamen von ‚Rabbi' bis zu ‚Logos' und *theós* nicht die von der Gemeinde bewußt intendierte Verherrlichung Jesu zum Ausdruck bringen wollte. Gerade seine ‚Vielnamigkeit' ist Ausdruck einzigartiger Würde, die selbst wieder die Intensität urchristlicher Heilserfahrung widerspiegelt. Man kann darum die Titel Jesu nie isoliert, sondern nur in ihrem inneren Zusammenspiel verstehen.

Gleichzeitig artikuliert der 4. Evangelist unüberhörbar *die Paradoxie der Passion* des Gottessohnes. Auch wenn – getreu dem Bekenntnis im Prolog: „und wir sahen seine Herrlichkeit..." (1,14) – bei der weitgehend unhistorischen Entfaltung von Wort und Werk Jesu dessen göttliche Glorie ständig durchschimmert, ist doch sein Weg von Anfang an der Weg zum Kreuz. Schon der Täufer bezeugt ihn als „das Opferlamm Gottes, das der Welt Sünde trägt" (1,29.36), und im Anschluß an eine alte, auch im Markusevangelium erhaltene Tradition

25 *M. de Jonge*, Jewish Expectations about the ‚Messiah' according to the Fourth Gospel: New Testament Studies 19 (1972/3) 246–270.

26 *E. Schweizer*, Ego Eimi, Forschungen zur Religion und Literatur des Alten und Neuen Testamentes 56, ²1965; *P. B. Harner*, The „I Am" of the Fourth Gospel, Philadelphia 1970.

wird besonders der Titel ‚Menschensohn', wörtlich ‚der Mensch', aufs engste mit Jesu Tod am Kreuz verbunden: „Gleichwie Mose die Schlange erhöhte in der Wüste, so muß auch der Menschensohn erhöht werden, damit jeder, der an ihn glaubt, das ewige Leben habe" (3,14f). ‚Erhöhtwerden' ist hier Chiffre für das Gekreuzigtwerden. Gerade Jesu göttlicher Offenbarungsanspruch provoziert den Angriff auf sein Leben: Als Antwort auf das „Ich und der Vater sind eins" heben die Zuhörer „Steine auf, um ihn zu steinigen" (10,31). Pilatus stellt den Gegeißelten und Dorngekrönten der Menge vor: „*Da ist der Mensch!*" (*idoù ho ánthrōpos*), doch diese fordert seinen Tod: „denn er hat sich selbst zum Sohn Gottes gemacht" (19,5.7). *R. Bultmann* kommentiert dazu mit Recht: „Das *ho lógos sarx egéneto* [‚und das Wort ward Fleisch'] ist in seiner extremsten Konsequenz sichtbar geworden."[27] Ganz ähnlich wie in den synoptischen Evangelien durchzieht bei Johannes der Messiasanspruch Jesu den Prozeßverlauf wie ein roter Faden bis hin zum Titulus am Kreuz: „Jesus von Nazaret, *der König der Juden*" (19,19 vgl. Mk 15,26). Die Eigenart des 4. Evangelisten offenbart sich jedoch darin, daß – im Gegensatz zu Markus und Mattäus (15,34 bzw. 27,46) – der Sohn sein Leben nicht mit dem Schrei der Gottverlassenheit, sondern mit dem Ruf des Siegers beschließt: „Es ist vollbracht!" (19,30). Das Bekenntnis „und wir sahen seine Herrlichkeit" aus dem Prolog gilt gerade dem Sterbenden. Der einzige – ideale – Augenzeuge des Evangeliums steht unter dem Kreuz Jesu (19,35). Der gekreuzigte Gottessohn – die schärfste Herausforderung für die antike Polemik – ist so das Grundthema im 4. Evangelium, aber nicht nur in diesem.

2. Der Hebräerbrief, ein oder zwei Jahrzehnte vor dem Johannesevangelium entstanden, hat in seiner Einleitung ebenfalls einen Christushymnus verarbeitet. Der Brief – in Wirklichkeit eine frühchristliche Predigt – beginnt mit der Erinnerung an Gottes Reden: Hat er einst durch die Propheten gesprochen, so jetzt am Ende der Zeiten in dem Sohn. Durch diesen hat er die Welten erschaffen, ihn hat er auch zum „Erben des Alls" eingesetzt. Darauf beginnt der eigentliche Hymnus:

„Dieser ist der Abglanz seiner Herrlichkeit
und der Abdruck seines Wesens.
Er trägt das All durch sein machtvolles Wort.
Er hat die Reinigung von den Sünden erwirkt
und sich zur Rechten der Majestät in der Höhe gesetzt."

27 Das Evangelium des Johannes, [17]1962, 510.

Es folgt die schriftgelehrte Argumentation: „Er ist um so viel mächtiger geworden als die Engel, wie er einen höheren Namen vor ihnen ererbt hat. Denn welchem von den Engeln hat Gott einst gesagt: ‚Mein Sohn bist du, heute habe ich dich gezeugt'? Und wiederum: ‚Ich werde ihm zum Vater werden, und er wird mir zum Sohn werden'?" (1,3ff).[28] Trotz der Verschiedenheit der Sprache sind die sachlichen Berührungen mit dem Johannesprolog auffällig: Auch hier erscheint *der Sohn als Gottes Offenbarungswort, a*uch hier ist er *Mittler der Schöpfung.* Da aber die Urzeit der Endzeit entspricht, ist der Sohn als der *eschatologische Bevollmächtigte Gottes* der ‚Erbe des Alls'. Ganz ähnlich wie im Johannesprolog stoßen wir hier auf Aussagen, die in ihrer Kühnheit und Universalität die Möglichkeiten heidnisch-polytheistischer Apotheose, sei es die der römischen Kaiser, eines Alexander oder eines Herakles,[29] bei weitem transzendieren. Präexistenz- und Schöpfungsmittlerfunktionen des gekreuzigten Messias Jesus von Nazaret haben dort keine wirkliche Analogie. Die letzte Intention dieser Aussagen ist nicht die Vergöttlichung eines übermenschlichen Machtträgers, sondern die Zusammenfassung der abschließenden Offenbarung Gottes. Die Sprache des Hymnenfragments berührt sich dagegen eng mit den Prädikaten der *göttlichen Weisheit,* wie sie uns etwa in der jüdisch-hellenistischen Sapientia Salomonis begegnen. So interpretieren Begriffe wie ‚*Abglanz*' (*apaúgasma*) und ‚*Abdruck*' (*charaktḗr*) die Mittlerfunktion des Präexistenten,[30] der den vom Nichts bedrohten Geschöpfen göttliches Licht und wahres Sein vermittelt. Doch nicht genug damit: Wirklich konkret wird diese Mittlerschaft im *Sühnetod Jesu*:

„Er hat die Reinigung von den Sünden erwirkt"

28 Motive des Hebräerhymnus wirken im 1. Klemensbrief 36 weiter, dazu *G. Theißen,* Untersuchungen zum Hebräerbrief, Studien zum Neuen Testament 2, 1969, 34 ff. Vgl. auch *R. Deichgräber,* a. a. O. (A. 16), 137 ff.; *K. Wengst,* a. a. O. (A. 16), 166 ff.175 ff.; *E. Gräßer,* Hebräer 1,1–4. Ein exegetischer Versuch, in: Evangelisch-Katholischer Kommentar zum Neuen Testament, Vorarbeiten Heft 3, 1971, 55–91; *M. Hengel,* a. a. O. (A. 18), 130 ff.

29 Alexander: *F. Taeger,* Charisma, I, 1957, 171 ff.; *C. Schneider,* Kulturgeschichte des Hellenismus, II, 1969, 891 ff.1102 (Lit.). Herakles: *F. Pfister,* Herakles und Christus, in: Archiv für Religionswissenschaft 34 (1937), 42 ff.; *M. Simon,* Hercule et le christianisme, Paris 1955. Zum römischen Kaiserkult siehe *F. Taeger,* a. a. O. II, 1960, und den Sammelband Le culte des souverains ... (A. 15).

30 Vgl. Sapientia Salomonis 7,26 über die präexistente göttliche Weisheit: „Denn sie ist ein Abglanz (*apaúgasma*) des ewigen Lichtes und ein unbefleckter Spiegel des göttlichen Wirkens und ein Abbild (*eikṓn*) seiner Güte."

und damit die Kluft, die Gott und seine Geschöpfe trennt, überwunden. Auf seine tiefste Erniedrigung folgt die Erhöhung:

„Er hat sich zur Rechten der Majestät in der Höhe gesetzt."

Damit stoßen wir auf das eigentliche Thema des Briefes, in dem Jesus mehrfach als *„Mittler des Neuen Bundes" (diathḗkēs kainḕs mesitēs)* bezeichnet wird (9,15 vgl. 8,6; 12,24).[31] In diesem Zusammenhang sind noch weitere Beobachtungen wesentlich. Die christologische Reflexion – nicht nur im Hebräerbrief, sondern im Urchristentum überhaupt – wurde durch die *charismatische Auslegung d*es als prophetische Weissagung verstandenen Alten Testaments vorangetrieben. Der Verfasser zitiert darum im Anschluß an den Hymnus zwei Texte, die für die Übertragung des Sohnestitels auf Jesus von hervorragender Bedeutung waren. Einmal handelt es sich um die Einsetzung des davidischen Königs, des *‚Gesalbten' (mašîaḥ = christós),* zum *Gottessohn* in *Ps 2,7:*

„Du bist mein Sohn, heute habe ich dich gezeugt!"

Wie wichtig dem Hebräerbrief gerade dieses Zitat ist, zeigt sich daran, daß er es später noch einmal wiederholt (5,5). Zugleich ist es jedoch einer der wichtigsten alttestamentlich-messianischen Belege im Neuen Testament insgesamt; er hat auch die Himmelsstimme bei der Taufe Jesu Mk 1,11 mitgeprägt: „Du bist mein geliebter Sohn, an dir habe ich Wohlgefallen". Zusammen mit dem zweiten Zitat, der Natansweissagung an David *2 Sam 7,14* „Ich werde ihm zum Vater werden, und er wird mir zum Sohn werden" hat dieser Text wohl auch eines der ältesten Bekenntnisse im Neuen Testament überhaupt gestaltet. Es handelt sich um jene zweigliedrige Formel, mit der sich Paulus Röm 1,3f der ihm unbekannten Gemeinde in Rom vorstellt und die in ihrer vorpaulinischen, auf die palästinische Urgemeinde zurückzuführenden Urgestalt lautete:

„Jesus Christus, geworden aus dem Samen Davids,
eingesetzt zum Sohn Gottes aus der Auferstehung von den Toten."[32]

31 Diese Formulierung steht im Gegensatz zu Mose als ‚Mittler des Alten Bundes'. Philo kann de vita Mosis 2,166 Mose als *mesitḗs kai diallaktḗs* bezeichnen. In Assumptio Mosis 1,14 (griechischer Text nach Gelasius Cyzicenus, Kirchengeschichte 2,17,17 [Die griechischen christlichen Schriftsteller ... Bd 28, 1918, 74 = *A.-M. Denis,* Fragmenta pseudepigraphorum graeca, 1970, 63]) sagt Mose: kai proetheásato me ho theòs pro katabolē̂s kósmou einai me tē̂s diathḗkēs autoù mesitēn. Zum ‚Mittler' in der hellenistischen Welt siehe *M. P. Nilsson,* in: Harvard Theological Review 56 (1963) 101–120; 116: „It is the great achievement of Christianity ... introducing a Mediator between the High God and man."

Hier ist noch nicht von einem vorzeitlichen Sein, von der Präexistenz des Sohnes die Rede, der Davidsohn wird vielmehr erst durch die *Auferstehung* zum Sohn Gottes ‚adoptiert', wobei der Titel ‚Sohn Gottes' eine Interpretation des Titels ‚Christos', des Messias aus dem Geschlecht Davids ist und dessen einzigartiges Gottesverhältnis zum Ausdruck bringt. Bereits in vorchristlicher Zeit erscheinen beide Texte, 2 Sam 7 und Ps 2, zusammen in einer Sammlung messianischer Weissagungen der Essener von Qumran.[33] Die früheste Gemeinde griff auf jene Stellen zurück, um das sie begründende Auferstehungsgeschehen theologisch zu deuten. Aber auch noch zwei Generationen später, bei einer sehr viel weiter entfalteten Christologie, wie sie uns im Hebräerbrief begegnet, behielten diese alttestamentlichen Texte ihre konstitutive Bedeutung bei, ja, man konnte mit ihrer Hilfe brennende christologische Fragen beantworten. Etwa, wie sich der Erhöhte zu den Engeln verhalte. Das antike Judentum besaß eine ausgedehnte Spekulation über die hierarchisch geordnete Engelwelt. Auch ausgezeichnete, in den Himmel entrückte Menschen wie Henoch und Elija konnten in die Gestalt von Engeln verwandelt werden. Was lag für judenchristliche Kreise näher, als in dem erhöhten Christus eine Art von höchstem Engel zu sehen? Es ist eigenartig, daß dieses Problem im Neuen Testament nur hier im Hebräerbrief auftaucht und zugleich schroff abgewehrt wird. Erst in späteren Schriften des 2. Jahrhunderts n. Chr., etwa im Hirten des Hermas, wird es wieder virulent. Die *‚Engelchristologie'* war für das ältere Christentum offenbar kein gangbarer Weg. Der zur Rechten Gottes erhöhte Sohn wurde von vornherein *über* alle Engel gestellt.[34] Die Argumentation des unbekannten Verfassers unseres Briefes ist dementsprechend einfach: Die Zitate erweisen Christus als den Sohn, sein

32 Dazu *M. Hengel*, a. a. O. (A. 18), 93 ff.; vgl. *H. Schlier*, in: Neues Testament und Geschichte. O. Cullmann zum 70. Geburtstag, 1972, 207–218.

33 Florilegium aus Höhle 4 von Qumran (4 Q flor = 4Q174), s. *E. Lohse*, Die Texte aus Qumran, 1964, 256 ff.; *J. M. Allegro*, Qumran Cave 4, Discoveries in the Judaean Desert of Jordan V, 1968, 53 ff. Vgl. dazu die Textkorrekturen bei *J. Strugnell*, in: Revue de Qumran 7 (1969/71) 220 ff. Zur Bedeutung für das Neue Testament siehe O. *Betz*, Was wissen wir von Jesus?, 1965, 64 ff.

34 Gegen die These von *M. Werner*, Die Entstehung des christlichen Dogmas, ²1941, 302 ff. Zum Problem s. auch *J. Barbel*, Christos Angelos, Diss. Bonn 1941; *J. Daniélou*, Théologie du judéo-christianisme (Histoire des doctrines chrétiennes avant Nicée [I]), Tournai 1958, 167–198; *R. N. Longenecker*, The Christology of Early Jewish Christianity, London 1970, 26 ff. In judenchristlichem und volkstümlichem Milieu kam es freilich teilweise zu einer Regression, die wieder angelologische Vorstellungen in die Christologie einführte.

schlechterdings einzigartiges Gottesverhältnis kann nicht mit dem der Engel, die als *leitourgiká pneúmata*, als dienende Geister, in untergeordneter Funktion stehen, verglichen werden (1,14). Zur abschließenden Bekräftigung seiner Argumentation verwendet der Verfasser ein drittes Zitat, aus dem wichtigsten alttestamentlichen Text für die Christologie überhaupt, einem Text, der bereits in dem Christushymnus anklang: „Er hat sich zur Rechten der Majestät in der Höhe gesetzt." Die Engel stehen vor Gott wie die Minister vor dem Großkönig, nur dem Sohn gilt das Wort *Ps 110,1:* „Der Herr (d. h. Gott selbst) hat zu meinem Herrn (Christus) gesagt: *‚Setze dich zu meiner Rechten,* bis daß ich deine Feinde hinlege zum Schemel für deine Füße'." Aus diesem Psalmwort stammt nicht nur die uns aus dem Apostolicum vertraute Formel vom Sitzen oder besser Thronen Christi zur Rechten Gottes, es förderte wohl auch die Einführung des Titels ‚Herr', ‚Kyrios', in die früheste Gemeinde, der sich ebenfalls schon in der ältesten palästinischen Gemeinde, in einem Gebetsruf zu dem zur Rechten Gottes Erhöhten, nachweisen läßt: „Unser Herr, komm!», aramäisch: maran 'ᵃtā.[35] Die griechische Form erscheint als Schlußbitte in der Johannes-Apokalypse: *érchou kýrie Jēsoú* (22,20).

Es ist nun auffallend, ja paradox, daß der zur Rechten Gottes erhöhte, der von den Engeln geschiedene und ganz mit Gott verbundene Sohn zugleich in seiner vollen Menschlichkeit dargestellt wird. Der Verfasser des Hebräerbriefs übernimmt hierfür aus älterer Tradition einen Titel, mit dessen Hilfe er das Heilswirken Christi entfaltet: Jesus ist der wahre *Hohepriester*. Bereits die Essener erwarteten als ihre zwei Messiasse eine hochpriesterliche und eine königliche Gestalt, wobei der messianische Hohepriester aus dem Geschlecht Aarons dem Fürsten aus dem Hause Davids übergeordnet war.[36] In dem jüdisch-hellenistischen Testament Levis offenbart sich der messianische Hohepriester vom Himmel her (c. 18). Für den Hebräerbrief ist Christus der Hohepriester, weil er sich selbst als *Sühnopfer* darbringt: „Darum mußte er den Brüdern ganz und gar gleich werden, damit er ein barmherziger und treuer Hoherpriester vor Gott würde, die Sünden des Volkes zu sühnen. Denn worin er selbst versucht ist und gelitten hat, kann er denen hel-

35 1 Kor 16,22; did. 10,6. Zum Sprachlichen s. jetzt *H. P. Rüger,* in: ZNW 59 (1968) 120 f. Als Gebetsruf ist nur der Imperativ sinnvoll, dieser wird in den Grammatiken freilich meist 'ātā vokalisiert.

36 S. *A. J. B. Higgins,* The Priestly Messiah: New Testament Studies 13 (1966/7) 211–239. Zu Qumran siehe *F. Hahn,* a. a. O. (A. 18), 145 ff. (Lit.); *J. Starcky,* in: Revue biblique 70 (1963) 481–505.

fen, die in der Versuchung stehen" (2,17f). „Er hat in den Tagen seines leiblichen Lebens Bitten und Flehen dem dargebracht, der ihn aus der Gewalt des Todes retten konnte, mit lautem Geschrei und unter Tränen ... Er lernte, obwohl er der Sohn war, aufgrund seines Leidens den Gehorsam. Und vollendet wurde er allen, die ihm gehorchen, Urheber ewigen Heils ..." (5,7ff); „... der anstelle der vor ihm liegenden Freude den Kreuzestod erduldete und die Schande verachtete ..." (12,2). „So laßt uns nun zu ihm aus dem Lager hinausgehen und seine Schmach tragen. Denn wir haben hier keine bleibende Stadt (*pólis*), sondern suchen die zukünftige" (13,13f). Das gehorsame Leiden des Sohnes, das Selbstopfer des wahren Hohenpriesters, fordert zur Nachfolge auf.

3. Der letzte Hymnus ist über eine Generation älter als der Hebräerbrief. Wir finden ihn im Brief des Paulus an die Gemeinde in Philippi (Phil 2,6-11),[37] der etwa in der Mitte der fünfziger Jahre des 1. Jahrhunderts geschrieben wurde:

„Darauf seid bedacht, worauf auch Jesus Christus bedacht war:
Der *göttlichen Wesens* war,
hielt nicht gierig daran fest, Gott gleich zu sein,
sondern entäußerte sich selbst,
nahm Sklavengestalt an,
wurde Menschen gleich und wie ein Mensch gestaltet;
er erniedrigte sich selbst,
wurde gehorsam bis zum Tod,
ja bis zum Tod am Kreuz.
Darum hat ihn auch Gott über alle Maßen erhöht
und ihm den Namen geschenkt, der über allen Namen ist,
daß sich im Namen Jesu die Knie aller beugen sollen,
derer, die im Himmel, auf Erden und unter der Erde sind,
und jede Zunge bekenne:
Jesus Christus sei der Herr
zur Ehre Gottes des Vaters!" (2,5-11)

Auffallend ist zunächst, daß der Hbmnus nicht in einem Kontext dogmatischer Argumentation, sondern innerhalb ethischer Ermahnungen des Apostels steht. Die Hörer des Briefes sollen ihre Existenz gemäß dem Weg und Werk Christi gestalten. Die Aussagen über Erniedrigung und Erhöhung haben konkreten Lebensbezug. Zum anderen ist dieser

37 Dazu *M. Hengel*, a. a. O. (A. 18), 9 f. (Lit.).

älteste der drei Hymnen der in sich am meisten ausgewogene. Der Präexistente und Gottgleiche betrachtet seine göttliche Existenzform nicht als sicheren Besitz, er entäußert sich, wird Mensch und stirbt den schändlichen Sklaventod am Kreuz. Darum hat ihn Gott über alles vergleichbare Maß erhöht *(hyperhýpsōsen)* und ihm seinen eigenen Würdenamen, den des ‚Kyrios', gegeben, daß er Herr sei über alle Geschöpfe, die Himmlischen, d. h. die Engel, die Irdischen, d. h. die Menschen, und die Unterirdischen, d. h. die Toten (oder die Dämonen), daß sie alle ihn als ‚Kyrios' anerkennen – Gott dem Vater zur Ehre.

Hier ist als erstes zu bedenken, daß in der hellenistischen Synagoge ‚*Kyrios*' – als Ersatz für den hebräischen Gottesnamen Jahwe, das Tetragramm – die wichtigste Gottesbezeichnung war. Die griechisch Tetragramm – die wichtigste Gemeinde bezog nun schon früh alttestamentliche Aussagen, in denen ‚Kyrios' der Gott Israels bedeutete, auf den ‚Kyrios Jesus'. So hat man z. B. Joel 3,5: „Jeder, der den Namen des ‚Kyrios' (d. h. Jahwes) anruft, wird gerettet werden" im Sinne der rettenden Anrufung des *kýrios Jēsoús* verstanden (Röm 10,13 vgl. Apg 2,21). Schon Philo konnte zuweilen ein alttestamentliches ‚Kyrios' auf den ‚Erzengel', d. h. den Logos beziehen, in dessen Gestalt Gott selbst erscheint;[38] für das Urchristentum handelte es sich jedoch um eine theologische Grundsatzentscheidung, die die endzeitliche Offenbarungsidentität zwischen Gott dem ‚Kyrios' und ‚Vater' und Jesus als dem ‚Kyrios' und ‚Sohn' zum Ausdruck brachte. Das absolute *ho kýrios*, auch *kýrios Jēsoús*, ist bei Paulus der mit Abstand meistgebrauchte Hoheitstitel Jesu. Er erscheint in den echten Briefen 184mal, ‚Sohn Gottes' dagegen nur 15mal. Der Apostel bringt damit die persönliche Verbindung der Gemeinde wie des einzelnen mit dem Erhöhten zum Ausdruck, während ‚Sohn Gottes' vor allem dessen Relation zum Vater umschreibt. Eine Ableitung des Kyriostitels von den hellenistisch-orientalischen Kulten der ‚Kyria Isis' oder des ‚Kyrios Sarapis' darf man getrost ad acta legen.[39] Eine wichtige Vorstufe des paulinischen Sprachgebrauchs ergab sich aus dem Schriftbeweis mit Hilfe des schon erwähnten Wortes Ps 110,1: „Der Herr hat zu meinem Herrn gesagt ...". Die letzte Wurzel war im Grunde die respektvolle Anrede Jesu selbst mit marî oder rabbî, die man ohne weiteres mit kýrie, ‚Herr',

38 De somniis 1,157 zu Gen 28,13.

39 Vgl. *W. Foerster*, Herr ist Jesus, Neutestamentliche Forschungen 2. Reihe, 1. Heft, 1924, 69 ff.201 ff.; *ders.*, in: Theologisches Wörterbuch zum Neuen Testament III, 1938, 1045 ff., besonders 1049; *R. N. Longenecker*, a. a. O. (A. 34), 120 ff.; *M. Hengel*, a. a. O. (A. 18), 41 f.120 ff.

übersetzen konnte. Paulus kann daher die leiblichen Brüder Jesu, etwa Jakobus, einfach „die Brüder des Herrn" nennen; auf der anderen Seite lautet für ihn die wichtigste akklamatorische Bekenntnisformel *kýrios Jēsoús*, „Herr ist Jesus", in sie sollen nach dem Schluß unseres Hymnus alle Geschöpfe einstimmen.[40]
Daß der Titel „Kyrios" und der Sohnestitel auf engste zusammengehören, ergibt sich daraus, daß diese Akklamation Jesu als ‚Kyrios' „zur Ehre Gottes *des Vaters*" geschieht. Sie ist das Ziel von Schöpfung und Geschichte, genauer das Ziel der Selbsterschließung Gottes durch den Sohn: „Wenn ihm aber alles untertan ist, dann wird sich auch der Sohn dem unterordnen, der ihm alles untergeordnet hat, damit Gott sei alles in allem" (1 Kor 15,28). Kehrt der Sohn am Ende aller Dinge zum Vater zurück, so ist er auch von ihm ausgegangen. Darum spricht der Anfang des Philipperhymnus vom *göttlichen ‚Wesen'* und von der *Gottgleichheit* des Sohnes. Die *morphē theoú*, das göttliche Wesen, ist dabei eng verwandt mit der *eikōn theoú*, dem Ebenbild Gottes. Als Gottes *eikōn* strahlt Christus nach 2 Kor 4,4ff die Herrlichkeit Gottes, durch das Evangelium des Paulus verkündigt, in die Herzen der Glaubenden aus. Auch diese Metapher ist aus der Sprache jüdischer Weisheitstheologie übernommen.[41]
Der Sohn verzichtet freilich auf göttliches Wesen und göttlichen Glanz, er nimmt die Sklavengestalt des Menschen an und läßt sich kreuzigen. Obwohl schon Paulus die Schöpfungsmittlerschaft des Präexistenten und seine Offenbarung in der alttestamentlichen Geschichte Israels kennt (1 Kor 8,6; 10,1ff), erscheint dieses Thema bei ihm nur am Rande: Nicht den Präexistenten oder Erhöhten in seiner Herrlichkeit will er verkündigen, sondern den Gekreuzigten. Hier liegt die Mitte seiner Christologie (1 Kor 1,17ff; 2,1ff). Er selbst charakterisiert seine Botschaft als *lógos tou staurоú*, als *„Wort vom Kreuz"*. Welchen Anstoß dies für den antiken Menschen, den Juden und den Griechen, bedeutet haben muß, können wir mit unserer domestizierten Christlichkeit kaum mehr ermessen. Die Polemik des Celsus und anderer kann uns eine Vorstellung davon geben.

Wir kommen damit zu unserem eigentlichen Problem. Der Vergleich der drei Hymnen, des Johannesprologs, des Hebräer- und des Philip-

40 Vgl. O. *Hofius*, Sklave und Herr, Wissenschaftliche Untersuchungen zum Neuen Testament 17, 1975.
41 *F.-W. Eltester*. Eikon im Neuen Testament, Beihefte zur Zeitschrift für die neutestamentliche Wissenschaft 23, 1958; siehe auch oben A. 30.

perbriefes, zeigt erstens, daß das christologische Denken zwischen 50 und 100 n. Chr. in seiner Grundstruktur sehr viel einheitlicher war, als in der Forschung zum Teil behauptet wird. Im Grunde sind die späteren Entwicklungen in nuce schon im Philipperhymnus vorgegeben. Das heißt aber im Blick auf die Entfaltung der frühkirchlichen Christologie überhaupt, daß in den ersten knapp zwanzig Jahren hier mehr geschah als in der ganzen späteren jahrhundertelangen Dogmenentwicklung.[42] Zweitens wurde deutlich, daß die Verherrlichung Christi, die Lehre von seiner Präexistenz, Schöpfungsmittlerschaft und Erhöhung, den Anstoß seines Todes am Schandpfahl nicht etwa beseitigte, sondern gerade vertiefte. Ein gekreuzigter jüdischer Martyrer, ein gemarterter Gerechter, ein zweiter Sokrates konnte Juden und Griechen als erbauliches Vorbild erscheinen, ein gekreuzigter Gott war für jeden gebildeten Menschen in der Antike eine Zumutung, ja eine Absurdität.

Die Grundfrage der neutestamentlichen Christologie lautet:[43] Wie kam es in dieser kurzen Frist von weniger als zwanzig Jahren dazu, daß der gekreuzigte galiläische Jude Jesus von Nazaret von seinen jüdischen Anhängern zu einer Würde erhoben wurde, die jede mögliche Form polytheistisch-heidnischer Apotheose weit hinter sich ließ? Präexistenz, Schöpfungsmittlerschaft und Offenbarungsidentität mit dem einen Gott: dies übersteigt die Möglichkeiten der Vergöttlichung in einem polytheistischen Pantheon; hier haben wir religionsgeschichtlich neue Kategorien vor uns, die aus dem christlichen Urgeschehen selbst bzw. aus seinem jüdischen Hintergrund erklärt werden müssen.

Um auf diese Grundfrage in gebotener Kürze eine Antwort zu geben, wollen wir uns zwei Titeln zuwenden, die bereits für Paulus keine wesentliche Rolle mehr spielten und die wir bisher kaum beachteten. In 1 Kor 15,3ff zitiert Paulus eine formelhafte Zusammenfassung des Heilsgeschehens, die er bei der Gründung der korinthischen Gemeinde ca. 49 n. Chr. zugrundegelegt hatte: „Ich habe euch unter den ersten Dingen gelehrt, was ich selbst empfangen habe“ – d. h. doch wohl nach seiner Bekehrung Mitte der dreißiger Jahre –: „daß *Christus* starb für unsere Sünden nach den Schriften, daß er begraben und am dritten Tag auferweckt wurde ...“. Es ist umstritten, ob ‚*Christós*‘ hier noch als messianischer Titel oder – wie sonst immer bei Paulus – be-

42 *M. Hengel*, Christologie und neutestamentliche Chronologie, in: Neues Testament und Geschichte. O. Cullmann zum 70. Geburtstag, 1972, 43–67.

43 Zum folgenden s. meine schon zitierten Studien, oben A. 18 und A. 42.

reits als Eigenname zu gelten habe. Diese Ambivalenz ergibt sich daraus, daß der jüdische Titel für den im Alten Testament verheißenen endzeitlichen Herrscher, den ‚Messias', mašîaḥ, d. h. den ‚Gesalbten',[44] außerhalb Palästinas kaum mehr verstanden wurde. Das urchristliche Bekenntnis „Messias ist Jesus", *Christós Jēsoús*, verwandelte sich daher rasch in einen Eigennamen. Schon gegen Ende der dreißiger Jahre nannte man die Glieder der neuen jüdischen Sekte in Antiochien ‚Christianoi' (Apg 11,26). Für die späteren römischen Schriftsteller Sueton, Plinius und Tacitus war ‚Christus' selbstverständlich nur noch Eigenname, den man mit dem verbreiteten Sklavennamen *Chrestós* verwechselte.[45] Ohne Zweifel hatte jedoch das ‚*Christós*' in dem Bekenntnis 1 Kor 15,3ff ursprünglich titulare Bedeutung. Man wollte damit sagen, „daß der *Messias* für unsere Sünden starb". Diese Aussage vom Sterben des Messias liegt zahlreichen formelhaften Wendungen gerade bei Paulus zugrunde.[46] Sie waren für jüdische Ohren ungewohnt, denn im Judentum kannte man zur Zeit Jesu den ‚Gesalbten' vor allem als siegreichen Herrscher; der leidende Messias taucht in der jüdischen Literatur eindeutig erst ab dem 2. Jahrhundert n. Chr. auf.[47] Die historische Wurzel dieser formelhaften Wendung vom Sterben des Messias liegt in der Passion Jesu. Nach dem übereinstimmenden Zeugnis aller vier Evangelien war nicht nur der Prozeß Jesu durch die Messiasfrage beherrscht, sondern auf dem Kreuz Jesu selbst war als causa poenae, als

44 Zum Christustitel s. *F. Hahn*, a. a. O. (A. 18), 133–225.

45 Siehe die berühmte Suetonnotiz Divus Claudius 25,3: Iudaeos impulsore Chresto assidue tumultuantis Roma expulit. Zu Tacitus siehe oben A. 3, zu Plinius A. 1. Über Chrestus und die Chrestiani bei Tacitus handelt ausführlich *H. Fuchs*, Der Bericht über die Christen in den Annalen des Tacitus, in: Tacitus, Wege der Forschung XCVII, 1969, 563 ff.

46 S. *W. Kramer*, Christos Kyrios Gottessohn, Abhandlungen zur Theologie des Alten und Neuen Testaments 44, 1963, 22ff; vgl. auch *W. Popkes*, Christus traditus, Abhandlungen ... 49, 1967, 153 ff.

47 Der gern zitierte Beleg Testament Benjamins 3,8 ist sehr wahrscheinlich christlich erweitert und bezog sich vielleicht ursprünglich auf Joseph. Der Hinweis von *J. Starcky*, in: Revue biblique 70 (1963) 492 auf ein Fragment eines Jakob(?)-Testaments aus Höhle 4 von Qumran mit messianischen (??) Leidensaussagen, die durch Jes 53 begründet sind, kann nicht nachgeprüft werden, solange dieses Fragment (nun schon rund 23 Jahre nach seiner Entdeckung) immer noch nicht veröffentlicht ist. Zum Problem siehe *G. Dalman*, Der leidende und sterbende Messias, 1888; S. Hurwitz, Die Gestalt des sterbenden Messias, 1958; *K. Hruby*, Das Leiden des Messias: Judaica 20 (1964) 193–212; *J. Heinemann*, in: Tarbiz 40 (1970/1) 450–461. Anders *J. Jeremias*, Abba, 1966, 191 bis 216; vgl. *ders.*, in: Theologisches Wörterbuch zum Neuen Testament V, 1954, 680 ff.

Ursache der Todesstrafe, zu lesen: „Der König der Juden" (Mk 15,26 parr). Es ist dies die römische, politische Interpretation des Offenbarungsanspruchs Jesu.[48] Die urchristliche Verkündigung nach dem gemeindegründenden Auferstehungsgeschehen konnte nicht anders, als sich vor allem auf diesen Punkt zu konzentrieren, der der traditionellen jüdischen Hoffnung in so radikaler Weise widersprach: „Mußte nicht der Messias dies leiden und in seine Herrlichkeit eingehen?" (Lk 24,26).[49]

Während wir keinen einzigen Text in den synoptischen Evangelien besitzen, in dem sich Jesus außerhalb des Prozesses öffentlich als Messias bekennt, erscheint der andere Titel, ‚*Menschensohn*',[50] mit einer Ausnahme (Apg 7,56) nur in den Evangelien und nur als Selbstaussage im Munde Jesu. Man kann seine Bedeutung in der Evangelientradition m. E. überhaupt nur sinnvoll erklären, wenn man davon ausgeht, daß ihn Jesus selbst schon verwendet hat. Freilich handelte es sich eher um eine verhüllende Chiffre als um einen wirklichen Hoheitstitel. Das Wort ‚Menschensohn', aramäisch bar 'ᵃnaš, hat im Grund die einfache Bedeutung ‚Mensch', ‚irgend jemand'; es findet sich außerhalb der Evangelien als ‚Würdetitel' nur in ganz wenigen jüdisch-apokalyptischen Texten, wobei das Wort auch dort mehr verschlüsselt als erhellt.[51] Wenigstens an zwei Stellen wird dabei der Menschensohn direkt mit dem Messias identifiziert.[52] Der synoptische Jesus gebraucht

48 S. *M. Hengel*, Nachfolge und Charisma, Beiheft zur Zeitschrift für die neutestamentliche Wissenschaft 34, 1968, 43 A. 7, gegen *H.-W. Kuhn*, in: Zeitschrift für Theologie und Kirche 72 (1975) 5. Die antiken Nachrichten, daß dem Delinquenten die causa poenae auf einer Tafel vorangetragen wurde, setzen gerade bei der öffentlichen Zurschaustellung der Qualen des Gekreuzigten nach der Kreuzigung voraus, daß zur öffentlichen Abschreckung die causa poenae dort verblieb. Die Aufschrift ‚König der Juden' entspricht der Judenverachtung des Pilatus.

49 Vgl. *N. A. Dahl*, Der gekreuzigten Messias, in: *H. Ristow / K. Matthiae* (Hrsg.), Der historische Jesus und der kerygmatische Christus, 1960. 157 ff.

50 Grundlegend jetzt *Carsten Colpe*, in: Theologisches Wörterbuch zum Neuen Testament VIII, 1969, 403–481; *ders.*, in: Kairos NF 11 (1969) 241–263; 12 (1970) 81–112; 13 (1971) 1–17; 14 (1972) 241–257. Vgl. *J. Jeremias*, Neutestamentliche Theologie. I. Teil, ²1973, 245 ff.

51 Ausgangspunkt ist der Vergleich Dan 7,13; kᵉbar 'ᵃnaš; relativ häufig erscheint der Begriff in den Bilderreden des äthiopischen Henoch c. 37–71; vgl. auch 4. Esra 13 und Testament Abrahams 12 f. Zu den Bilderreden siehe *J. Theisohn*, Der auserwählte Richter, Studien zur Umwelt des Neuen Testaments 12, 1975.

52 Äthiopischer Henoch 48,10; 52,4. Vgl. dazu *U. B. Müller*, Messias und Men-

diese Chiffre in dreierlei Bedeutung: für die himmlische Gestalt des kommenden Richters, für sein gegenwärtiges Wirken und für sein künftiges Leiden. In den beiden letzten Fällen könnte es sich einfach um eine Umschreibung der 1. Person handeln. Wir brauchen auf die heiß umkämpfte Problematik des Menschensohntitels nicht weiter einzugehen, denn eines ist gewiß: Mit den ersten Erscheinungen des Auferstandenen stand für die Jünger die Identität des Gekreuzigten mit dem himmlischen Menschensohn fest, sie konnten ihn mit dem Ruf maran 'ᵃtā, „Unser Herr, komm!", um sein baldiges Kommen bitten.[53]

Von hier aus fügte sich dann das eine ins andere. Hatte Gott seinen gekreuzigten Messias durch die Auferstehung bestätigt und zu seiner Rechten erhöht, so kam ihm, nicht zuletzt aufgrund von Ps 2,7 und 2 Sam 7,14, statt der dunklen Chiffre ‚Menschensohn' der Ehrentitel ‚Gottessohn' zu, der sein Verhältnis zu Gott als Vater klar umschrieb. Hatte er nicht seine Jünger gelehrt, Gott als gütigen Vater, ohne alle Furcht, mit ‚Abba' anzurufen (Röm 8,15; Gal 4,6 vgl. Mk 14,36)?[54] Schon Paulus bekennt im Zusammenhang mit seiner Christusvision, die sich etwa zwei bis vier Jahre nach dem Tod Jesu ereignete, daß es Gott gefiel, *„seinen Sohn mir zu offenbaren"* (Gal 1,16). Nach dem alten Bekenntnis Röm 1,3f war Jesus, der Davidssohn, durch die Auferstehung zum Sohn Gottes eingesetzt worden. Wenn aber Gott selbst im Wirken und Sterben Jesu, des zum Sohn Erhöhten und Herrn der Gemeinde, sich endgültig und ein für allemal offenbart hat, dann stand nicht nur der Sohn Gottes im Rang über allen Engeln, sondern es mußte zugleich sein Verhältnis zur Offenbarung am Sinai und zu Mose als dem Vermittler der Tora neu bestimmt werden. Denn nach allgemein-jüdischer Anschauung hatte Gott am Sinai durch Mose dem Volk Israel in der Tora seine universale, abschließende Offenbarung gegeben. Alles spätere Reden der Propheten, ja selbst des Messias, war nur Auslegung dieser Tora. Demgegenüber konnte die Absolutheit und Unüberbietbarkeit des letzten Redens Gottes in seinem Sohn Jesus nicht klarer und eindeutiger zum Ausdruck gebracht werden, als daß man diesen gekreuzigten Messias zu einem vorzeitlichen, präexistenten Wesen erhob und ihn mit der Weisheit Gottes vor der Schöpfung identifizierte, die bisher gern gerade mit der Tora gleichgesetzt worden

schensohn in jüdischen Apokalypsen und in der Offenbarung des Johannes, Studien zum Neuen Testament 6, 1972.

53 S. oben Anm. 35.

54 *J. Jeremias,* Abba, 1966, 15–67; vgl. *ders.*, a. a. O. (A. 50), 45.67 ff.

war. Dieser Tatbestand klingt als Antithese noch im Johannesprolog an: „Das Gesetz ist durch Mose gegeben, die Gnade und die Wahrheit ist durch Jesus Christus Wirklichkeit geworden" (1,17). So wurde die Einheit des Redens und Wirkens Gottes in Schöpfung und Geschichte wiederhergestellt, und seine endzeitliche Offenbarung in Jesus von Nazaret erhielt jenen Rang, der nicht mehr überboten werden konnte. Der Gekreuzigte und Erhöhte war jetzt als der präexistente Schöpfungsmittler mit dem göttlichen Offenbarungswort des Alten Bundes identisch. Dadurch erhielt man die Gewißheit, daß in Jesus Gott selbst sein eigentliches Wesen und damit sein ganzes Heil, d. h. seine Liebe, den Menschen erschlossen hatte. Diese überaus kühne, dynamische Denkbewegung geschah in der erstaunlich kurzen Zeit von kaum mehr als zehn bis fünfzehn Jahren. Als Paulus seine großen Missionsreisen gegen Ende der vierziger Jahre begann, war sie schon abgeschlossen. In seinen Briefen wird keine christologische Entwicklung mehr sichtbar.

Die Entfaltung der neutestamentlichen Christologie, so fremd sie uns heute erscheinen mag, war gewiß nicht müßige Spekulation oder planloser mythologischer Wildwuchs; wir begegnen vielmehr vom ältesten urchristlichen Bekenntnis bis zum Prolog des 4. Evangeliums einer erstaunlichen inneren Folgerichtigkeit. Die urchristlichen Gemeinden versuchten, in den ihnen vorgegebenen jüdischen Denkformen ihrer Zeit, Gottes freie Selbsterschließung in dem gekreuzigten Galiläer Jesus von Nazaret so zur Sprache zu bringen, *daß weder die menschliche Wirklichkeit des Lebens und Leidens Jesu noch die Gewißheit schenkende absolute Endgültigkeit der Offenbarung Gottes in Jesus aufgegeben wurde.* In der unauflöslichen Dialektik zwischen beiden Polen liegt die Wahrheit und die Kraft des christlichen Glaubens.

„Wenn er auslöscht alle Herrschaft
und alle Gewalt und Macht."
Paulus, 1 Kor 15,24

Hubert Cancik

Christus Imperator

Zum Gebrauch militärischer Titulaturen im römischen Herrscherkult und im Christentum*

1 ‚*Imperator Caesar*'

1.1 Zur Kulturgeschichte des römischen Namenswesen

Der römische Eigenname erfüllt eine doppelte Aufgabe. Er identifiziert einen Menschen als diese Person, als Individuum. Er ordnet anderseits das Individuum in übergreifende Kollektive ein: in Familie, Geschlecht, Klasse, Rang.[1]

Beispiel 1: Q. Memmius Q. f. Ouf.

Das Individuum ist gekennzeichnet durch den Vornamen (*Quintus-prae-nomen*) – sofern dieser nicht, wie in unserem Beispiel (*Quinti filius*), erblich ist.[2] Der Geschlechtsname (*nomen gentile: Memmius*) ordnet das Individuum in die Sippe ein. Die Filiation (*Quinti filius*) bestimmt den geschichtlichen Ort des Individuums in der Geschlechterfolge. Mit *filius* ist ein soziales Signal gegeben: es bedeutet Echt- und Freibürtigkeit; ein Sklave kann nicht ‚Sohn', auch nicht ‚Vater' sein, nur ‚Kind' und ‚Erzeuger'. Zum Vollnamen des freien Bürgers gehört die Angabe der Herkunft, des Stimmbezirks (*tribus: Oufentina*). Da den 35 *tribus* verschiedene Stufen der bürgerlichen Freiheit entsprechen, werden durch die Herkunftsangabe innerhalb des Standes der Freien noch einmal deutlich soziale Unterschiede markiert.

* Für Anregungen, Hilfe und Kritik habe ich vor allem zu danken den Herren Dr. B. Gladigow (Religionswissenschaft), Dr. E. Heck (Patristik), Dr. W.-D. Heilmeyer (Archäologie), Dr. W. Thiele (neutestamentliche Textgeschichte). Ein Literaturverzeichnis findet sich am Ende dieses Beitrags. Abkürzungen: NT = Neues Testament; RAC = Reallexikon für Antike und Christentum; ThWB = Theologisches Wörterbuch.

1 *Th. Mommsen*, Römisches Staatsrecht 3 (³1887 = 1963), 200–215.

2 *R. Harder*, Eigenart der Griechen, 1962, 14 ff.: ‚Name und Titel', ‚Kleid und Leib' mit scharfsichtigen Beobachtungen zu den Unterschieden zwischen griechischer und römischer Namengebung.

Zum Namen können Beruf, Ämter, Titel, Auszeichnungen hinzugefügt werden. Sie zeigen Rang, Zugehörigkeit zu einer besonderen Schicht, die *dignitas*. Der Name erweitert sich zur Titulatur; diese steht bei den Römern immer hinter dem Namen. Durch Tracht und Insignien, Haltung und Gestik werden Titulaturen optisch präsentiert.[3]

Für Personen sehr niedrigen oder sehr hohen Ranges und für Frauen wird der Eigenname unwichtig. Sklaven erhalten lediglich Ruf- oder Funktionsnamen (‚Leuchter'). Frauen erhalten den Geschlechts- und den Vater- bzw. Gattennamen, jedoch keinen Vornamen, auch keinen Zunamen (*cognomen*) oder Herkunftsangabe. Wiederum spiegeln sich im Namen die gesellschaftlichen Verhältnisse; die römische Frau ist ein Teil der Familie, der des Vaters oder der des Gatten:

Beispiel 2: Opia L.f. minor – freie, unverheiratete Frau, zweite Tochter des L. Opius

Eine Person hohen Ranges kann zum Repräsentanten des Ranges überhaupt werden, zur Inkarnation von Werten und Programmen. Die Person wird zum Symbol. Das Amt verschluckt die Person, die Macht ihren Träger. Römisch gesprochen: aus einem gewissen *C. Octavius Thurinus* wird *Imperator Caesar*. Er wird zur geschichtlichen Grundlage und zur dauernden Form einer neuen Welt. Antik gesprochen, er wird Gottessohn (*Divi filius*) und Gott: *Divus Augustus.*

1.2 PRAENOMEN UND COGNOMEN IMPERATORIS[4]

Beispiel 3: C. Octavius Thurinus (geb. 63) → (Adoption durch C. Iulius Caesar: 44) → C. Iulius Caesar C. f. (Octavianus) → (Konsekration Caesars: 42) → C. Iulius Caesar Divi f. → (Vorname Imperator: 38? – Augustus: 27) → Imperator Caesar Divi f. Augustus → (Konsekration des Augustus: 14 n.) → Divus Augustus Divi f.

Die Metamorphose des jungen an Kopf- und Magenschmerzen leidenden Octavius in den *Divus Augustus* beginnt mit einem schlichten dreigliedrigen Namen: *C. Octavius Thurinus*. Die Adoption durch *C. Iu-*

3 *R. Brilliant,* Gesture and Rank in Roman Art, 1963; *Mommsen,* Staatsrecht 1,372 ff. (Insignien); 442 ff. (Bilderrecht); 455 ff. (*ornamenta*); 2,805 ff. (imperatorische Tracht); 3,215 ff. (Kleiderrecht).

4 Das folgende vereinfacht nach *Syme,* Imperator Caesar; vgl. *ders.*, Roman Revolution, 1939 (1971), 307 ff.322 ff. – Zur Entwicklung der Titulaturen Caesars, des Diktators, s. *F. Taeger,* Charisma. Studien zur Geschichte des antiken Herrscherkultes 2 (1960), 50 ff.; *A. Heuß,* Art. Caesar in: RAC 2,824 ff.

lius Caesar, den Diktator, bringt ihm die traditionsreichen Geschlechts- und Zunamen der julischen Sippe: *C. Iulius Caesar C. f.* Nach der Ermordung Caesars, des Diktators, erwirkt der neue Caesar dessen Konsekration: Er selbst wird damit konsequenterweise *Divi filius.* Doch damit nicht genug.

Der Geschlechtsname *Iulius* war geeignet, gewisse politische Erinnerungen wachzuhalten; überdies band er den Sohn des Göttlichen zu eng an die Sippe der Iulier. Daher wird das *nomen gentile* ausgestoßen; der Zuname *Caesar* rückt an die Stelle des Geschlechtsnamens. Aus ähnlichen Gründen wird in der offiziellen Titulatur auch der Vorname ausgeschieden: *Cai* gab es viele. Was an die Stelle tritt ist „maßlos und läßt jeden Vorgänger oder Rivalen weit hinter sich“[5]: *Imperator* als Vorname! *Imperator* bedeutet zunächst den Beamten als Inhaber eines *imperium,* den Träger einer Befehlsgewalt.[6] Im engeren Sinne bedeutet *imperator* den siegreichen Feldherrn, den seine Truppen als ‚*imperator*‘ akklamiert haben; er hat damit Anspruch auf den Triumph in Rom. Die Anzahl der Akklamationen wird sorgfältig in den Titulaturen verzeichnet.

Die Tat des neuen Caesar besteht nun darin, daß er den Titel als Vornamen verwendet. Wie Zeus die Metis verschluckt und Pallas Athene gebiert, so hat Octavius sich gleichsam die militärische Macht einverleibt. Daraus entstand und darauf bestand das römische Kaisertum. Das Heer und das besondere persönliche Treueverhältnis zwischen den Soldaten und ihrem *imperator* sind die Wurzel und die Basis der augusteischen Macht. Deshalb darf niemand als der Kaiser den Titel *imperator* tragen. Deshalb wird das Heer und die *religio castrensis* ein Zentrum des Herrscherkults. Die Bedeutung des Titels kommt darin zum Ausdruck, daß in offiziellen Äußerungen das Wort *imperator* zweimal auftaucht: als Vorname und als Titel.

Beispiel 4: CIL 11,367: Imp. Caesar Divi f. Augustus Pontif. Maximus. Cos. *XIII. Imp. XX. tribunic. potest. XXXVII. p.p. – – Imperator Caesar, des göttlichen Iulius Caesar Sohn, Augustus, oberster Pontifex, zum 13. Male Consul, zum 20. Male als Imperator ausgerufen, tribuniz. Gewalt zum 37. Male, Vater des Vaterlandes. (p.p. – pater patriae: seit 2 v. Chr.)*

Die dem Titel beigefügte Zahl (XX) bezieht sich auf die Siege, die des

5 *Syme,* Imperator, 281.
6 *Mc Fayden,* s. Bibliographie; *Béranger,* Recherches, 50–54.

Augustus Generäle errangen. Er selbst war bekanntlich weder ein militärisches Genie noch was die Kenner einen ‚guten Soldaten' nennen. Aber die Siege gehörten ihm: Wer immer der General im Feld, Augustus war der *imperator*; sein Name zeigt es ja. ‚*Imperator*' ist kein Amtstitel. Das römische Kaisertum hat, seinem Gründer folgend, die wahren Machtverhältnisse verborgen und deshalb keinen eigenen Amtstitel für die kaiserliche Macht gebildet. Name und Titel identifizieren das Individuum und seine soziale und politische Stellung: das ist nicht immer erwünscht. Aber Namen können ja auch verbergen und täuschen. ‚*Imperator*' ist noch die genaueste Bezeichnung: kein Amtstitel, aber ein „Name der Macht, präzis und doch mystisch, eine Monopolisierung der Glorie des *triumphator*"[7]. ‚*Caesar*' in der Titulatur des Augustus evoziert vorsichtig die persönliche, geschichtliche Dimension; der Name ‚*Augustus*' weist in den Stadtgründungsmythos[8]: Augustus ist der neue Romulus, unter dessen Auspicien Stadt, Volk und Reich neu gegründet und gemehrt (*augere*) werden. Er ist Schöpfer, Gründer, Erhalter, Gewalthaber: *pater patriae*. Sein Name ‚definiert' die ‚Verfassung' des römischen Kaisertums. Die historische Person und ihr Name verschwinden; sie setzt sich um in einen Titel, der damals die Lebensform einer ganzen Welt feststellte: *Imperator Caesar Divi filius Augustus*. Römisch gesprochen: nach seinem Tode wird Augustus aufgenommen unter die Götter des römischen Staates und erhält sorgfältig ausgewählte kultische Ehrungen. Hier liegt die schöpferische Phase des römischen Herrscherkults, der mindestens in seinen Anfängen mehr ist als nur eine „politische Pseudoreligion"[9]. Theologen, Philosophen, Dichter (*vates*, Propheten) und Künstler der caesarisch-augusteischen Epoche versuchen, Person und Werk dieses Mannes in Bildern, Gestalten, Mythen zu fassen, zu vertiefen, zu propagieren und, natürlich, zu destruieren.

Dabei entsteht, was der Absolvent eines humanistischen Gymnasiums in neun, sechs oder drei Jahren zu hassen gelernt hat: die augusteische Klassik, Vergil, Horaz, Properz, Ovid. Sie zeigen den Göttlichen in

7 *Syme*, a. a. O.; *Béranger*, 53 f.: „La notion d'absolutisme rencontrait son expression toute faite" (sc. im Titel *imperator*).

8 *Gagé*, Théologie, 4 f. – *C. Koch*, Gottheit und Mensch im Wandel der römischen Staatsform (1942), in: R. Klein (Hrsg.), Das Staatsdenken der Römer (1966), 39–64, bes. 60 ff.

9 *M. Hengel*, Christus und die Macht, 1974, 10, wo die Besonderheiten der römischen Staatsreligion und Geschichtstheologie m. E. nicht genügend beachtet sind.

vielerlei Rollen und unter mancherlei Namen: als *princeps*, als *primus inter pares*, als ersten unter seinesgleichen; als ersten Senator, als ersten Bürger – ein politischer Titel also, zivil, friedlich: der *princeps* steht über den Parteien; er ist im Besitz der Macht, um die der *dux* – ‚Führer' erst kämpfen muß; für die Nichtbürger, besonders die Griechen und Orientalen ist er König und lebendiger Gott; für seine Sklaven ist er der Herr (*kýrios, dominus*).[10] Entsprechend abgestuft ist seine kultische Verehrung.
Doch genug von *Imperator Caesar* und, wenn man so sagen darf, seiner ‚Augustologie'. Vergleichen wir einen jüngeren Zeitgenossen, einen zunächst verborgenen, dann offenen Rivalen, einen Konkurrenten, der schließlich zum Bundesgenossen wird: Jesus von Nazaret. Das Modell des Augustus wird sich, so hoffe ich, als lehrreich erweisen.

2 ‚*Imperator Christus*'

2.1 Die Romanisierung des Christentums

Aus anderen Gründen zwar, aber in ähnlicher Weise wird nämlich aus jenem Galiläer mit dem Allerweltsnamen Ješu' bar Josef[11] der Prophet, Messias, Davidssohn, der Mensch, der Kommende. Beim Übergang in die griechische Welt wird verdeckt, was zu stark galiläisch, jüdisch, historisch war; griechische Namen treten in den Vordergrund: *sotér* – Retter, *kýrios* – Herr; Sohn Gottes – *hyiós theoú*, ja sogar *theós* – Gott. Bald bemächtigt sich griechische Philosophie dieser Titel und erzeugt, was hier ‚offizielle Christologie' genannt sein möge.
Nichts haben die Römer diesem gewaltigen exegetischen, systematischen und spekulativen Gebäude der griechischen Theologen entgegenzusetzen: Kein eigener Mythos, keine Metaphysik, kein Mysterium – alles griechische Wörter; nichts Entsprechendes leistete den Römern Formulierungshilfe. Die Muttersprache der christlichen Theologie ist griechisch. Deshalb sind, soweit ich sehe, nur wenige spezifisch

10 Cassius Dio 57,8. – Martial 10,72,8: *non est hic dominus sed imperator, / sed iustissimus omnium senator.* – Plinius, panegyricus 7,6; 10,3: *imperator tu titulis ..., ceterum modestia, labore, vigilantia dux et legatus et miles;* 8,6: *simul filius, simul Caesar, mox imperator et consors tribuniciae potestatis.* – Panegyrici lat. 12 (2),43,3: *offeri ... domino servum, imperatori tyrannum.*
11 *W. Foerster*, Art. Jesus, in: ThWB 3,284 ff.; *Dinkler*, Signum Crucis, S. 9 Anm. 28; S. 7: „Der Name Jesus ist als solcher derart häufig, daß zunächst sein bloßes Auftreten keinen Bezug auf eine besondere Person der Geschichte anbietet."

lateinische Begriffe in die offizielle Christologie der alten Kirche eingegangen.[12] Anderseits beginnt die Romanisierung des Christentums früh, schon im Neuen Testament. Das römische Substrat prägt die religiöse Sprache, die Erfahrung, die Organisation der Kirche, den Kult und auch die Gotteslehre; *fides et disciplina* – ‚Glaube und Disziplin' bilden eine neue, damals aufregende Verbindung.[13] Den christlichen Glauben verleugnen heißt auf lateinisch: *salutaris militiae sacramenta deponere,* des heilsamen Militärdienstes Eide brechen, d. h. desertieren.[14]

Fides und *sacramentum* gehören zum *sermo castrensis* – der römischen Militärsprache.[15] Das Eindringen römischer Rechtsvorstellungen ist zu bekannt, als daß ich es belegen müßte. Man hat gemeint, daß die „ganze Betrachtung des Verhältnisses des Menschen zu Gott als eines Rechtsverhältnisses und die Übertragung der römisch-rechtlichen Kategorien" auf dieses Verhältnis die besondere Leistung des rechtskundigen Offizierssohnes Tertullian gewesen sei.[16] Auch der römische Kult wirkt ein. Tertullian nennt den Bischof *summus sacerdos*[17] und *pontifex maximus*[18]. Was bei Tertullian noch Spott ist, wird bald Wirklichkeit: Inthronisation des Bischofs, sein Stuhl (*cathedra*) und seine Insignien ähneln sich kaiserlicher Tracht, kaiserlichem Zeremoniell an.[19] Die Mitra ist der Hut der Senatoren. Nach der sogenannten Konstantinischen Wende nennt Papst Damasus das Bischofsamt sein *imperium.*[20]

12 *Harnack,* Dogmengeschichte 1,496; 555; vgl. *auctoritas, lex, meritum, persona, ratio, substantia, trinitas.*

13 Tertullian, apologeticum 23,11; 46,14 u. ö.; *Dürig,* Disciplina, a. a. O.; *J. Vogt,* Art. Constantin d. Gr., in: RAC 3,310 f. über die organisatorische Arbeit der Kirche im 3. Jahrhundert: „Etwas vom ordnenden Geist Roms wird in dieser Aufbautätigkeit der alten Kirche sichtbar."

14 Arnobius 2,5. – Vgl. Seneca, epistulae 107,9: *optime est Deum sine murmuratione comitari. malus miles est imperatorem gemens sequi.*

15 *Kempf,* s. Bibliographie – Vgl. RAC 7,703; 831 f.

16 *Harnack,* Dogmengeschichte 1,466; vgl. 555.

17 Tertullian, de baptismo 17,1: *Dandi* (sc. die Taufe) *summum habet ius summus sacerdos, si qui est, episcopus.*

18 Tertullian, de pudicitia 1,6: *Pontifex scilicet maximus, quod est episcopus episcoporum, edicit.*

19 *H. U. Instinsky,* Bischofsstuhl und Kaiserthron, 1955; *Th. Klauser,* Der Ursprung der bischöflichen Insignien und Ehrenrechte (Bonner akad. Reden 1) ²1953,23–28.

20 *Harnack,* Militia 41, A. 2 (ohne Quellennachweis).

Ja, die Kirche selbst kann als *imperium* verstanden werden,[21] die Gläubigen als Soldaten, Christus ihr ‚Führer' (*dux*) und *imperator*. Die inoffizielle römische Christologie ist reicher entwickelt, als man nach den Registern der Dogmengeschichten erwarten möchte: Christus *consul, pontifex maximus, custos, dux, princeps, victor, triumphator, Augustus, imperator* und später sogar *Caesar*.[22] Damit sind die wichtigsten Kaisertitel auf Christus übertragen. Der langen, abwechslungsreichen Reihe politisch-militärischer Titel römischer Christologie steht eigentlich nur ein blasses, griechisches Wort gegenüber: *basileús* – König.[23] Die Kirche übertrug sogar die Liturgie und Kunst des Kaiserkults auf den Christus. Schon in der Apokalypse Johannis finden sich die ersten Spuren.[24] Zum Imperator Christus gehören dann Gemmenthron und Purpurkissen, Nimbus und Purpurmantel, goldene Kränze als Ehrengeschenk, Akklamationen der Apostel, die Geste der verhüllten Hände, die Proskynese.[25] Auf einem Passionssarkophag des Lateranmuseums (171) wird Christus von einem römischen Legionär dekoriert – nicht mit der Dornenkrone, sondern – als *imperator* –

21 *J. B. Saenger*, Die Idee von der Kirche als imperium Romanum: Theologische Quartalsschrift 80,77: *translatio imperii ad ecclesiam; Kollwitz*, Bild, 108.
22 Einige Belege aus Ambrosius, Prudentius, Augustinus etc. bei *Kollwitz*, Bild, 107 ff. – Vgl. weiterhin: Augustin, Tractatus sive sermones inediti ... (Hg. G. Morin, 1917), 167,8: *Celebrant saecula tanti consulis diem cuius nativitatem iam pavet Herodes.* – Lactanz 7,27,17: (*deus*) *cui nos ... supplicamus ut te in primis quem rerum custodem voluit esse custodiat (Constantin).* – Sog. Constitutum Constantini (Mitte 8. Jh.; *Mirbt*, Quellen zur Geschichte des Papsttums, 41924,107 ff.): (Konstantin begründet die Verlegung der Reichshauptstadt nach Byzanz) „Es ist nicht recht, daß dort, wo der Vorrang der Priester und das Haupt der christlichen Religion vom himmlischen Kaiser eingesetzt ist (sc. in Rom), der irdische Kaiser Macht habe." – Jesus wird in typologischer Exegese des Buches Josua bei Origines zum *princeps militiae virtutum domini* (s. *Harnack*, Militia 31). – Von älteren Belegen zu dieser Bildersprache vgl. 1 Clemens 36 (Psalm 2,7 f.); 37; 2 Clemens 60 f.; Barnabas 12,9–10 (Josua/Jesus); Justin, Dialog 61,1 (Josua/Jesus); Apologie 1,55,3 ff. (Standarten und Tropaia als Kreuze, als „Zeichen der Herrschaft und Macht" Jesu: vgl. hier § 2.3).
23 Zu Pantokrator s. *Michaelis*, in: ThWB 3,913 f.; zur Vorgeschichte des Titels: *W. Kiefner*, Der religiöse Allbegriff des Aischylos (Diss. Tübingen 1959), 1965 (Spudasmata 5). Die militärische Metaphorik ist den griechischen Vätern natürlich nicht gänzlich unbekannt: siehe Anm. 22 und vgl. z. B. Clemens Alex., Paedagogus 1,8,61,1: ho megas hèmôn ekeinos stratègos, ho tôn olôn hègemôn logos; Stromateis 1,24,158–162; Protrepticus 10,100.
24 *Peterson*, Imperator, 153 ff.
25 Vgl. z. B. RAC 2,1260 f.

mit dem Lorbeerkranz.[26] Sein Kreuz ist nicht Hinrichtungswerkzeug, sondern Triumphmal (*trópaion*) und Standarte der nunmehr christlich gewordenen Legionen.

Der Unterschied zwischen dieser inoffiziellen Christologie der Römer und ihrer künstlerischen Realisierung zur Formensprache griechischer Christologie ist verblüffend. Was Jean Béranger über griechische und römische Herrschertitulaturen sagte, gilt auch für die Christologie:[27] „Das Griechische verfügt über einen abstrakten Wortschatz von Intellektuellen, von Theoretikern. Das Lateinische ist konkret, weckt Bilder, Erinnerungen, die Erfahrung, die Leidenschaft. Es riecht nach Kampf und Parteigänger. Soviel Aussagen, soviel Urteile."

Eine Aussage, ein Urteil scheint mir besonders wichtig und symptomatisch für die Romanisierung des Christentums, für die Genesis des Römisch-Katholischen aus dem Römischen und Christlichen, der Titel *Christus imperator.*

Wann wird er zum erstenmal gebraucht?

2.2 Das erste Vorkommen des Titels

In den Akten der Martyrer von Scili in Afrika (um 180 n. Chr.) sagt der Sprecher der Gruppe zu dem römischen Proconsul:

> *cognosco domnum meum, regem regum et imperatorem omnium gentium* – „ich anerkenne (nur) meinen Herrn, den König der Könige, den Imperator über alle Völker".[28]

Der Ausdruck ist ein Trikolon mit wachsenden Gliedern, er klingt feierlich geprägt. Zu Recht hat man Apokalypse 1,5 verglichen.[29] Hier heißt Christus in einer ähnlich gebauten Formel: „der verläßliche Zeuge, der Erstgeborene von den Toten und der Herrscher *(árchon)* der Könige der Erde".[30] Die lateinische Vulgata übersetzt: *princeps*

26 Mitte 4. Jh.; Abbildung bei *Dinkler*, Signum, Taf. III 7.

27 *Béranger*, Recherches, 58: *princeps, imperator, dictator* / ἡγεμών, βασιλεύς. *C. Schneider*, Die Unterschiede zwischen dem frühen Christentum im Osten und Westen des antiken Raumes: Gymnasium 63 (1956) 269–282; 282: „So ist die antike griechische Kirche zuletzt eine Kopie des neuplatonischen Kosmos, die lateinische eine Kopie des Imperiums." Vgl. auch *Harnack*, Militia 23; 25 ff.

28 Gemeint ist wahrscheinlich Christus.

29 *Hengel* (s. Anm. 9), 36 f., wo freilich nur die Vulgata von Apk 1,5 berücksichtigt ist.

30 ἄρχων kommt in der Apokalypse nur an dieser Stelle vor. – Eine umfassende Wortuntersuchung von *rex, imperator* etc. in der lateinischen Bibel ist mir nicht bekannt und von mir auch nicht durchgeführt worden.

regum terrae – ‚Fürst der Könige der Erde'. Man kann vielleicht annehmen, daß die Stelle Apokalypse 1,5 in den Martyrerakten nachklingt, freilich nicht in der Übersetzung der Vulgata, sondern in der afrikanischen Fassung der lateinischen Bibel.

Der Codex Parisinus, B. N., Latinus 6400 G (nr. 55 Fischer; h) enthält fragmentarisch die ‚afrikanische' Form der ins Lateinische übersetzten Apokalypse.[31] Diese Übersetzung bietet unsere Stelle folgendermaßen:

> *Christus qui est testis fidelis, primogenitus mortuorum et imperator regum terrae.*

Der *Codex* h stammt zwar erst aus dem 5. Jahrhundert. Man darf aber aufgrund allgemeiner textgeschichtlicher Erwägungen seinen *Text* für sehr alt halten. In den anderen Handschriften und Drucken nämlich hat sich die Lesart der Vulgata (*princeps* – Fürst) durchgesetzt. Die ‚Afrikanische' Bibel bietet nun auch an anderen Stellen einen krassen *sermo castrensis*; Röm 6,23: „Sold eines Vergehens – der Tod; Extra-Sold aber Gottes Leben" (*donativum*, wo die Vulgata Clementina glättet zu ‚Gnade Gottes' – *gratia Dei*); Mt 11,30 bietet der ‚afrikanische' Text im Codex k: „Mein Joch nämlich ist gut und die Tornister leicht" (*sarcinas levis*); die Vulgata glättet: „mein Joch ist süß und meine Last (*onus*) leicht".[32]

Die Fassung von Apokalypse 1,5 im Kodex h – *imperator* statt *princeps* – dürfte also durchaus eine gute, alte Überlieferung darstel-

31 Beschreibung des Codex (Palimpset von Fleury) bei *E. A. Lowe*, Codices Latini Antiquiores, 1934 ff., Bd. 5,565 mit Korrekturen bei *Thiele*, 1 Petr., 90 f.: 5. Jh., Herkunft nach *Lowe* „Wahrscheinlich Italien", nach *Thiele* „vielleicht eher ... Afrika"; enthält Bruchstücke aus Apostelgeschichte, Kathol. Briefe, Apocalypse: „Für Act. und Apc. ist 55 ein Zeuge des alten afrikanischen Textes ..." (Thiele). Palimpsestiert im 7./8. Jh., im 9. Jh. in Fleury. – Vgl. *Fischer*, NT in lateinischer Sprache, 27 f. – Die anderen Zeugen des afrikanischen Textes der Apokalypse bieten entweder unsere Stelle nicht – auch Cyprian, ein wichtiger Zeuge für afrikanischen Bibeltext (s. u. Anm. 34), hat die Stelle nach Hartels Index nicht – oder lesen, unter europäischem Einfluß (sc. der – späteren – Vulgata): *princeps regum terrae*. Herr Dr. *Walter Thiele* (Vetus Latina Institut, Beuron) hat freundlicherweise die Belege des Instituts zu Apk 1,5 geprüft: „Unsere Sammlung der lateinischen Bibelzitate weist in Apk. 1,5 nur noch (d. h. außer h) einen Beleg für *imperator* auf: ANT-M *66* V (85), aber andere ANT-M Stellen lesen wiederum princeps." Ich möchte Herrn W. Thiele auch an dieser Stelle herzlich für seine Geduld und Hilfsbereitschaft danken.

32 Die Stellen sind vermittelt durch *Harnack*, Militia, 19; 35; 36. – Tertullian, de monogamia 2 zitiert Mt. 11,30 in einer afrikanischen Textform: *levem sarcinam domini.*

len. Man pflegt die ‚Afra', ohne fixe Daten zur Verfügung zu haben, in die zweite Hälfte des 2. Jahrhunderts zu datieren.[33] Der Titel *imperator* wäre also an einer zentraleren Stelle und früher belegt, als es bislang schien:[34] nicht in den Acta Scilitanorum, sondern im Neuen Testament selbst. Die Ausdrucksweise dieser afrikanischen Martyrer – *imperatorem omnium gentium* – könnte als Reflex alter ‚afrikanischer' Übersetzungstradition gewertet werden. Auch andere frühe afrikanische Schriftsteller – Tertullian und, zur Erfassung des ‚afrikanischen' Wortschatzes besonders wichtig, Cyprian – gebrauchen den ‚Titel' *imperator* für Christus.[35]
Der Ausdruck konnte sich aber aus Gründen, die nach dem zuvor gesagten einleuchten dürften, an der Bibelstelle nicht halten. Der militärische, sehr kaiserliche Titel *imperator* wurde deshalb in der Vulgata ersetzt durch den mehr politischen Titel *princeps* – Fürst. An weniger offiziellen Stellen jedoch wirkt der *imperator* Christus weiter.

2.3 Tertullian

Der wortgewaltige und streitbare Afrikaner, der rechtskundige Offizierssohn Quintus Septimius Florens Tertullianus, beherrscht den *sermo castrensis* wie kein anderer Kirchenvater. Die Verfolgung wird ihm zum Krieg (*bellum*), in dem die Kleriker ihre Scharen in die Schlacht führen; die Christen stehen, mit Wachen, Entbehrungen und Fasten auf ‚Posten' (*statio*), im Kampf gegen den Satan; in den römischen Standarten und den *tropaia* (Gestänge zum Aufstecken einer erbeuteten feindlichen Rüstung) sieht er das Kreuz Christi verborgen.[36] Das Martyrium erscheint ihm wie ein Gladiatoren-Spektakel –

33 *Fischer*, NT in lateinischer Sprache, a. a. O.; vorausgehen dürfte eine mündliche Übersetzungstradition.

34 *Peterson*, Imperator, 13 f., hat die afrikanische Fassung von Apk 1,5 nicht beachtet; zu Hengel, s. Anm. 29.

35 Zu einem afrikanischen Wortschatz der altlateinischen Bibel vgl. *Thiele*, Wortschatzuntersuchungen 11; 26 ff. Im Unterschied zu Tertullian, dessen griechische bzw. lateinische Vorlagen nicht oder schwer zu fassen sind, gilt Cyprian als früher und wichtiger Zeuge für den afrikanischen Text des NT: *Thiele*, 1 Petrus, S. 34 ff.; *ders.*, Wortschatzuntersuchungen, 35 f. – Vgl. Cyprian, epistulae 15,1; 31,4 f.; Ps. Cyprian, de montibus Sina et Sion 8 (*imperator et rex*); Arnobius 1,26; 2,3; 2,65; vgl. auch Lactanz, institutiones 5,19,25 (*imperatori omnium deo*); 4,65 (*dux et imperator*); 6,8; 7,27,6 (*desertor domini et imperatoris et patris sui*).

36 Tertullian, de fuga 3,1; 11,1; apologeticum 16,7–8; vgl. Justin, apol. 1,55, 3 ff. (s. o. Anm. 22). – Zu *statio* vgl. *J. Schümmer*, Die altchristliche Fastenpraxis mit besonderer Berücksichtigung Tertullians, 1933.

übrigens in bewußter Fortsetzung römischer Philosophensprache.[37] Flucht ist Fahnenflucht: „Der gibt einen guten Soldaten für seinen Imperator Christus ab", bemerkt er sarkastisch, „der, so vollständig vom Apostel (sc. Paulus) bewaffnet, am Tage der Verfolgung desertiert... Ist es denn so schlimm zu sterben? Besser ein Soldat im Gefecht verloren als durch die Flucht gerettet."[38] Diese und zahllose andere Stellen lehren, wie selbstverständlich die Vorstellung von der *militia Christi* bei Tertullian ist und wie tief verwurzelt.[39] Sie lehren auch, wie schnell das Pathos des *miles Christi* umschlagen kann in das Bramarbasieren des *miles gloriosus*.[40]

Römische politisch-militärische Sprache wird sogar bemüht, um die Einheit Gottes in der Dreiheit der Personen zu beschreiben: Monarchie, so erklärt Tertullian,[41] sei nichts anderes als oberste ungeteilte Befehlsgewalt eines Einzigen (*singulare et unicum imperium*). Es gehöre aber zu ihrem Wesen, daß sie ihre Macht durch Beamte (*officiales*) verwalten lasse: das ist die *oeconomia, administratio* der Monarchie. Der Monarch könne Macht an seinen Sohn delegieren, ohne daß die Monarchie deshalb geteilt werde; die göttliche Monarchie werde „durch so viele Legionen und Heere verwaltet" (*administratur*) und sei doch die Herrschaft eines Einzigen – rhetorisch gut, aber sachlich nicht überzeugend, denn mit demselben Argument pflegten Griechen und Römer den Polytheismus zu begründen. Charakteristisch für Tertullian ist der Bezug auf römische Institutionen:[42] die Unteilbarkeit

37 Tertullian, ad martyras 1,2; vgl. Seneca, de providentia 2,8 (der Tod Catos); de tranquillitate animi 11,4 f.; vgl. auch Seneca, epistulae 95,35: *quemadmodum primum militiae vinculum est religio et signorum amor et deserendi nefas, tunc..., ita... (vita beata / virtus).* Zu dieser Topik s. *Hg. Cancik*, Untersuchungen zu Senecas epistulae morales (Diss. Tübingen 1965), 1967 (Spudasmata 18), S. 108 f. (Seneca/Lactanz); *Harnack*, Militia, 42.

38 Tertullian, de fuga 10.

39 Ein ganzer Absatz im *sermo castrensis:* Tertullian, de oratione 29,3: *Oratio murus est fidei, arma et tela nostra adversus hostem, qui nos undique observat. Itaque numquam inermes incedamus. Die stationis, nocte vigiliae meminerimus. Sub armis orationis signum nostri imperatoris custodiamus, tubam angeli exspectemus orantes.* – de exhortatione castitatis 12,1 u. v. a. m.

40 Der Vergleich wurde, im Hinblick auf einige Martyrerakten, von *Harnack*, Militia, 42 f., formuliert; vgl. RAC 7,282 f.

41 Tertullian, adversus Praxean 3,2 ff.

42 *Peterson*, Monotheismus, 41 ff.; 47: „Das Verhältnis Christi zu Gott wird vom römischen Doppelprinzipat aus verstanden." – *Béranger*, Recherches, 251: „Les institutions romaines lui inspiraient une comparaison convaincante: le

des *imperium,* Delegation, Einheit einer Körperschaft. Charakteristisch auch die Romanisierung der himmlischen Heerscharen: Tertullian ernennt sie zu Legionen.

Tertullian persönlich verabscheute jegliches Blutvergießen; mochten andere kämpfen, Christen jedenfalls sollten möglichst nicht Soldat werden. Aber auch Tertullian betet um Stärke für die römischen Heere (*fortes exercitus*).[43] Er spielt sehr deutlich mit dem Gedanken, die Christen könnten durch einen Staatsstreich die Macht im römischen Reich übernehmen: „Wir sind erst seit gestern – und schon erfüllen wir den Erdkreis ...: Städte, Wohnbezirke (?) ... selbst eure Heerlager ... Wir können eure Heere ja zählen: In einer einzigen römischen Provinz dürfte es mehr Christen geben (als ihr Soldaten habt)! Zu welchem Krieg wären wir nicht tauglich, nicht einsatzbereit, selbst wenn wir an Truppenstärke unterlegen wären, wir, die wir uns so bereitwillig abschlachten lassen ..." Aber, so fügt der Pazifist Tertullian hinzu: „In unserer Disziplin (*disciplina* – die christliche Lehre) ist es eher erlaubt, sich töten zu lassen als zu töten." Und dann probt Tertullian den passiven Widerstand: auch ohne Waffen und ohne Aufstand, sagt er (*inermes nec rebelles*), könnten die Christen gegen die Römer kämpfen.[44]

2.4 Die Realisierung eines ‚spirituellen Militarismus'

Christus als *imperator* ist nicht eine isolierte Metapher, soviel dürfte auch aus diesen wenigen Zitaten deutlich geworden sein. Dieses Prädikat ist vielmehr Indiz einer tiefgehenden Romanisierung, die wir hier – einseitig – unter dem Aspekt von *res militaris* und *sermo* und *religio castrensis* betrachtet haben.

Tertullian bewahrte dem römischen Reich gegenüber einen eschatologisch begründeten Vorbehalt. Es ist nun überaus lehrreich zu sehen, wie schnell, wie bruchlos diese, wenn ich so sagen darf, ‚spirituelle Militarisierung des Christentums' politische und militärische Wirklichkeit wurde; um es literargeschichtlich auszudrücken: wie gering in deser

commandement unique (*singulare et unicum imperium*) ne cessait pas du fait d'être exercé par plusieurs. Il est communiqué, non divisé. Les fonctions des membres ne suppriment point l'unité du corps."

43 Tertullian, apologeticum 30,4; Vgl. *Bainton,* Frühe Kirche, a. a. O.; *Klein,* Tertullian, a. a. O.

44 Tertullian, a. a. O. 37,4–7. Die Nuancen des militärischen Jargons, wie sie in der Paraphrase im Text hervorgehoben sind, werden in der Übersetzung von *C. Becker* ([2]1961) nicht immer deutlich.

Hinsicht der Unterschied zwischen Tertullian und Laktanz bzw. Eusebius ist.[45]

Tertullians Gedankenexperiment von der Machtergreifung der Christen wird mit dem Sieg Konstantins des Großen Realität. Das Kreuz Christi, das Tertullians Phantasie bereits überall im römischen Heer gesehen hatte, wird jetzt wirklich Standarte der Legionen. Die Konstantinische Monarchie und ihre Verwaltung wird wirklich das Abbild der göttlichen Monarchie und ihrer Verwaltung. Der gesamte Formenschatz der römischen „Theologie des Sieges"[46] wird jetzt für den Christus und seine Kirche verfügbar, auch in der Kunst. Fliegende Viktorien tragen das Kreuz mit der Namensrune Christi im Lorbeerkranz des Triumphators[47] – ein Bild, dessen religionsgeschichtlichen Gehalt wir hier nicht deuten können. Der Höhepunkt dieser inoffiziellen imperialen Christologie der römischen Künstler ist wohl der ‚Christus Victor' in der erzbischöflichen Kapelle zu Ravenna.[48] Im „kaiserlichen Kriegskostüm" (Deichmann), ein Schriftwort, das gegen die Arianer polemisiert, in der Linken, das Kreuz wie eine Standarte oder ein Tropaion auf der rechten Schulter tritt der jugendliche Christus auf Löwe und Basilisk – außer der Schrift ist dies die einzige biblische Reminiszenz in diesem Bild. Dieser Christus Victor ist, so sagt man, in Anlehnung an ein Bild des triumphierenden Konstantin geschaffen:[48] Imperator Caesar ist vom Christus Imperator kaum noch zu scheiden.

3 *Ergebnisse und Fragen*

Zum Schluß seien die Ergebnisse zusammengefaßt und einige Fragen formuliert.

Deutlich geworden ist, so hoffe ich,

– die Bedeutung der inoffiziellen römischen Christologie als Indiz für die Stärke und Tiefe der Romanisierung des Christentums;

45 Dieser Zusammenhang ist von *Harnack*, Militia (z. B. 44 f.) durchaus gesehen; *Harnack* schließt seine Darstellung jedoch vor Konstantin, so daß der Umschlag nicht deutlich wird. Der Zusammenhang ist – allerdings einzig unter dem Aspekt von Kontinuität, Entfaltung etc. – auch gesehen bei *Klein*, Tertullian, 45–48; 80.

46 *Jean Gagé*, a. a. O.

47 Prinzensarkophag, Istanbul; Abbildung bei *Dinkler*, Signum, Taf. IV 11.

48 Die Bildbeschreibung im Text nach *F. W. Deichmann*, Ravenna I (1969), 201–206; Kommentar 1974, 7 f.; 203; hier reiche Literaturangaben und Abbildungen.

– die Bedeutung des römischen Militärs für den Herrscherkult und für die Sprache, die religiöse Erfahrung, die Psychologie und die Theologie des römischen Christentums, und zwar lange vor Konstantin;
– die Romanisierung des Christentums ist nicht ein äußerliches Kleid, das der unveränderlichen Botschaft Jesu umgehängt wäre;
– spiritualisierte militärische Metaphern, ‚soldatische Tugenden', verbale Aggressivität u. ä. laufen Gefahr, unter veränderten Umständen Realität zu werden (‚Identifikation mit dem Aggressor');
– der Titel *imperator* ist in der ‚afrikanischen' Übersetzung von Apk 1,5 gebraucht worden, wahrscheinlich hier zum erstenmal.

Von den zahlreichen Fragen, zu denen das Thema herausfordert, möchte ich nur zwei formulieren: die Frage nach der ‚göttlichen Gewalt', nach den aggressiven Zügen im Gottesbild selbst und die Frage nach dem Sinn und Wert des Römischen in, gegen oder neben ‚dem' Christlichen.

– Das Bild des jüdischen Propheten in der Funktion eines Gottes des römischen Heeres ist erschreckend. Es wirft die Frage auf, wie und warum monotheistische Religionen (Jahwe, Christus, Allah) die Gewalt nicht nur faktisch, moralisch, ‚naturrechtlich' – als ‚Mittel' zu einem gerechten Zweck – legitimieren, sondern sie auch so tief in ihr Bild eines huldvollen, barmherzigen, liebenden Gottes eintragen. Polytheistische Religionen haben bekanntlich die kriegerischen Funktionen mehr oder weniger konsequent aus dem Bild ihres Hochgottes getilgt und sie auf besondere Kriegsgötter abgewälzt[50] – was die Frage verändert, aber natürlich nicht löst. Jahwe jedoch ist selbst Krieger. Das Thema ‚die Religion und der Krieg' ist, soweit ich sehe, ein wenig beliebtes Thema,[51] obschon die Gespenster der ‚heiligen Kriege',

49 *Grabar,* L'empereur ..., S. 239 (vermittelt durch *Deichmann,* a. a. O.). – In der Katakombe des Clodius Hermes findet sich, soweit ich sehe, die früheste militärische (?) Christusdarstellung.

50 *G. Dumézil,* La Religion Romaine Archaique, 1966, Kap. II: „Interprétation: Les trois fonctions" (154 ff.), mit Beispielen aus verschiedenen Religionen über Götterdreiheiten, Funktionsverteilung zwischen Göttern und deren historische Gründe. Der alte römische Juppiter und sein *flamen Dialis* repräsentieren demnach Herrschaft (Macht) und Recht, nicht Gewalt, Kampf, Sieg: das sind Funktionen des Mars. Vgl. *ders.,* L'idéologie tripartite des Indo-Européens, 1958; *ders.,* Mitra – Varuna, Essai sur deux représentations indo-européennes de la souveraineté, ²1948. Die drei Funktionen sind nach *Dumézil,* dessen Ansichten natürlich auch auf lebhafte Kritik gestoßen sind, Recht – Religion, Gewalt – Militär – Macht, Produktion.

51 Der Artikel Krieg von *A. van den Born* in: Bibellexikon (²1968), Sp. 994, ist ein deutliches Beispiel für völlige Hilflosigkeit vor diesem Thema.

der ‚Religions-' und ‚Konfessionskriege' immer wieder durch die Zeitungen gehen. Die Kritik der ‚göttlichen Gewalt' bleibt eine der wichtigsten Aufgaben der Religionswissenschaft.[52]

– Die guten alten Römertugenden sind in Verruf gekommen; auch ihre sogenannten soldatischen Tugenden; mit ihnen auch und erst recht die *militia Christi*. So hat auch das Bild vom Christkönig, dessen Fest einst, am 11. 12. 1925, unter ausdrücklicher Berufung auf die hier dargestellte römische Tradition eingeführt wurde,[53] seine Farben und Züge verändert.

Angesichts dieses allgemeinen und nicht immer nur beklagenswerten Schwundes an römischer Tradition möchte ich hier hervorheben, daß die Moral aus der Geschichte des Imperator Christus meines Erachtens nicht darin bestehen kann, die römische Spur aus der christlichen Tradition zu tilgen, sich auf die griechische oder jüdische zurückzuziehen oder gar sich in radikaler Unmittelbarkeit der ‚Sache' oder ‚Person' des Nazareners ‚an sich' hinzugeben. Könnte es nicht, so möchte ich fragen, dennoch und immer noch nützlich sein, die alten Römertugenden sorgfältig zu betrachten, sie im Modell ihrer Kultur zu analysieren und, natürlich, zu kritisieren: die *vigilantia, constantia, fortitudo, providentia, patientia, virtus, disciplina, labor* u. a. m. – Wachsamkeit, Zähigkeit, Umsicht, Vorsicht, kein Heroismus, gelassenes Abwarten und plötzliches Zupacken: der Adler und die Wölfin sind die Wappentiere Roms.

Man wird bei dieser Betrachtung sich vor pauschaler Verdammung

52 Es ist kein Zufall, daß der jüngst geäußerte Wunsch nach Einführung der Todesstrafe in der BRD (März 1975) aus den Reihen von christlichen Parteien kommt.

53 *H. Denzinger – A. Schönmetzer*, Enchiridion Symbolorum ... [34]1967, 708 bis 711: Enzyklika *Quas primas* Pius' XI. zur Einführung des Christkönigsfestes: „Auf schändliche Weise irrt übrigens, wer dem Menschen Christus die Befehlsgewalt über beliebige bürgerliche Dinge abspricht; ... der Prinzipat unseres Erlösers umfaßt alle Menschen ..." – Vgl. die Enzyklika Annum Sacrum Leo's XIII. vom 25. Mai 1899: dem Herzen Jesu werden die Menschen des gesamten Erdkreises geweiht (*Denzinger*, 658 f.): „Wenn Christus die ganze Macht gegeben ist (Matth. 28,18), folgt notwendigerweise, daß seine Befehlsgewalt die höchste sein muß, absolut, keines anderen Willen unterworfen, damit nichts ihm weder gleich noch ähnlich sei ..." *Ludwig Ott*, Grundriß der Dogmatik, [7]1965, S. 219 erklärt: „Pius XI. lehrt in der Enzyklika ‚Quas primas', daß Christus auf Grund der hypostatischen Union nicht bloß eine indirekte, sondern eine direkte Gewalt über das Zeitliche besitzt, wenn er auch während seines irdischen Lebens keinen Gebrauch davon gemacht hat."

des Römertums ebenso hüten wie vor der naiven Affirmation der Macht der *Roma Aeterna* und vor der Versuchung zur eiligen Synthese des Römischen mit dem Christlichen.[54]

Literaturverzeichnis

I. Die neutestamentlichen und patristischen Quellen

1. Das lateinische NT

B. Fischer, Das NT in lateinischer Sprache. Der gegenwärtige Stand seiner Erforschung und seine Bedeutung für die griechische Textgeschichte, in: *K. Aland*, Die alten Übersetzungen des NTs, die Kirchenväterzitate und Lektionare, Berlin 1972, 1–92 (27–28: Apokalypse).

W. G. Kümmel, Einleitung in das Neue Testament, [17]1973, 465ff. 470ff (mit Literatur).

H. Rönsch, Das Neue Testament Tertullians aus dessen Schriften möglichst vollständig rekonstruiert, Leipzig 1871 (530ff zur Apokalypse, aber kein Beleg für die Verwendung von Apk. 1,5).

H. v. Soden, Das lateinische NT in Afrika zur Zeit Cyprians, Leipzig 1909 (TU 33).

F. Stummer, Einführung in die lateinische Bibel, 1928.

W. Thiele, Wortschatzuntersuchungen zu den lateinischen Texten der Johannesbriefe, 1958 (Aus der Geschichte der lateinischen Bibel, 2).

ders., Die lateinischen Texte des 1. Petrusbriefes, 1965 (Aus der Geschichte der lateinischen Bibel, 5).

H. J. Vogels, Untersuchungen zur Geschichte der lateinischen Apokalypseübersetzungen, 1920.

K. Vogt, Untersuchungen zur Geschichte der lateinischen Apokalypse, Diss. masch. Freiburg 1965 (nicht eingesehen).

54 Diesen Versuchungen ist, um nur ein jüngeres Beispiel zu nennen, *Klein*, Tertullian, nicht immer entgangen. Vgl. z. B. S. 74, zu Tertullian, adv. Prax. 3,2 (s. hier § 2.3): „Der römische Kaiser als Abbild des dreieinigen Gottes – welch gewaltige Erhöhung der irdischen Macht!" – „In Gleichnissen (sc. des Neuen Testaments) taucht die himmlische Königsherrschaft Christi als Urbild aller irdischen Gewalt immer wieder auf." – S. 80: „Wer Konstantin sagt, ohne Tertullian zu nennen, kann eben jene Wende (sc. zum „Bund [!] von Kirche und Reich") nicht begreifen". – Die Ausdrücke ‚Ur-, Abbild' sind außerordentlich diffuse Denkmittel; die Deutung der neutestamentlichen Königsgleichnisse ist unrichtig.

2. Die patristischen Quellen

R. Bainton, Die frühe Kirche und der Krieg, in: R. Klein (Hrsg.), Das frühe Christentum im römischen Staat, 1971, 187–216 (mit neuerer, bes. angelsächsischer Literatur).

R. Braun, Deus Christianorum. Recherches sur le vocabulaire doctrinal de Tertullien, 1962.

R. Bring, Die Bedeutung des Alten Testamentes für die Christologie der Alten Kirche, in: Antwort aus der Geschichte, Festschr. W. Dreß (Hg. v. *W. Sommer*), 1969, 13–34 (nichts über die Vorgeschichte von ‚Christus imperator').

R. Cantalamessa, La cristologia di Tertulliano, Friburgo 1962 (Paradosis 18).

R. Farina, L'impero e l'imperatore cristiano in Eusebio di Cesarea. La prima Teologia politica del Cristianesimo, 1966.

Ch. Guignebert, Tertullien. Etude sur ses sentiments à l'égard de l'empire et la société civile, Paris 1901.

A. v. Harnack, Militia Christi. Die christliche Religion und der Soldatenstand in den ersten drei Jahrhunderten (1905) 1963 (oft ausgeschrieben, nach Quellenkenntnis und kritischem Sachverstand nicht ersetzt).

ders., Lehrbuch der Dogmengeschichte, [4]1909 (= 1964).

J. M. Hornus, Etudes sur la pensée politique de Tertullien: Rev. Hist. Phil. Rel. 38 (1958) 1–38.

R. Klein, Tertullian und das römische Reich, 1968 (bes. Anhang II: „Tertullians Stellung zum Kriegsdienst").

E. Peterson, Der Monotheismus als politisches Problem. Ein Beitrag zur Geschichte der politischen Theologie im Imperium Romanum, 1935.

ders., Christus als Imperator (Catholica 5 [1936] 64ff), in: *E. P.*, Theologische Traktate 1951, 151–164 (das Stellenmaterial dieses Aufsatzes findet sich bereits bei Harnack).

E. Schendel, Herrschaft und Unterwerfung Christi. 1 Kor. 15, 24 bis 28, in: Exegese und Theologie der Väter bis zum Ausgang des 4. Jh. s. Beiträge zur Geschichte der biblischen Exegese 12, 1971 (bes. 20ff: „Zum traditionsgeschichtlichen Hintergrund").

Tertullian, Werke: zitiert nach der Ausgabe im Corpus Christianorum, ser. lat. 1954 (verschiedene Herausgeber).

Th. Verhoeven, Monarchia dans Tertullien, Adversus Praxean: Vigiliae Christianae 5 (1951) 43–48 (u. a. Hinweis auf Philo).

II. Römische Geschichte und Religionsgeschichte

J. Béranger, Recherches sur l'aspect idéologique du principat, Thèse Lausanne 1953.

L. Berlinger, Beiträge zur inoffiziellen Titulatur der römischen Kaiser. Eine Untersuchung ihres ideengeschichtlichen Gehaltes und ihrer Entwicklung, Diss. Breslau 1935.

W. Dürig, Disciplina. Eine Studie zum Bedeutungsumfang des Wortes in der Sprache der Liturgie und der Väter: Sacris erudiri 4 (1952) 245–279.

D. Mc Facden, The History of the title Imperator under the Roman Empire, 1920 (Diss. Chicago).

J. Gagé, La théologie de la Victoire impériale: Rev. hist. 171 (58) (1933) 1–43.

F. Heiler, Erscheinungsformen und Wesen der Religion, 1961 (367ff: zum christlichen Herrscherkult; Papsttitulaturen).

J.G. Kempf, Romanorum sermonis castrensis reliquiae collectae et illustratae, Neue Jahrbücher, Suppl. 26 (1901) 340–400.

P. Kneissel, Die Siegestitulatur der römischen Kaiser. Untersuchungen zu den Siegernamen des 1. und 2. Jahrhunderts (Diss. Marburg 1968) Hypomnemata 23, 1969.

E. Knierim, Die Bezeichnung *dux* in der politischen Terminologie von Cicero bis Juvenal, Diss. Gießen 1939.

M. A. Levi, L'appelativo Imperator: Riv. di filologia 10 (1932) 207 bis 218.

Th. Mommsen, Römisches Staatsrecht, ^{3}1887 (= 1963), II, 749–786, bes. 767ff. 781ff (*praenomen imperatoris* etc., dagegen *Mc Fayden*, a. a. O.); III, 200–215: Name und Heimatbezeichnung.

H. Nesselhauf, Von der feldherrlichen Gewalt des römischen Kaisers, Klio 30 (1937) 306–322.

I. Opelt, Augustustheologie und Augustustypologie, in: Jb. f. Ant. u. Christ. 4 (1961) 44–76.

J. Stroux, Imperator: Die Antike 13 (1937) 197–212.

R. Syme, Imperator Caesar. A Study in Nomenclature (1958), deutsch in: *Schmitthenner* (Hrsg.), Augustus, 1969, 264–290.

H. Wagenvoort, Princeps: Philologus 91 (1936) 206–221; 323–345

A. Wifstrand, Autokrator, Kaisar, Basileus. Bemerkungen zu den griechischen Benennungen der römischen Kaiser, in: Dragma, Martino P. Nilsson ... dedicatum, Lund – Leipzig 1939, 529–539

III. Antike Kunst

F. W. Deichmann, Ravenna I 1969; Kommentar 1974.

E. Dinkler, Signum Crucis. Aufsätze zum Neuen Testament und zur christlichen Archäologie, 1958, bes. S. 55ff: ‚Das Kreuz als Siegeszeichen' (mit Abbildungen der Sarkophage Mus. Lat. 171; 106; Prinzensarkophag Istambul u. a. sowie reicher Literatur zu Kreuz und τρόπαιον, Kreuz und Nike etc.).

F. Gerke, Christus in der spätantiken Plastik, 1940.

A. Grabar, L'empereur dans l'art byzantin, 1936.

J. Kollwitz, Das Bild von Christus dem König in Kunst und Liturgie der christlichen Frühzeit: Theologie und Glaube 37/38 (1947/48) 95–117 (mit reichen Quellenangaben; ein auch theologiegeschichtlich interessanter Aufsatz, vgl. u. *I. Herwegen*).

Ch. Picard, Les trophées romains, 1957 (mit zahlreichen Abbildungen von Tropaia und Standarten).

E. Stommel, Beiträge zur Ikonographie der Konstantinischen Sarkophagplastik, 1954.

K. Wessel, Der Sieg über den Tod. Die Passion Christi in der frühchristlichen Kunst des Abendlandes, 1956.

IV. Neuere Kirchengeschichte

H. D. Bamberg, Militärseelsorge in der Bundesrepublik Deutschland, 1970.

ders., Kirchen und Bundeswehr, in: P. Rath (Hrsg.) Trennung von Staat und Kirche, 1974, 145–160 (Betonung der pazifistischen Traditionen im alten Christentum, Nichtbeachtung der militärischen).

I. Herwegen, Das Königtum Christi in der Liturgie, in: Ehrengabe deutscher Wissenschaft, Prinz Johann Georg dargeboten, (Hg. *F. Fessler*), 1920.

Alexander Böhlig

*Der Name Gottes im Gnostizismus und Manichäismus**

In den letzten drei Beiträgen haben wir vom *einen* Gott des Alten Testaments und des jüdischen Volkes gehört und vernommen, wie dieser Gott sich nach Auffassung der Christen als Mensch offenbart und sowohl als Herr und Imperator wie auch als leidender Gottessohn verehrt wird. Neben den Weltreligionen Judentum und Christentum steht aber außer den alten traditionellen heidnischen Religionen noch eine große dritte Bewegung, die von *G. Quispel auch* als Weltreligion bezeichnet worden ist, der Gnostizismus.[1]

1. *Das Wesen von Gnosis und Gnostizismus*

Um Mißverständnisse zu vermeiden, die durch den Gebrauch des Wortes ‚Gnosis' sowohl zur Bezeichnung eines religiösen Phänomens als auch einer konkreten, historisch faßbaren religiösen Bewegung naheliegen, hat der Kongreß von Messina im Jahre 1966 eine neue Definition vor-

* *H. Leisegang*, Die Gnosis, 4. Aufl. Stuttgart *1955*. – *H. Jonas*, Gnosis und spätantiker Geist. Teil I: Die mythologische Gnosis, 3. Aufl. Göttingen 1964. II. Teil, 1. Hälfte: Von der Mythologie zur mystischen Philosophie, 2. Aufl. Göttingen 1966. – *D. M. Scholer*, Nag Hammadi Bibliography (Nag Hammadi Studies, vol. I), Leiden 1971. Die Bibliographie wird laufend fortgesetzt in der Zeitschrift ‚Novum Testamentum'. – The Facsimile Edition of the Nag Hammadi Codices (im folgenden abgekürzt NH), publ. under the auspices of the dept. of Antiquities of the Arab republic of Egypt in conjunction with the UNESCO. Leiden 1972 ff. Bisher sind erschienen die Codices II, V, VI, VII, XI, XII und XIII. – Le Origini dello Gnosticismo. Colloquio di Messina 13–18 aprile 1966. Testi e discussioni pubbl. a cura di *U. Bianchi* (Studies in the History of Religions. Suppl. to „Numen", XII), Leiden 1967. – Die Gnosis. 1. Bd.: Zeugnisse der Kirchenväter (Bibliothek der Alten Welt), Zürich und Stuttgart 1969. 2. Bd.: Koptische und mandäische Quellen, Zürich und Stuttgart 1971. – *H. J. Polotsky*, Abriß des manichäischen Systems. Pauly-Wissowa, Realencyclopädie der classischen Altertumswissenschaft, Suppl. VI (Stuttgart 1934), Sp. 241–272. – *G. Widengren*, Mani und der Manichäismus (Urban Bücher, 57), Stuttgart 1961. – *F. Decret*, Mani et la tradition manichéenne (Maitres spirituels, 40), Paris 1974.

1 *G. Quispel*, Gnosis als Weltreligion, Zürich 1951.

geschlagen.[2] Gnosis wird dabei beibehalten als Name für das Phänomen „Wissen um göttliche Geheimnisse, das einer Elite vorbehalten ist". Für die historische Bewegung, die für uns in späthellenistischer Zeit faßbar ist, wurde dagegen die Bezeichnung ‚Gnostizismus' eingeführt. Dem Gnostizismus, der wohlgemerkt keine einheitliche Gruppe bildete und auch nicht einen einheitlichen oder Ur-Mythos besessen hat, liegt eine Problematik zugrunde, die auf verschiedene Weise aufgearbeitet wurde: Im Menschen ist ein göttlicher Funke vorhanden, der erlöst werden muß. Er ist einst durch eine Krise (einen Fall, ein Überlaufen, eine Niederlage im Kampf mit der Finsternis) aus der Lichtwelt herausgekommen. Der Kosmos und seine Entstehung, aber auch die Erschaffung des Menschen stehen in enger Verbindung mit diesen Ereignissen.

2. *Die soziologische Struktur des Gnostizismus*

Die Gnostiker bildeten *haireseis* ‚Schulen'. Solche Schulrichtungen konnten sich von lehrhaften Zirkeln auch zu solchen Gemeinschaften entwickeln, die ihre eigenen rituellen Praktiken besaßen, z. B. Sakramente.[3] Aber auch von Kirchenbildung kann man im Gnostizismus sprechen. Ganz besonders konsequent findet sich die Kirche im Manichäismus ausgebildet als eine im Gegensatz zur christlichen Großkirche stehende, sie ersetzen sollende gnostizistische Großkirche, die ja auch zeitweilig ihre Gemeinden vom Westen des Mittelmeerraums bis nach China besaß.[4] Abgesehen vom Manichäismus nahm der Gnostizismus eine stark pluralistische Haltung ein. Das zeigen die verschiedenen Auffassungen, die in den Schriften der Bibliothek von Nag Hammadi[5] nebeneinander stehen oder die bei den Mandäern nebeneinander zu finden sind (Dualismus, Monismus). Das lag wohl auch an der verschiedenartigen sozialen Struktur. Wenn in Ägypten der

2 Vorschlag für eine terminologische und begriffliche Übereinkunft zum Thema des Kolloquiums in: Le Origini, a. a. O. XXIX–XXXII.

3 *A. Böhlig*, Zur Frage nach den Typen des Gnostizismus und seines Schrifttums. Ex Orbe Religionum (Studia Geo Widengren oblata) I, Leiden 1972, 389 ff.

4 Das zeigen die Texte, die in Chinesisch-Turkestan und an der chinesischen Mauer gefunden wurden, ebenso wie die scharfe Auseinandersetzung, die Augustin und Euodius von Uzalla mit ihm führen.

5 *A. Böhlig*, Zum „Pluralismus" in den Schriften von Nag Hammadi (Nag Hammadi Studies, vol. V). Vgl. auch *A. Böhlig*, Zur Frage nach den Typen, a. a. O. 389 ff.

Einfluß der griechischen Schule durchaus zu spüren ist, was von den Gräkoägyptern kommen dürfte,[6] so war bei den Mandäern, die heute noch in einer handwerklichen Bevölkerung Südmesopotamiens und Chuzistans in Resten vertreten sind,[7] das mythologische Denken so im Schwange wie in den späten koptischen Schriften des Codex Brucianus.[8] Bei den Manichäern waren neben einer breiten einfachen Schicht auch sehr Gebildete sowie Kaufleute und Feudalherren vorhanden. Man denke daran, daß im Feudalstaat der Uiguren in der Mongolei der Manichäismus sogar Staatsreligion werden konnte![9] Wenn die verschiedenartige Bildung der Gnostiker auf die Ausprägung der einzelnen Spielarten des Gnostizismus ihre Wirkung hatte, um wieviel mehr mußte nicht der Einfluß der verschiedenen geistigen Strömungen auf ihn einwirken, die ihm begegneten.

3. *Der Synkretismus des Gnostizismus*

Wer gnostische Texte erfolgreich lesen will, muß das breite Spektrum der Ausdrucksweise kennen, das die Hochreligionen des Ostmittelmeerraumes und die Philosophie zur Verfügung stellten, um der Lösung ihrer Probleme die rechte Form zu verleihen. Dabei half auch die Liturgie, in der nicht nur die Menschen, sondern auch die Götter den höheren Größen kultische Anbetung darbringen. Gott war in hellenistischer Zeit für die Menschen immer mehr in die Ferne gerückt. Die Welt war ja mit und nach den Eroberungszügen Alexanders soviel größer geworden, in der horizontalen wie in der vertikalen Richtung. Darum bemächtigte sich der Gnostizismus bei seiner Darstellung des Gottesbildes, des Weltbildes, des Menschenbildes und der Lehre von der Erlösung auch gern der Lehren von Judentum und Christentum, die ihm geeignet erschienen. Oft legt er in die biblische Aussage einen neuen, ja umgekehrten Sinn, der dem gnostizistischen Gedankengang entspricht.[10] Aus Heidentum, Popularphilosophie und den monotheisti-

6 *A. Böhlig*, Die griechische Schule und die Bibliothek von Nag Hammadi. Zum Hellenismus in den Schriften von Nag Hammadi (Göttinger Orientforschungen VI, 2), Wiesbaden 1975, 9–53.
7 Die Gnosis II, a. a. O. 173.
8 Koptisch-gnostische Schriften I, übersetzt von *C. Schmidt*, 3. Aufl. von *W. Till*, Berlin 1962, 257–367. Sowohl die zwei Bücher Jeû wie auch das ‚Unbekannte altgnostische Werk' sind diesem Typ zuzurechnen.
9 Vgl. *F. Decret*, Mani, a. a. O. 125; *A. v. Gabain*, Das uigurische Königreich von Chotscho 850–1250 (Sitz.-Ber. d. Dt. Akad. d. Wiss. Berlin 1961), 19. 69.
10 *A. Böhlig*, Der jüdische Hintergrund in gnostischen Texten von Nag Ham-

schen Religionen wird mit Hilfe des Mythos ein Bild entworfen, dessen Erkenntnis, Gnosis, den erlösungsbedürftigen Menschen darüber informiert, woher er stammt, was er jetzt ist und wohin er zurückkehren sollte. Wenn auch ein übertranszendenter Gott die höchste Spitze bildet, deren Sieg für das Ende gewiß ist, so sind doch sowohl seine Emanationen, die ja letztlich eine Offenbarung und Entfaltung seiner selbst sind, als auch die Gegengötter, die letztlich nur dazu dienen, den Sieg des höchsten Gottes noch größer erscheinen zu lassen, ebenfalls Götter. Eindeutig tritt das hervor, wenn die mythologischen Untergötter des manichäischen Mythos in den iranischen Texten das Beiwort *yazd* oder *bag*, ‚Gott',[11] tragen, oder auch, wenn z. B. in der Adamapokalypse der Schöpfer des Menschen als ‚Gott' bezeichnet wird.[12] Der Gnostizismus ist also, was den Namen Gottes angeht, nicht wie eine monotheistische Religion zu behandeln, stellt er doch einen zugunsten einer Idee organisierten Polytheismus dar. Daß hier nur Ausschnitte aus einem solchen vielgestaltigen Bild gegeben werden können, dürfte einleuchtend sein.

4. *Der ferne Gott*

Wer die besondere Eigenart Gottes herausheben will, wird gern betonen, daß er so ganz anders und mit menschlichen Vorstellungen nicht oder kaum begreifbar ist. Ein schönes Beispiel bildet im Neuen Testament die alte jüdische Doxologie, die sich 1 Tim 6,16 findet: „der allein Unsterblichkeit hat, der ein unvergängliches Licht bewohnt, den keiner der Menschen gesehen hat noch sehen kann". Zahlreiche gnostische Texte, die sich um eine Beschreibung des höchsten, so fernen Gottes bemühen, beschreiben ihn über Seiten hinweg via negationis. Doch er ist auch der Gott des Lichtes. Er ist die *archē* (der Anfang) und das *hen* (das Eine).

madi. Mysterion und Wahrheit, Leiden 1968, 83; *H. Jonas,* Gnosis I, a. a. O. 216 ff.

11 Vgl. die Ausgaben iranischer Manichaica, z. B. *F. C. Andreas–W. Henning,* Mitteliranische Manichaica aus Chinesisch-Turkestan I–III (Sitz.-Ber. d. Preuß. Akad. d. Wiss., phil.-hist.-Kl.) Berlin 1932. 1933. 1934, Indices, s. v.; *W. Henning,* Ein manichäisches Bet- und Beichtbuch (Abh. d. Preuß. Akad. d. Wiss., phil.-hist. Kl., Nr. 10), Berlin 1936. ‚bag' ist parthisch, die persische Form lautet ‚bay', die soghdische βγe.

12 Koptisch-gnostische Apokalypsen aus Codex V von Nag Hammadi, herausgegeben und übersetzt von *A. Böhlig* und *P. Labib,* Halle 1963: V 64,6 ff. Übersetzung vgl. auch Die Gnosis II, 21.

a) Der unbeschreibliche Gott

Ein Beispiel aus dem Johannesapokryphon: „Der Unsichtbare (Geist), der über dem All ist, der in seiner Unvergänglichkeit besteht, wohnend im reinen Licht, in das kein Augenlicht zu blicken vermag. Ihn, den Geist (*pneuma*), darf man sich nicht als Gott denken oder etwas derartiges. Denn er ist mehr als Gott (oder die Götter). Er ist eine *archē*, über die niemand herrscht, weil vor ihm niemand existiert. Er hat keinen Mangel; denn alles ist in ihm selber. Er braucht nicht Leben. Denn er ist ewig. Er braucht nichts. Denn er ist nicht einer, den man vollenden müßte, weil er es gar nicht nötig hat, vollendet zu werden, sondern zu aller Zeit ganz vollkommen ist. Licht ist er."[13] Nach der Betonung seines Lichtcharakters,[14] die einen Abschnitt beschließt, wird die Beschreibung via negationis fortgesetzt, die wir hier nicht weiter bieten können. Das wichtigste Charakteristikum des höchsten Gottes ist seine Andersartigkeit. Die Beschreibung via negationis muß aber zum Übergang zu positiven Attributen führen. Im griechischen Denken gibt z. B. Plotin ‚Unendlichkeit' als Bezeichnung von ‚Größe'.[15] Da ist es kein Wunder, wenn Mani seinen höchsten Gott als ‚Vater der Größe' bezeichnet.[16] Darüber hinaus setzt Mani in dem König Schapur I. gewidmeten Buch, dem Schapurakan, an seine Stelle den Gott Zervan, den Gott der unendlichen Zeit, so daß sich der Kreis wieder schließt.[17] Zum Wesen der Beschreibung, die eine Andersartigkeit vor Augen führen will, gehört auch die complexio oppositorum. Nicht körperlich und nicht unkörperlich, nicht groß und nicht klein zu sein, gehört zum Wesen des höchsten Gottes. Er ist kein Geschöpf; aber auch als Gott oder etwas derartiges, was man aus der Mythologie

13 Die gnostischen Schriften des koptischen Papyrus Berolinensis 8502, herausgegeben und übersetzt von *W. C. Till*, 2. Aufl. von *H. M. Schenke*, Berlin 1972: 22,21–23,14. Übersetzung vgl. auch Die Gnosis I, 143.

14 Es ist dabei gleichgültig, ob diese Hervorhebung des Lichtcharakters ein eigener Satz ist wie im Papyrus Berolinensis gnosticus a. a. O., oder nur ‚im Licht' beigefügt ist wie in Nag Hammadi Codex II 3,7 (nach: Die drei Versionen des Apokryphon des Johannes im Koptischen Museum zu Alt-Kairo herausgegeben und übersetzt von *M. Krause* und *P. Labib*), Wiesbaden 1962.

15 Enneaden VI 8,16.

16 Vgl. *F. Cumont*, La cosmogonie manichéenne d'après Théodore bar-Khôni, Bruxelles 1908, 8 ff. *H. J. Polotsky*, Manichäisches System, a. a. O. 249.

17 Vgl. das wahrscheinlich zum Schapurakan gehörige Fragment T III 260 (ed. *F. C. Andreas–W. Henning*, Mitteliranische Manichaica I), das eine dem Zervanismus entsprechende Nomenklatur aufweist, auch wenn der Abschnitt über Zervan selbst nicht erhalten ist. Zahlreiche Belege finden sich auch in *F. C. Andreas–W. Henning*, Mitteliranische Manichaica II; vgl. Index, s. v.

kennt, kann man ihn nicht bezeihnen ,Schweigen (*sigē*) ist ein Charakteristikum von ihm, das ebenfalls die Ursprunglosigkeit hervorhebt und von den Valentinianern mit dem *bythos*, dem Abgrund, zu einer Syzygie verbunden wird.[18] Die Verborgenheit wird durch die Benennung *kalyptos* (verborgen) ausgedrückt.

b) Der lichte Gott

Am Anfang des Ägypterevangeliums wird eine Schilderung von der Übertranszendenz des höchsten Gottes als Lichtgröße gegeben, die zugleich Elemente beinhaltet, wie wir sie eben besprochen haben. Siebenfach wird Gott als Licht beschrieben:[19]

„Das Licht der Vollendung,
das in alle Ewigkeit ewige Licht,
das Licht vom Schweigen der Vorsehung und Schweigen des Vaters,
das Licht in Wort und Wahrheit,
das unverderbliche Licht,
das unerreichbare Licht,
das in alle Ewigkeit hervorgekommene Licht
des unaussprechbaren,
unbezeichenbaren,
unverkündbaren Vaters,
der Äon der Äonen,
autogenios (der aus sich selbst entsteht),
epigenios (der durch sich selbst hervorkommt),
allogenios (der aus der Freude herauskommt),
die unerklärbare Kraft des unaussprechlichen Vaters."

c) Gott als archē und hen

Die Zusammengehörigkeit von *archē* und *hen* werden aus folgendem Satz sichtbar: „Weil die Einheit (bzw. das *hen*) eine Einherrschaft (*monarchia*) ist, gibt es niemanden, der über ihn (d. i. der höchste Gott)

18 Nach *Irenaeus*, Adv. haer. I 1; Übersetzung: Die Gnosis I, 170.

19 The Gospel of the Egyptians (The holy book of the great invisible Spirit) herausgegeben und übersetzt von *A. Böhlig* und *F. Wisse* (Nag Hammadi studies, vol. IV), Leiden 1975: Nag Hammadi Codex IV 50,5–22. Vgl. dazu die Interpretation, a. a. O. 168 ff. Deutsche Übersetzung: *A. Böhlig*, Das Ägypterevangelium von Nag Hammadi (Göttinger Orientforschungen VI, 1), Wiesbaden 1974, 45.

herrscht."[20] Wir hatten vorhin gehört, daß er eine *archē* sei, über die niemand herrsche, weil vor ihm niemand exixstiere. *Archē* hat sowohl die Bedeutung ‚Anfang, principium' als auch ‚Herrschaft, Macht'. In der von Untergöttern und Dämonen erfüllten Welt des Gnostizismus ist es sehr wichtig, wenn vom höchsten Gott logisch nachgewiesen werden kann, daß er niemandem unterstehe und somit die oberste Kraft ist. Wenn man dabei aber den zeitlichen Vorrang ins Feld führt, dürfte auch die Bedeutung ‚Anfang' bei der Formulierung solcher Argumente mitgewirkt haben. Wie so oft wird auch hier die Doppeldeutigkeit eines Wortes bewußt ausgenutzt. Das Problem der *archē* des Uranfangs war ein Hauptproblem der griechischen Philosophie, und der Gnostizismus hat der griechischen Philosophenschule hierfür viel zu verdanken.[21] Das Gleiche gilt für die Vorstellung vom höchsten Gott als *hen*. Das Eine, das ja noch vor dem Beginn des Zählens steht, ist gerade im Neuplatonismus, der aus gleichen Quellen geschöpft hat wie der Gnostizismus, ganz besonders in die Übertranszendenz gerückt worden, was wohl nicht auf orientalische Einflüsse, sondern auf die im platonischen *epekeina*[22] liegenden Ansätze und ihre konsequente Weiterentwicklung zurückgeht. Bereits vor Auffindung der koptisch-gnostischen Texte war aus den Kirchenvätern bekannt, daß bei den Valentinianern ein Urwesen vorhanden war, das als *eine*, am Anfang befindliche Größe angesehen wurde. Man gab ihm die verschiedensten Bezeichnungen: *bythos* (Tiefe, Abgrund), *propatōr* (Vorvater), *archē* (Anfang), *rhiza* (Wurzel), *bathos* (Tiefe, Höhe). Wenn sich dieses Urwesen daneben mit *ennoia* (Denken), *sigē* (Schweigen), *charis* (Gnade) und *thelēsis* (Wille) zu einer Syzygie verbinden konnte, so ist das eine Weiterentwicklung. Denn zunächst sind diese Feminina ja im *hen* angesiedelt. Sie gehören zu seiner Potentialität, einer Eigenschaft, die sich auch im Neuplatonismus für das *hen* findet.[23]

5. *Die Aktivität des lichten Gottes*

Im allgemeinen hört man, der Gnostizismus habe Gott in zwei Götter geteilt, den fernen Gott und den Schöpfergott. Das ist nur bedingt

20 Johannesapokryphon nach Papyrus Berolinensis gnosticus 22,17 ff.
21 *A. Böhlig*, Die griechische Schule, a. a. O. 32 ff.
22 *Platon*, Republ. VI, 509 B.
23 *H. J. Krämer*, Der Ursprung der Geistmetaphysik, 2. Aufl. Amsterdam 1967, 351 ff.

richtig. Denn beide Götter sind Schöpfer. Gerade die neuen Texte lehren uns ausführlich, daß der ferne Gott kein Deus otiosus ist, sondern gerade aus Güte und Liebe Früchte hervorbringen will, die seine Gutheit mitgenießen sollen. Er schafft dabei aber nicht etwa aus dem Nichts, sondern er bringt aus sich selbst Lichtgrößen hervor, so daß eine transzendente Götterwelt entsteht.[24] Weil das Denken nach dem Typ Urbild – Abbild im Gnostizismus sehr beliebt war, hat man dann umgekehrt auch irdische Größen in den Lichthimmel projiziert, indem man etwa für den Adam ein himmlisches Vorbild im Lichtadamas schuf[25] oder der irdischen eine himmlische Kirche gegenüberstellte.[26]

6. *Emanation und Evolution*

Der höchste Gott ist Vater, ein Prädikat, das immer wieder begegnet und sehr bedeutsam gewesen ist; betont es doch die engste familiäre Verbindung zwischen Gott und dem, was aus ihm hervorgegangen ist und physisch mit ihm zusammenhängt.[27] Diese mythologischen Größen einschließlich der in die Welt verstreuten Lichtteile konnten mit Recht sagen: „Wir sind göttlichen Geschlechts".[28] Die Art, wie sich hier in der Auffassung der Gnostiker eine solche Lichtwelt darstellte, war sehr verschiedenartig. Es würde zu weit gehen, hier alle Modelle vorführen zu wollen, obwohl sie viel Namensmaterial bieten würden. Als besonders wesentlich ist die Rolle der Trinität anzusehen, die besonders häufig ist: Vater, Mutter, Sohn.[29] Sie weist dabei in manchen Schriften der Mutter eine besondere Rolle zu, die noch die Präponderanz des Kultes der Muttergöttin spüren läßt.[30] Ein besonders schö-

24 Vgl. z. B. das Ägypterevangelium und den Eugnostosbrief! Deutsche Übersetzung des letzteren in Die Gnosis II, 32 ff.
25 Vgl. z. B. das Ägypterevangelium, das Johannesapokryphon oder die drei Stelen des Seth. Vgl. *A. Böhlig*, Zum Pluralismus, a. a. O.
26 *A. Böhlig*, Zur Frage nach den Typen, a. a. O. 393.
27 Auch der höchste unbeschreibbare Gott wird ‚Vater' genannt: vgl. Ägypterevangelium NH III 40,12 ff. = IV 50,1 ff. Es handelt sich im Gnostizismus ja nicht um eine Erschaffung aus dem Nichts.
28 Apg 17,28, wo *Aratos*, Phaen. 5, zitiert wird.
29 Vgl. das Ägypterevangelium, das Johannesapokryphon, die drei Stelen des Seth, das Philippusevangelium, die manichäische Kosmogonie. Zum Problem vgl. *A. Böhlig*, Zum Pluralismus, a. a. O.
30 Vgl. *F. Heiler*, Erscheinungsformen und Wesen der Religion, Stuttgart 1961, 366. 464 ff.

nes Beispiel dafür ist die Schrift von der dreifachen Protennoia, in der diese in drei Reden spricht, in der ersten als Vater, in der zweiten als Mutter und in der dritten als Sohn.[31] Oder man vergleiche den „Donner, den vollkommenen Nus", eine Schrift, in der die Muttergottheit mit der Ausdrucksform der complexio oppositorum Aussagen über sich macht.[32] Auch ihr sonst als Dreiheit erwähnter Charakter kann hierher gehören, ist sie doch mitunter als mannweiblich, als männliche Jungfrau, gedacht.[33]

Die Entstehung der Trinität legt Zeugnis davon ab, wie sehr der Verfasser des jeweiligen Mythos den fernen Gott von seiner Lichtschöpfung absetzen will. Im Ägypterevangelium, das aus verschiedenen Traditionsstücken zusammengesetzt ist, finden sich gleich zwei Möglichkeiten nebeneinander. Auf der einen Seite kommen aus dem großen Unsichtbaren Geist, der als Vater bezeichnet wird, drei Kräfte hervor, Vater, Mutter Barbelo und Sohn.[34] Das ist Evolution, die den Charakter der Ferne zum Ausdruck bringen soll. Daneben steht auf der anderen Seite Emanation, durch welche die potentiell im Urvater vorhandene Pronoia und der ebenfalls in ihm vorhandene Logos hervortreten.[35] Sie entsprechen zugleich der Trinität des Johannesapokryphons, nur daß dort der Logos durch Christus ersetzt ist. Daß der Logos des Ägypterevangeliums und der Christus des Johannesapokryphons gleichzeitig den Namen ‚göttlicher Autogenēs' tragen,[36] weist ebenfalls auf die Identität der Figuren hin.

Ein weiteres Beispiel dafür, daß der ferne Gott nicht zu nahe an seine Schöpfung gerückt werden soll, bietet der Eugnostosbrief. Er läßt den Vater des Alls (d. i. der höchste Gott) ‚Vorvater' sein, während der in

31 Nag Hammadi Codex XIII 35–50, herausgegeben und übersetzt von *Y. Janssens*, Le Codex XIII de Nag Hammadi: Le Muséon 87 (1974) 341–413.

32 Nag Hammadi Codex VI 13,1–21,32, herausgegeben und übersetzt von *M. Krause* und *P. Labib*, Gnostische und hermetische Schriften aus Codex II und Codex VI, Glückstadt 1971.

33 Vgl. z. B. Ägypterevangelium, a. a. O. Index, s. v. arsenikos.

34 Ägypterevangelium NH III 41,7–12 = IV 50,23–51,2; III 41,23–43,8 = IV 51,15–53,3.

35 Ägypterevangelium NH IV 58,23–60,22.

36 Man könnte auch übersetzen ‚von selbst entstandener Gott'. Vgl. Ägypterevangelium NH IV 60,2 f. „der große von selbst entstandene lebendige Logos, der Gott in Wahrheit"; vgl. auch III 49,16 ff. = IV 61,18 ff.; III 50,18 ff. = IV 62,17 f. Johannesapokryphon NH III 9,17 ~ II 6,17 ~ Pap. Berol. gnost. 30,6; NH III 11,7 ~ II 7,20 ~ Berol. gnost. 32,9.

Erscheinung getretene Vater ‚*Autopatōr*' bzw. ‚*Autogenetōr*' genannt wird; er ist ein *antōpos*, ein ‚Gegenbild', zum Vorvater.[37]

7. Die Namen der Trinität

Betrachten wir die Namen der angeführten Trias: großer Unsichtbarer Geist als Vater, Ennoia (Denken) bzw. Pronoia (Vorsehung) als Mutter und Logos als Sohn, so zeigen sie uns eine stoisch geprägte Ausdrucksweise. Der große Unsichtbare Geist bringt schon durch seine beiden Attribute seine Transzendierung zum Ausdruck. Der Geist, das *pneuma*, ist ja nach den Stoikern das *prōton aition* (die erste Ursache) durch seine Einheit von Stoff, Kraft, Leben, Form und Geist, ja, er ist schließlich Gott.[38] Und wenn das *pneuma* wegen seiner immanenten Beteiligung an allem von ihm Gewollten keine gesonderte Gestalt hat, ist der Schritt zum fernen Gott nicht mehr weit. Denn die Transzendierung über die immanente, ja sogar die transzendente Welt hinaus läßt das *pneuma* doch immer noch mit den *pneumata*, den Geistern, in der Welt in Verbindung stehen. *Pneumatikos* (geistlich) muß sein, wer zum Heil kommen will. Bei dieser Gelegenheit mag noch erwähnt werden, daß *pneuma* in gnostizistischer Kosmologie auch den Charakter eines Mittlerwesens zwischen Licht und Finsternis angenommen hat, eine Eigenschaft, die auch auf den Gebrauch des Wortes in der griechischen Medizin, Philosophie und Religion zurückgeht.[39]

Der höchste Gott lebt in einer Lichtwelt, wie wir schon lange vom manichäischen Vater der Größe wissen, der sich in eine Fünfheit bzw. eine Zwölfheit gliedert. Hören wir aber nun einen sethianischen liturgischen Text aus Nag Hammadi, aus der dritten Stele des Seth, der den Sachverhalt stark gräzisierend zusammenfaßt:[40] „Du Ungeborener! Aus Dir stammen die Ewigen und die Äonen, die Vollkommenen als Gesamtheit und die einzelnen Vollkommenen. Wir preisen Dich, der Du keine *ousia* hast, Dich Existenz, die vor den Existenzen ist, Dich erstes Wesen, das vor den Wesen ist, Dich Vater der

37 Nach Eugnostosbrief: Nag Hammadi Codex III 74,20 ff.; Übersetzung in Die Gnosis II, 39.

38 Vgl. Theol. Wörterbuch zum NT VI, 353.

39 Vgl. Theol. Wörterbuch zum NT VI, 350 ff.

40 Nag Hammadi Codex VII, 124,21–33, herausgegeben und übersetzt von *M. Krause* und *V. Girgis* in: F. Altheim–R. Stiehl, Christentum am Roten Meer II, Berlin 1973, 1–229.

Göttlichkeit und Lebendigkeit, Dich Erschaffer des Nus, Dich Spender von Gutem, Dich Spender von Seligkeit."

Die Erschaffung des Nus, die in diesen Worten erwähnt wird, entspricht in der Mythologie der Erschaffung der weiblichen Größe, der Mutter. Sie wird verschieden benannt und hat verschiedene Nuancen. Im Manichäismus heißt sie „der große Geist, die Mutter des Lebens (bzw. der Lebendigen)".[41] Wenn die Mutter als Geist bezeichnet wird, so geht das darauf zurück, daß aramäisch rūḥā (Geist) feminin ist. Daß man sich dessen auch im Gnostizismus sonst noch bewußt sein konnte, zeigt eine Stelle im Philippusevangelium, wo der kirchlichen Meinung von der Befruchtung Marias durch den Geist polemisch entgegengetreten wird: Ein Femininum könne doch kein Femininum befruchten![42] In zahlreichen gnostischen Schriften wird diese weibliche Größe als Barbelo bezeichnet, nach der die ketzerbestreitenden Kirchenväter auch eine eigene Sekte nannten.[43] Berücksichtigt man, daß die Götternamen im Gnostizismus weitgehend die Funktion der Gottheit wiedergeben oder von einer bestimmten Funktion ausgehen, so könnte man Barbelo als *B'arbaʿ 'elōh*, ‚In Vier ist Gott' deuten.[44] Das wäre ein Satz als Name, wie das aus dem Ägyptischen zur Genüge bekannt ist. Kann man diese Aussage mit der Grundzahl der *tetraktys* der griechischen Philosophie zusammenbringen?[45] Oder spielt der mannweibliche Charakter der Gottheit die bestimmende Rolle, so daß man von einer Gottheit spricht, die mit vier (d. i. Brüsten) versehen ist? Im Ägypterevangelium wird diese spezielle Eigenschaft einer untergeordneten Mittlergöttin beigelegt.[46] Doch das können nur Deutungsvorschläge sein. Ganz gleich aber, ob es sich bei der Barbelo um eine mythologische Figur oder um ein Philosophem handelt, mit dieser Größe tritt

41 Vgl. *F. Cumont*, Cosmogonie manichéenne, a. a. O. 14, Anm. 5. Die verschiedene Übersetzungsmöglichkeit geht auf die Doppeldeutigkeit des syrischen ḥayyē zurück, das sowohl Plural von ḥayyā ‚lebendig' als auch Pluraletantum mit der Bedeutung ‚Leben' sein kann.

42 Nag Hammadi Codex II, 57,23 ff. nach der Edition von *J.-E. Ménard*, L'Evangile selon Philippe, Strasbourg 1967.

43 *H. Leisegang*, Gnosis, a. a. O. 186 ff.; Die Gnosis I, 133 ff.

44 *H. Leisegang*, a. a. O. 186; A. Hilgenfeld, Die Ketzergeschichte des Urchristentums, Leipzig 1884, 233.

45 Tetraden haben neben Triaden besondere Bedeutung. Die Spekulation geht dahin, daß z. B. eine Dreiheit aus einer Einheit hervorgeht oder mit ihr verbunden wird: Vater + dreifaches Kind, Vater + Trinität etc. Unter den ersten vier Zahlen hat die 4 die Potenz der Zehnzahl: 1 + 2 + 3 + 4 = 10.

46 NH III 56,4–13.

aus dem *hen* die Zwei hervor. Das sahen die Gnostiker unter Umständen als etwas Negatives an. Dem paulinischen Endzustand, daß Gott alles in allem sei,[47] würde bei den Gnostikern entsprechen: das Weibliche werde aufgelöst, Gott sei nur noch das *hen*. Das können wir aus der ersten Jakobusapokalypse von Nag Hammadi[48] und dem aus Clemens Alexandrinus bekannten Bruchstück eines Ägypterevangeliums[49] (das mit dem Ägypterevangelium von Nag Hammadi nicht identisch ist) entnehmen. Diese Barbelo, oder wie man sie sonst nennt: *archē, sophia, pronoia, ennoia,* ist als *dyas* (Zweiheit) auch eine Einheit und eine Mehrheit. Hören wir wieder den schon vorhin zitierten liturgischen Text mit einer Anrufung der Barbelo:[50] „Du hast gesehen, daß die Ewigen von einem Schatten kommen, und Du hast gezählt. Du hast zwar gefunden, daß du *eine* bliebst. Wenn Du aber zählst, um zu teilen, bist Du dreifaltig. Du bist wirklich dreifach gefaltet. Du bist *eine* aus dem Einen und Du bist Schatten von ihm, dem Verborgenen.[51] Du bist ein Kosmos des Wissens. Du weißt, daß die Angehörigen dieses Einen vom Schatten stammen. Und diese hast Du im Herzen. Deshalb hast Du den Ewigen Kraft gegeben durch die Existentialität, Du hast der Göttlichkeit Kraft gegeben in der Lebendigkeit.“ Die Emanation aus dem höchsten Gott leitet zur Schaffung einer wahrhaft existierenden Welt über. Darum ist sie nicht nur Paargenossin im mythologischen Sinn, sondern auch der Nus im philosophischen Sinn, der den himmlischen Größen Existenz verleiht und von dem Unaussprechlichen, potentiell Vorhandenen zum Seienden, von der Einheit zur Vielheit führt. Darum die Charakterisierung als Einheit und als Dreiheit! Dreiheit ist ja der Ausdruck der Mehrheit.[52] Die Aussage erinnert aber zugleich an Plotin über den Nus, der bei der Hinwendung nach innen sowohl bei ‚sich‘ als auch beim ‚*hen*‘ ist.[53] Wenn davon gesprochen wird, daß die Barbelo einen ‚Kosmos des Wissens‘ bildet und die vom Vater stammenden himmlischen Größen im Herzen trägt, so kann das an

47 1 Kor 15,28.
48 NH V 41,15–19 nach der Ausgabe von *A. Böhlig–P. Labib*.
49 *Clem. Alex.*, Strom. III 9,63. Zu erwähnen ist auch 2 Clem. 12,2: „wenn die zwei eins sein werden, und das Äußere wie das Innere, und das Männliche mit dem Weiblichen eins sein wird, weder männlich noch weiblich“.
50 Die drei Stelen des Seth in NH VII 122,6–21 nach der Ausgabe *M. Krause – V. Girgis*.
51 Diese Übersetzung erscheint mir besser als die in der Anm. 50 genannten Ausgabe gegebene.
52 Vgl. *R. Mehrlein* in: Reallexikon für Antike und Christentum IV, 270 ff.
53 *H. J. Krämer*, Geistmetaphysik, a. a. O. 317 f.

die philosophische Vorstellung von den Ideen im Nus erinnern.[54] In ihrer Pluralität wird sie verstanden, wenn sie im gleichen Text als „zuerst erschienener (*prōtophanēs*) großer männlicher Nus, der väterliche Nus, das göttliche Kind" angerufen wird,[55] versehen mit der besonderen Eigenschaft, daß sie „die Hervorbringerin der Zahl sei, entsprechend der Aufteilung aller wirklich Existierenden".[56] Daß ihr der Charakter der Vollkommenheit zugesprochen wird, paßt zu der Identifizierung des ‚vollkommenen Nus' mit dem Donner in der schon erwähnten Schrift. Hier spricht die Muttergottheit von sich. Und dieser machtvolle Anruf entspricht dem Donner, durch den sich Gott akustisch neben der optischen Wirkung im Blitz kundgibt. Die Muttergottheit ist die Uroffenbarung und entspricht damit dem ideenschaffenden Nus.[57]

Neben der Barbelo kommt als oberste ‚Göttin' die Sophia (Weisheit) vor. Wir kennen die Bedeutung dieser personifizierten Eigenschaft ja aus der jüdischen Weisheitsliteratur.[58] Sie ist ein Geschöpf Gottes und bei ihm wie ein Kind. Personifiziert tritt sie in verschiedener Funktion auf, besonders aber als Verkünderin. Im hellenistischen Judentum ist sie zur himmlischen Person geworden. Wichtig ist im Henochbuch eine mythologische Aussage über sie:[59] Sie kommt zu den Menschen. Weil sie aber keine Wohnung bei ihnen findet, kehrt sie zurück und nimmt unter den Engeln ihren Platz ein. Im Gnostizismus kann sie wie die Barbelo im Vater ihren Sitz haben.[60] Sie ist unvergänglich.[61] Sie hat eine schöpferische Funktion, allerdings ist diese schon mit dem Fall in Verbindung gebracht. Deshalb liegt ihr auch daran, die Lichtelemente im Kosmos zu erlösen. Wie es nicht nur ein oberes pneuma und ei-

54 *H. J. Krämer,* Grundfragen der aristotelischen Theologie, 2. Teil: Xenokrates und die Ideen im Geiste Gottes: Theologie und Philosophie 44 (1969) 481–505.

55 Die drei Stelen des Seth in NH VII 123,4 ff.

56 NH VII 123,7 ff.

57 Deshalb die in Theol. Lit.-Ztg. 98 (1973) 97 ff. von *H. G. Bethge* vorgeschlagene Lesung Nebront, die eine in dieser Form noch nicht belegte mythologische Größe zur Sprecherin des Textes machen will, abzulehnen. Vgl. jetzt auch die ausführliche Widerlegung in: Le Muséon 87 (1974) 523–530 durch *M. Tardieu,* Le titre du deuxième écrit du Codex VI.

58 Vgl. die Sprüche Salomos, die Weisheit Salomos und das Buch Jesus Sirach.

59 1 Hen. 42. Zur Frage des Weisheitsmythos im Judentum vgl. Theol. Wörterbuch zum NT VII 508 ff.

60 1. Jakobusapokalypse in NH V 35,7 f. nach der Ausgabe von *A. Böhlig–P. Labib.*

61 *Irenäus,* adv. haer. I 21,5; Übersetzung Die Gnosis I, 286.

nen oberen Nus gibt, sondern jeweils auch untere, so findet sich ebenfalls eine zweite, untere Sophia.[62] In der titellosen Schrift des Codex II von Nag Hammadi ist sie aus der oberen Pistis übergelaufen,[63] im valentinianischen System ist aus der oberen Sophia die Achamoth – das bedeutet ja auch Sophia – hervorgegangen.[64] Sie ist Weib vom Weibe und hat ebenso, wie sie selbst von ihrer Mutter ohne Paargenossen geschaffen ist, die Gnostiker geschaffen.[65] Sie ist aber von ihrer Mutter bereits so entfremdet, daß sie von deren Wirken nichts weiß.[66] Eine andere Tradition berichtet von einer Pistis Sophia, die sich selbständig macht und dabei in die Hände der Finsternismächte gerät.[67] Sie tut Buße und wird erlöst. An anderer Stelle[68] wird die Sophia aber auch als ein Teil des mannweiblichen Menschen angesehen, den Vater und *archē* (Macht) hervorgebracht haben. Als ‚pansophos Sophia' ist sie die Paargenossin des ‚vollkommenen Nus'.

Die dritte Größe der Trinität ist der Sohn. Mit philosophischer Terminologie wird er als Logos, mit mythologischer als ‚erster Mensch' bezeichnet. Der Ausdruck ‚Urmensch', der in der wissenschaftlichen Diskussion weitgehend gebraucht wird, fördert m. E. Mißverständnisse, weil dieser Name zu stark auf bestimmte Mythologien hinlenkt.[69] Es handelt sich bei ihm einfach um den ersten Menschen, der natürlich ein himmlisches Wesen ist, da im Himmel die Reihe der Schöpfungen oder Entstehungen begonnen hat.[70] Aus dem Manichäismus ist der sogenannte Urmensch schon lange bekannt, der als Personifizierung des höchsten Gottes in den Kampf zieht, um die Angriffe der Finster-

62 Z. B. Titellose Schrift NH II 101,34 f. 102,26 (149,34 f. 150,26 nach der Ausgabe von *A. Böhlig–P. Labib*).
63 NH II 98,13 f. (146,13 f. nach der Ausgabe von *A. Böhlig–P. Labib*).
64 *Irenäus*, adv. haer. I 4,1.
65 1. Jakobusapokalypse, NH V 34,12 ff. 35,12 ff.
66 *Irenäus*, adv. haer. I 21,5.
67 Davon handelt das späte Werk ‚Pistis Sophia', das von *C. Schmidt* in: Coptica II (Kopenhagen 1925) herausgegeben wurde und in Koptisch-gnostische Schriften I übersetzt ist.
68 Eugnostosbrief in NH III 77,3 f.; Übersetzung: Die Gnosis II, 40.
69 Der Ausdruck verbindet sich zu leicht mit den jetzt überholten Auffassungen der religionsgeschichtlichen Schule im Sinne von *W. Bousset* und *R. Reitzenstein.*
70 Vgl. z. B. Ägypterevangelium NH III 49,8–16 ~ IV 61,8–18: Adamas. Die gleiche Namensform findet sich auch im Johannesapokryphon NH III 13,2 ff.; im Papyrus Berol. gnost. 35,3 ff. steht Adam, in NH II 8,34 f. pigeradamas. Die letztere Form läßt sich als ‚Altadam' deuten.

nis abzuwehren.[71] Ebenso wissen wir von den Sethianern, daß sie den Lichtadamas als die Offenbarung Gottes ansahen, mit dessen Hilfe ‚der Mangel' beseitigt wird.[72] Weil ihre Tradition zugleich den Logos verehrt, verbinden sich beide Größen, so daß es heißen kann:[73] „Dann wurde der große, von selbst entstandene göttliche Logos und der unverderbliche Mensch Adamas zu einer Verbindung, die der Mensch ist. Und der Mensch entstand durch ein Wort." Der stoische Begriff des Logos entspricht gut dem Logos des gnostischen Mythos, in dem dieser als Gestalter des Pleroma der Leuchter auftritt. Hier sind auch Züge aus dem Platonismus und seiner Vorstellung vom Demiurgen zu erkennen; doch geht es hier nur um die Organisation einer Lichtwelt, das Material ist nicht Hyle, sondern Licht. Es heißt[74] „der von selbst entstandene (*autogenēs*) lebendige Logos, der wahre Gott, die ungeborene Natur (*physis*), dessen Namen ich mit Worten ausspreche (– es folgt eine willkürliche Buchstabengruppe –), d. i. der Sohn des großen Christus, d. i. der Sohn des unaussprechlichen Schweigens, der aus dem großen unsichtbaren und unverderblichen Geist hervorgekommen ist". Wir sehen, wie hier Christus mit dem Logos verbunden wird. Er wird in den Text eingeschoben, der ohne diese Konstruktion einfacher und klarer wäre. Auf solche Weise hat man im Ägypterevangelium[75] und in der dreifachen Protennoia[76] interpoliert, während im Johannesapokryphon Christus gänzlich an die Stelle des Sohnes gestellt worden ist. Dabei handelt es sich um eine Teilung des Jesus Christus in einen kosmischen ‚großen Christus' und einen ‚Jesus', der zwar auch himmlischer Herkunft, aber irdischen Wirkens ist.[77] Wie in solchen Texten mit den Namen umgegangen wird, mag eine Stelle aus der titellosen Schrift des Codex II vonNag Hammadi zeigen.[78] Der wegen seiner Reue in Gnaden angenommene Sabaoth sitzt dort auf einem Thron, rechts von ihm Israel, „der Mensch, der Gott sieht", und Jesus Christus, der dem Sōtēr gleicht, links die Jungfrau des heiligen

71 Vgl. *F. Cumont*, Cosmogonie manichéenne, a. a. O. 14 ff.
72 Nach dem Ägypterevangelium NH III 49,14 ff. = IV 61,16 ff.
73 Ägypterevangelium NH III 49,16–22 ~ IV 61,18–23.
74 Ägypterevangelium NH IV 60,1–11.
75 NH IV 55,6; III 44,23 = IV 55,12; IV 56,27; IV 59,17; IV 60,8; III 54,20 = IV 66,8.
76 NH XIII 38,22; 39,7; 49,6.
77 Zu Christus im Ägypterevangelium vgl. die Stellen in Anm. 75. Jesus ist bei den Sethianern die irdische Erscheinungsform des Seth; vgl. dazu Ägypterevangelium NH III 64,1 ff. ~ IV 75,15 ff.; III 65,17 f. = IV 77,13 ff.
78 NH II 105,20–31 (153,20–31 nach der Ausgabe von *A. Böhlig – P. Labib*).

Geistes. Auch hier ist christlich retuschiert; ursprünglich war hier nur Israel und die Lichtjungfrau vorhanden: also der Vater Sabaoth, die jungfräuliche Mutter und der Sohn Israel. Später wurde daraus der Vater in der Mitte, der Sohn rechts und der Geist links, verbunden mit der alten Tradition. In der vierten Schrift des Codex Jung haben wir bereits die Teilung Vater, Sohn, Kirche.[79]

Die Lichtgottheiten könnten noch viel weiter in der Fülle immer neuer und anderer Nomenklaturen geschildert werden. Sie werden in Triaden, Pentaden, Hebdomaden, Ogdoaden und aus diesen zusammengesetzten Gruppen zusammengefaßt.[80] Neben der Trias der Götterfamilie steht das System der Syzygien, in dem männliche und weibliche Figuren verbunden werden.[81] Die Lichtwelt im ganzen wird im Pleroma zusammengeschlossen, bei sehr breiter Ausführung mitunter auch in einem zweifachen Pleroma.[82] So gibt es auch Kollektivgrößen, z. B. den Domedon Doxomedon.[83] Hier ist der ‚Hausherr' infolge seiner Qualität zum ‚Glanzherr' geworden und wird nicht nur im Singular, sondern auch im Plural gebraucht. Er ist im Gegensatz zum fernen Gott der offenbar in Existenz getretene lichte Gott, also ein zweiter Gott.

8. *Der Gott, der den irdischen Menschen schuf*

Der Mensch hier auf dieser Erde ist nicht vom höchsten Gott geschaffen, sondern entsteht im allgemeinen nach den Gnostikern aus einer Abwehrreaktion gegen den fremden Gott und sein Handeln. Der Schöpfergott, der Oberarchon, hat sein Vorbild im Gott des Alten Testaments. Immer wieder beruft er sich auf die Worte Jes 45,21: „Ich bin Gott, und nicht gibt es einen anderen außer mir" (46,9). Als er merkt, daß Adam und Eva – so berichtet Adam in der Adamapokalypse – klüger sind als er, zerschneidet er sie in zwei Menschen.[84] Man ver-

79 NH I 57,34 ff. nach der Ausgabe von *R. Kasser–M. Malinine–H. Ch. Puech–G. Quispel–J. Zandee–W. Vycichl–R. McL. Wilson.*

80 Vgl. *A. Böhlig,* Ägypterevangelium, a. a. O. 38 f.

81 Diese Denkweise ist besonders für den Valentinianismus charakteristisch. Ein schönes Beispiel in den Texten von Nag Hammadi bieten die vier Leuchter und ihre Diener, die durch weibliche Partnerinnen ergänzt werden; vgl. Ägypterevangelium NH III 52,3–53,12 = IV 63,24–65,5. In der titellosen Schrift des Codex II werden alle Archonten mit ihren Partnerinnen aufgeführt: NH II 101,9–102,11 (149,9–150,11 nach der Ausgabe von *A. Böhlig–P. Labib*).

82 Vgl. *A. Böhlig,* Ägypterevangelium, a. a. O. 40.

83 Vgl. *A. Böhlig* und *F. Wisse,* The Gospel of the Egyptians, a. a. O. 41 ff.

84 NH V 64,20 ff.

gleiche dazu die Rede des Aristophanes in Platons Symposion![85] Dieser Oberarchon wird als Gott bezeichnet und führt sogar den Beinamen *pantokratōr* (Allherrscher). Dennoch ist er der ‚dumme Gott' Saklas oder der ‚blinde Gott' Sammaël (auch als ‚der Gott der Blinden' gedeutet).[86] Außerdem findet sich für ihn der Name Jaldabaoth, der im Johannesapokryphon wie der Gott Israels in einer Lichtwolke residiert.[87] Denn er ist ja immerhin ein entferntes Produkt der Lichtwelt. Anderseits wird sein Name volksetymologisch als ‚Sohn des Abgrunds' gedeutet, wenn zu ihm gesagt wird: „Du wirst mit den Deinen zu Deiner Mutter, dem Abgrund, hinabgehen."[88] Doch der Gott des Alten Testaments ist nicht nur negativ betrachtet worden. Es gibt auch eine gute Version von ihm: Sabaoth.[89] Er ist einer der Söhne des Oberarchon, der auf das Erscheinen des Lichtes und den Bußruf hin diesem folgt, wie wir schon oben erwähnt haben, und daraufhin ein Mittelreich mit eigenen Herrschern zugewiesen bekommt. Ein solcher Fall von Reue findet sich auch bei den Mandäern.[90] Auch die biblische Selbstaussage Gottes „Ich bin, der ich bin"[91] wird von den Gnostikern nicht auf den bösen, sondern den guten Gott bzw. Jesus als seine Erscheinung angewendet. In einem dem Ägypterevangelium angehängten Hymnus, der wohl auf Jesus, zumindest auf den Gottessohn, geht, heißt es: „Du bist, was Du bist (*ei ho ei*), Du bist, der Du bist (*ei hos ei*)".[92] An anderer Stelle scheint eine solche Aussage in der dritten Person vorzuliegen.[93]

Der Mensch wird vom Schöpfergott nach dem Bild Gottes geschaffen. Grund dafür ist das Verlangen der Archonten, sich hinter ihm ver-

85 190 D.

86 Sammaël, der bereits im Judentum Engel des römischen Reiches und Gegner des jüdischen Volkes ist, begegnet in Nag Hammadi z. B. in der titellosen Schrift des Codex II 103,18 ‚der blinde Gott' oder in der Hypostasis der Archonten II 87,3 f. 94,25 f. ‚der Gott der Blinden'. Saklas hat sich auch im Manichäismus erhalten; vgl. *F. Cumont*, Cosmogonie manichéenne, a. a. O. 42 f.

87 NH III 15,16 ff. ~ NH II 10,14 ff. ~ Pap. Berol. gnost. 38,6 ff.

88 In der titellosen Schrift des Codex II von Nag Hammadi 103,23 f. (151,23 f. in der Ausgabe von *A. Böhlig–P. Labib*).

89 Titellose Schrift des Codex II von Nag Hammadi 103,32–104,6 (151,32 bis 152,6 in der Ausgabe von *A. Böhlig–P. Labib*).

90 *K. Rudolph*, Theogonie, Kosmogonie und Anthropogonie in den mandäischen Schriften, Göttingen 1965, 126.

91 Ex 3,14.

92 NH III 66,22 = IV 79,3.

93 Tractatus tripartitus NH I 63,14 ff.

bergen zu können.[94] Sie meinen ja, Gott werde dem Menschen nichts tun, wenn er ihm gleich sei. Diese Auffassung kann nur entstehen, nachdem die Archonten ein Bild Gottes in Menschengestalt gesehen haben.[95] Das führt zu der Vorstellung vom Gott ‚Mensch'.[96] Adamas stammt vom Licht, dem ersten Menschen, ab, von dem und zu dem alles geworden ist und ohne den nichts geworden ist. *phôs* (Licht) wird hier gleich *phós* (Mann) gesetzt. Dem Oberarchon wird zugerufen: „Es existiert der Mensch und der Sohn des Menschen."[97] Das soll darauf hinweisen, daß der untere, übermütige Gott einen höheren über sich hat. ‚Sohn des Menschen' kann dabei im Ausdruck direkt vom jüdischen bar 'anāš oder vom christlichen *hyios tou anthrōpou* herkommen[98] und in diesem Zusammenhang als Hypostase des obersten Gottes, als eine Erscheinungsform von ihm angesehen werden. Die Figur des ersten Menschen im Manichäismus[99] und das Kommen des lichten Menschen in der titellosen Schrift des Codex II von Nag Hammadi[100] zeigen einen Menschen, der zur Bekämpfung der Finsternis hinabsteigt und bei seinem Wiederaufstieg infolge der Befleckung mehr oder weniger Schwierigkeiten hat. Wie wir es schon bei Pneuma und Nus sahen, gibt es also auch beim Menschen Stufen verschiedener Qualität: den Gott ‚Mensch' und eine Zwischengestalt, die den Archonten auf die Nerven fällt, weil sie klüger als sie selbst ist,[101] und derentwegen sie nach einer weiteren Tradition dann einen weiteren

94 Kephalaia (Manichäische Handschriften der Staatlichen Museen Berlin, I), herausgegeben und übersetzt von *H. J. Polotsky* und *A. Böhlig*, Stuttgart 1934–1940, 158,19 ff.

95 Vgl. z. B. Hypostasis der Archonten NH II 87,30 ff.; Übersetzung auch Die Gnosis II, 54.

96 Vgl. Ägypterevangelium NH III 49,8–16 ~ IV 61,8–18.

97 Ägypterevangelium NH III 59,1–9; Johannesapokryphon NH III 21,17 f. = II 14,14 f. = Pap. Berol. gnost. 47,15 f.

98 Zu der viel diskutierten Gestalt des Menschensohnes vgl. besonders *H. Conzelmann*, Grundriß der Theologie des Neuen Testaments, München 1968, 151 bis 156.

99 Vgl. *F. Cumont*, Cosmogonie manichéenne, a. a. O. 14 ff.

100 NH II 108,2 ff. 111,29 ff. (156,2 ff. 159,29 ff. nach der Ausgabe von *A. Böhlig–P. Labib*).

101 Johannesapokryphon NH III 25,17 ff. ~ II 20,3 ff. ~ Pap. Berol. gnost. 53,8 ff.; NH III 26,1 ff. ~ II 20,28 ff. ~ Pap. Berol. gnost. 54,5 ff. In der titellosen Schrift des Codex II wird der ‚zweite' Mensch gleich von einer himmlischen Macht geschaffen: 113,12 ff. (161,12 ff. in der Ausgabe von *A. Böhlig–P. Labib*).

Menschen schufen, der ganz ‚irdisch' war.[102] Bei den Mandäern hat der Adam zum geistigen Vater den Adakas, d. h. Adam kasja, den ‚verborgenen Adam';[103] er selbst ist der Rumpf-Adam.[104] Im Gnostizismus ist allgemein die Auffassung vertreten, daß der irdische Mensch einst bei seiner Erschaffung nicht über seine Glieder Herr war, sondern auf der Erde lag; um aufstehen zu können, bedurfte er noch der Erweckung durch die Gnosis.[105]

9. *Der Belehrer*

Um dies aber zu erreichen, bedurfte es einer neuen mythologischen Figur. Diese hatte den Menschen über den Zustand der Existenz aufzuklären. Wenn das geschehen war, stand der Mensch auf. Bei den Mandäern verflucht der Mensch seinen Demiurgen,[106] ebenfalls bei den Manichäern.[107] In der titellosen Schrift des Codex II von Nag Hammadi erkennt er in der, die ihn belebt hat, die Mutter der Lebendigen; das ist in diesem Falle Eva.[108] Das führt uns zu der Frage, wer denn überhaupt der Beleber des Menschen ist. In der Paradiesesgeschichte war es ja Eva, die ihren Mann belehrte.[109] Das geht auf die Erzählung von der Versuchung zurück. Aber Eva wird ja wiederum von der Schlange angestiftet.[110] So kommt man dazu, Eva, Schlange und Belehrer durch ein Wortspiel zu identifizieren. Man kann die betreffende Stelle in der genannten Schrift nur verstehen, wenn man ein westaramäisches Wortspiel zugrunde legt. Die Deutung von ‚das Tier' ist ‚der Unterweiser'. ‚Der Unterweiser' heißt westaramäisch ḥāwyā; vokalisiert man aber ḥewyā, so bedeutet das ‚Schlange'; vertauscht man w

102 Johannesapokryphon NH III 26,14 ff. ~ II 21,5 ff. ~ Pap. Berol. gnost. 55,3 ff. Vgl. auch die titellose Schrift des Codex II: 117,33 f. (165,33 f. nach der Ausgabe von *A. Böhlig–P. Labib*).
103 *K. Rudolph,* Theogonie, a. a. O. 250.
104 *K. Rudolph,* Theogonie, a. a. O. 172 ff.
105 Vgl. das Johannesapokryphon NH III 30,14 ff. ~ II 23,24 ff. ~ Pap. Berol. gnost. 60,16 ff., die Adamapokalypse NH V 64,12 ff., die titellose Schrift des Codex II NH II 119,12 ff. 120,17 f. 23 ff. (167,12 ff. 168,17 f. 23 ff. in der Ausgabe von *A. Böhlig–P. Labib*).
106 *K. Rudolph,* Theogonie, a. a. O. 253.
107 *F. Cumont,* Cosmogonie manichéenne, a. a. O. 49.
108 NH II 116,4 ff. (164,4 ff. in der Ausgabe von *A. Böhlig–P. Labib*).
109 Gen 3,6 f. In der Adamapokalypse NH V 64,6 ff. lehrt Eva Gutes.
110 Gen 3,4 ff. Das wird in Hypostasis der Archonten NH II 89,31 ff. gnostisch transformiert, indem die geistliche Frau als Schlange kommt.

mit y, so erhält man ḥēwā ‚Tier'.[111] Das griechische *thērion* wird aber auch als Ausdruck für ‚Schlange' benutzt. Volksetymologisch wird damit auch ḥāwwā (Eva) verbunden. Sie wird als ein aus der Sophia gekommener Tropfen angesehen, der ein mannweiblicher Mensch, ein Hermaphrodites, ist, ein zweiter Mensch.[112] Die Schlange als Belehrerin drückt gewissen gnostischen Gruppen den Stempel auf, so daß man sie danach Ophianer, Ophiten oder Naassener (nāḥāš) nennt.[113] Wo die Person Jesu als Erlöser herangezogen wird, ersetzt er die Schlange. Bezeichnend für die kombinierende Denkweise der Sethianer ist die Vorstellung, daß Seth, der nachgeborene Sohn Adams, der für sie der himmlische Erlöser ist, auf Erden Jesus anzieht.[114] Er wird logosgeschaffener (*logogenēs*), lebendiger Jesus genannt. Auch hat er eine himmlische Wohnung.[115] In vollständig christlicher (oder christianisierter) Diktion spricht man dann auch von Jesus Christus, so in dem sekundären Kolophon zum Ägypterevangelium, wo sich auch das Monogramm IXΘYC und seine Deutung findet.[116] In den christlichen gnostischen Texten gibt es gerade für die Deutung von Jesus Christus als Lehrer Beispiele: Im Evangelium Veritatis wird Jesus Christus gerade als Lehrer dargestellt und muß deshalb leiden;[117] in der zweiten Schrift des Codex VII von Nag Hammadi wird er dagegen wie bei Basilides doketisch geschildert.[118]

10. *Der Herrscher der Finsternis*

Nur ganz kurz sei auf die Bezeichnung des Herrschers der Finsternis eingegangen, der in einem dualistischen System ja personifiziert gedacht ist. Bei den Manichäern wird er als tiergestaltig ausführlich geschildert, wobei die einzelnen Körperteile jeweils einem anderen Tier

111 Da das Aramäische unvokalisiert geschrieben wird, ist mit Hilfe verschiedenartiger Vokalisation verschiedenartigen Deutungen Tür und Tor geöffnet. So wird hier dreimal ein anderer Vokal gesetzt, zunächst ā, dann e, dann ē: ḥāwyā, ḥewyā, ḥēwā; auf diese Weise erhält man die verschiedenen Aussagen.
112 Titellose Schrift des Codex II von Nag Hammadi 113,30 ff. (161,30 ff. in der Ausgabe von *A. Böhlig–P. Labib*).
113 Zu Ophiten, Ophianer vgl. Die Gnosis I, 111 ff., zu Naassener Die Gnosis I, 336.
114 Vgl. o. Anm. 77.
115 Vgl. ebenfalls o. Anm. 77.
116 NH III 69,6–17. In Codex IV ist der Kolophon nicht erhalten.
117 NH I 18,15 ff. 19,18 ff.
118 NH VII 56,4 ff. Für Basilides vgl. Die Gnosis I, 81.

zugeschrieben werden.[119] Schon typisch auch für ältere gnostische Systeme ist seine Löwengestalt (Ariël = Löwengott).[120]

11. *Grundsätzliches zur Nomenklatur*

Nachdem die Namen im Zusammenhang der gnostischen Vorstellungswelt interpretiert worden sind, noch einige grundsätzliche phänomenologische Betrachtungen! Man findet als göttliche oder als Engelfiguren entweder Umschreibungen der Funktion bzw. der Eigenschaften oder mythologische Namen. Für die wesentlichsten Größen wurden die Beschreibungen vorgeführt, wobei sich gezeigt hat, daß die Bezeichnung mit mythologischen Namen eigentlich nur mehr zur Ausmalung dient. Biblische und heidnische Götternamen stehen dabei auf einer Ebene. Doch ihre Zahl, wie Adamas, Seth, Christus, Jesus, Eros, Himeros etc., ist weit geringer als die Menge von Phantasienamen, die neu gebildet werden oder deren Sinn uns noch verschlossen ist, die zum Teil auch in Zaubertexten begegnen.[121] Wir wissen nicht, wer Michanor, Mixanther oder Michar und Micheus sind.[122] Auch ihre Eigenschaften oder Aufgabenbereiche helfen uns nicht zu weiterem Namensverständnis. Daß solche Zwischengötter oder engelartige Erscheinungen aber als ‚göttlich' betrachtet werden, wird durch das Anhängen von -el ‚Gott' bezeugt, z. B. Harmozel,[123] Orojaël (= Uriël),[124] Harmupiaël,[125] Seth-el (d. i. der zur Lichtwelt gehörige Seth),[126] Joël „der über demNamen dessen steht, dem es gegeben wird, zu tau-

119 *A. Böhlig,* Eine Bemerkung zur Beurteilung der Kephalaia. Mysterion und Wahrheit, 245 ff.

120 Vgl. Hypostasis der Archonten NH II 94,17, wo Sammaël als löwengestaltig geschildert wird. Ein Herrscher der Finsternis wie im Manichäismus ist in diesem System nicht vorhanden.

121 Z. B. Sesengenbarpharanges im Ägypterevangelium NH III 64,18 ~ IV 76,7. Vgl. *A. M. Kropp,* Ausgewählte koptische Zaubertexte, Bd. 3, Bruxelles 1930, §§ 46.136.

122 Z. B. im Ägypterevangelium NH III 64,20 = IV 76,9 f. (Micheus, Michar), III 65,5 f. = IV 76,25 f. (Michanor, Mixanther).

123 Z. B. im Ägypterevangelium NH III 51,18; 52,10.22; 65,13, IV 63,13; 64,3.16; 77,8. Vgl. auch Johannesapokryphon u. a.

124 Z. B. im Ägypterevangelium NH III 51,18; 52,11.24; 57,8; 65,16, IV 63,13; 64,4.18; 77,12. Vgl. auch Johannesapokryphon u. a.

125 Im Ägypterevangelium NH III 58,19 = IV 70,5.

126 Šitil bei den Mandäern vgl. Die Gnosis II, 204; Seth-el bei den Manichäern z. B. Kephalaia, a. a. O. 42,26.29.

fen mit der heiligen Taufe, die höher als der Himmel ist"[127]. Dieser letzte könnte das himmlische Vorbild Johannes des Täufers sein. Aber auch böse Götter führen den Zusatz -el, wie Sammaël[128] oder Nebruël, die weibliche Gefährtin des Menschenschöpfers, die im Manichäismus,[129] aber auch bereits im frühen gnostizistischen Schrifttum begegnet.[130] Wenn man bei der Menschen- und der Weltschöpfung durch große Scharen von Engeln die Aufgaben vollbringen läßt, muß man Namen für sie finden, von denen viele dem Leser durchaus nicht vertraut sind, so daß er leicht Akiressina in Abiressina verlesen kann.[131] Darüber hinaus gibt es Silben unverständlichen Lallens anstelle von Namen, deren angebliche Bedeutung dann beigefügt wird.[132] Das sollte aber wiederum nicht dazu verführen, gleich alle Abkürzungen als unverständlich anzusehen.

Im Mythos gibt es neben den Göttern, die von selbst entstanden sind, auch solche, die durch Mittlerwesen hervorgebracht werden. Mitunter lassen sich deren Namen sehr schön mit ihrer Bedeutung verbinden: *Moirothea*[133], die ‚Schicksalgöttin', bringt den Licht-Adam hervor, *Prophaneia*[134], die ‚Erscheinung', die Leuchter der Lichtwelt und den Seth, der ja der Lichtsohn ist, *Plēsithea*[135], die ‚Füllegöttin', die erste Gruppe der Kinder des Seth. Wie stark solche Gottheiten von ihrer Aufgabe her charakterisiert werden, ist aus dem Übergang ihrer Namen vom Eigennamen zum Appellativum zu ersehen. *Mirothea* wird z. B. als geeignete Bezeichnung betrachtet, die von Seth für Adamas verwendet werden kann, um ihn als Vater zu kennzeichnen. Sie wird dazu in das maskuline Substantiv *Mirotheas* umgebildet;[136] davon wird weiter auch ein Adjektiv *Mirotheos* abgeleitet.[137]

127 Ägypterevangelium NH III 65,23 ff.
128 Vgl. o. Anm. 86.
129 Vgl. *F. Cumont,* Cosmogonie manichéenne, a. a. O. 42, Anm. 3.
130 Z. B. im Ägypterevangelium NH III 57,18.22, IV 69,2.
131 Eine Vergleichsliste dieser Engelnamen findet sich bei *A. Böhlig–F. Wisse,* The Gospel of the Egyptians, a. a. O. 183 f.
132 Vgl. z. B. Ägypterevangelium NH IV 60,6, III 42,12 ff. ~ IV 52,2; im 2. Buch des Jeû (Übersetzung nach *C. Schmidt–W. C. Till,* a. a. O.) passim.
133 Zu diesen Schöpfergottheiten vgl. die Tabelle in *A. Böhlig,* Das Ägypterevangelium, a. a. O. 42. Moirothea findet sich in der Form Moirothoē NH III 49,9.
134 Ägypterevangelium NH III 51,17.
135 Ägypterevangelium NH III 56,6.
136 Die drei Stelen des Seth NH VII 119,12.
137 Die drei Stelen des Seth NH VII 119,12 f. 120,15.

Die Nomenklatur des Mandäismus ist der des übrigen Gnostizismus grundsätzlich gleich entwickelt. Auch in ihm stehen Namen, die Funktionsbeschreibungen sind, neben solchen, die auf mythologische Elemente zurückgehen. Der ersteren Gruppe gehört z. B. an: ‚der Herr der Größe', ‚die Gnosis des Lebens', ‚die Reichtümer' (als Bezeichnung für gute Engelwesen). Die zweite Gruppe weist vornehmlich semitische Namen auf, die zum Teil auf jüdische Vorbilder zurückgehen. Hierzu gehören das Element Jō- in Jo-šamīn ‚der Jo (= Jao) des Himmels, 'Jō-zāṭaq ‚der gerechte Jo', Jō-kabar ‚der mächtige Jo', oder Namen wie El ‚Gott', der als Bezeichnung des falschen Judengottes als Attribut guter wie böser Figuren gebraucht wird, Sauriēl, ein Todesengel, Šitil ‚Seth'.[138] Aus babylonischer Tradition stammt z. B. Nanai (= Venus) oder Sin,[139] aus nordsemitischer z. B. Šilmai und Nidbai als Wächter für das Jordanwasser.[140] Es dürften aber auch die Jō-Wesen über eine jüdische Tradition hinaus letztlich auf westsemitische Nomenklatur syrisch-phönizischer Mythologie zurückgehen.[141]

12. *Eigenarten der Nomenklatur im Manichäismus*

Besonders interessante Erscheinungen unter dem Gesichtspunkt des Austauschs von mythologischen und funktionellen Namen bietet der Manichäismus. Darüber hinaus liefert er auch besonders markante Beispiele für die Übersetzung von Namen in der Mission. Die Sprache von Manis Hauptschriften war ein aramäischer Dialekt, der dem Syrischen sehr nahe steht.[142] Das einzige Werk, das Mani in mittelpersischer Sprache dem persischen König gewidmet hat, das Schapurakan, zeigt, wie hier die Nomenklatur des Zervanismus gebraucht wird. Anstelle des Vaters der Größe steht hier als höchster Gott Zervan. Der erste Mensch wird mit Ohrmizd, der Herrscher der Finsternis mit Ahriman wiedergegeben, die Finsternis als böser Geist mit Āz. Die fünf Elemente werden zu fünf Ameša spenta (wobei unberücksichtigt bleibt,

138 *K. Rudolph,* Die Mandäer I. Das Mandäerproblem, Göttingen 1960, 60 f.
139 *K. Rudolph,* Mandäer I, a. a. O. 210 f.
140 *K. Rudolph,* Mandäer I, a. a. O. 60.
141 *K. Rudolph,* Mandäer I, a. a. O. 60.
142 *G. Widengren* nimmt an, daß Mani mit dem babylonischen Dialekt seiner Umgebung gebrochen habe und ganz zum edessenischen Dialekt übergegangen sei (Mani, a. a. O. 78). Ich stehe der These von *F. Rosenthal* näher (*F. Rosenthal,* Die aramaistische Forschung seit Theodor Nöldekes Veröffentlichungen [Leiden 1939], 207–211).

daß die iranischen Elemente andere sind), der Demiurg des Kosmos, der bei Mani gut ist und sonst Lebendiger Geist heißt, wird hier Mihr (Mithra) genannt, wahrscheinlich als Siegergott über die bösen Mächte. Der sogenannte Dritte Gesandte wird zu Narisah, d. i. der lichte Götterbote; weil er aber in der Sonne seinen Platz hat, heißt er auch Lichtweltgott. Und an die Stelle Jesu tritt der Verstandesweltgott, d. i. Nus in dieser Schrift.[143]

Auch die verschiedenen Dialekttexte sonstigen manichäischen Schrifttums weichen im Namensgebrauch wieder voneinander ab, so daß den drei Sprachen Persisch, Parthisch und Soghdisch auch drei Nomenklaturen entsprechen.[144] So wird z. B. der erste Gott der zweiten Schöpfung, ‚der Geliebte der Lichter', mit dōšist rōšnān wörtlich ins Persische übersetzt; im Parthischen heißt er dagegen frēhrōšn ‚Freund des Lichts', während er im Soghdischen durch eine mythologische Gottheit Narišanβaγē ‚Gott Narisah' wiedergegeben wird, die sonst den Dritten Gesandten bezeichnet. Beide haben ja Lichtcharakter! Bei der Bezeichnung des Dritten Gesandten, der diesen Namen führt, weil er an der Spitze der dritten Göttergruppe steht, kann sich das Parthische des gleichen Namens wie das Persische bedienen: Narisaf. Daneben begegnet aber auch die Wiedergabe mit Mihryazd, was sowohl ‚Gott Mithra' als auch ‚Sonnengott' bedeutet. Diese letztere Benennung hat auch das Soghdische: Mišēβaγē. Hatte das Persische mit der Verwendung von Mithra für den Demiurgen dessen Charakter als Sieger in den Vordergrund gerückt, so wurde im Parthischen und Soghdischen sein Lichtcharakter mehr betont. Gerade im Nordosten Irans wurde Mithra als Sonnengott verehrt, was Kuschanmünzen aufzeigen. Auf dem Wege durch Zentralasien nach China macht sich in der manichäischen Diktion außerdem immer mehr der Einfluß der buddhistischen Terminologie bemerkbar.[145] Anderseits findet sich dort aber auch die Verehrung Jesu.[146] Beide Religionen, Buddhismus und Christentum, wa-

143 Hier ist besonders die Terminologie des Fragments T III 260 heranzuziehen, in: *F. C. Andreas–W. Henning*, Mitteliranische Manichaica I.

144 *W. Henning*, Zum zentralasiatischen Manichäismus: Orientalist. Lit.-Ztg. 37 (1934) 1–11, wo Henning das Problem an Beispielen abhandelt.

145 Vgl. dazu besonders die chinesische manichäische Hymnenrolle, übersetzt von *Tsui Chi*, Bull. of the School of Oriental and African Studies 11 (1943) 174–219.

146 Vgl. dazu *E. Waldschmidt–W. Lentz*, Die Stellung Jesu im Manichäismus (Abh. d. Preuß. Akad. d. Wiss., Phil.-hist. Kl. Nr. 4, Berlin 1926), wo gerade diese Problematik behandelt wird.

ren ja die großen Konkurrenten des Manichäismus. In den griechischen und in den koptischen manichäischen Texten, die im Mittelmeerraum verbreitet waren, bemühte man sich dagegen, möglichst die syrische Terminologie wiederzugeben. Beachtenswert ist, wie auch in der großen griechischen Abschwörungsformel ein wohl zervanistisches Strukturelement zu finden ist, wenn vom ‚viergestaltigen' (*tetraprosōpos*) Gott gesprochen wird,[147] d. h. der Einheit Gottes mit seinem Licht, seiner Kraft und seiner Weisheit.[148] Die Betonung Jesu im afrikanischen Manichäismus weist wiederum auf die Auseinandersetzung mit dem Christentum hin.

Mit diesen Darlegungen hoffe ich gezeigt zu haben, daß der Name bzw. die Namen Gottes im Gnostizismus nicht unbedingt aus sich selbst, sondern erst aus dem jeweiligen Zusammenhang verstanden werden können. Ein solches Verständnis der Namen macht aber zugleich das ganze System farbiger und plastischer. Nur bei exzessiven Werken dekadenter Wirrnis entsteht ein allzu buntes Bild, und ebenso, wenn der Forscher sich nicht die Mühe macht, die Gedankenwelt des Gnostizismus und ihre Ausdrucksform wirklich adäquat nachzuvollziehen.

147 *J. P. Migne,* Patrol. graeca 1, 1461 C.

148 Vgl. z. B. *F. C. Andreas–W. Henning,* Mitteliranische Manichaica II, a. a. O. 326. 329.

Josef van Ess

Der Name Gottes im Islam

Gott heißt Allāh im Arabischen. Dennoch erweckt Osmin im zweiten Akt von Mozarts ‚Entführung' einen falschen Eindruck, wenn er singt: „ob's wohl Állāh sehen kann" – selbst dann, wenn es dem Sänger einmal einfiele, die ad libitum-Fermate auf der ersten Silbe des Wortes weniger ernstzunehmen und Allāh auszusprechen. Allāh nämlich ist kein Eigenname, den man unübersetzt lassen müßte; Allāh bedeutet nichts anderes als ‚d e r Gott': der Gott schlechthin, nebem dem es keinen anderen gibt.[1] Gott hat keinen Namen; einer Religion, welche die Transzendenz Gottes so sehr in den Vordergrund stellt wie der Islam, ist ein solcher Standpunkt sehr angemessen.

Es dürfte schwerfallen, mit der Beschreibung dieses schlichten Faktums einen ganzen Beitrag zu füllen. Zum Glück ist alles nicht ganz so einfach. Wer sich an Gott wendet, muß ihn anreden, und Anrede äußert sich meist in irgendeiner Form der Benennung. Daß Allāh, ‚*der* Gott', von Anfang an nicht einfach Abstraktum war, sozusagen eine absolut gesetzte Genusbezeichnung, sondern mehr als das: Anruf und Identifikation, scheint schon aus der ungewöhnlich verschliffenen Form des Wortes hervorzugehen. Der Artikel ist mit dem Namen verschmolzen; dabei ist der Anfangsvokal des Namens elidiert worden.[2] Das kommt im Arabischen ausgesprochen selten vor;[3] es ist wohl am besten durch häufigen Gebrauch bei der *invocatio*, und zwar schon in vorislamischer Zeit, zu erklären.[4] Die Bedeutung ergibt sich dem Sprecher also nur

1 Vgl. *W. M. Watt*, The Use of the Word ‚Allah' in English: Muslim World 43 (1953) 245–7. Allgemein: Artikel „Allāh" in: Encyclopedia of Islam (abgekürzt: EI), 2. Aufl. Leiden 1960 ff., I, 406 ff.

2 *al-ilāh* > *Allāh*. ‚Anfangsvokal' ist hier nur um des einfacheren Verständnisses willen gesagt; in Wirklichkeit handelt es sich um einen Konsonanten (Alif), der mit *i* vokalisiert ist.

3 Vgl. noch *an-nās*, ‚die Leute', aus *al-unās*.

4 Ich verdanke diesen Gedanken R. Paret. Vgl. auch EI[2] s. v. Ilāh. – Anders verhielte es sich, wenn Allāh aus aramäisch Alāhā abzuleiten wäre (vgl. EI[2] I, 406 b). Jedoch spricht dagegen, daß die unkontrahierte Form *al-ilāh* in der Poesie nicht selten gebraucht wird und zudem bei dem weiblichen Gegenstück, der vorislamischen arabischen Göttin al-Lāt, sich das Gleiche ereignet hat (al-Ilāhat > Alilāt > al-Lāt; vgl. *J. Wellhausen*, Reste arabischen Heiden-

durch Reflexion; neben ihr bleibt ein Rest, eben doch der Name.[5]

Daß Ausgesagtes und Gemeintes in der Anrufung Gottes sich so nahe kommen, daß man also Gott als ‚Gott' anredet, ist ein Grenzfall – selbst dann, wenn es einem Christen normal erscheint. Es sind andere Relationen denkbar. In paradigmatischer Weise begegnen sie in einer Glaubensformel, die der Muslim bei zahllosen Gelegenheiten gebraucht, vor dem Essen ebenso wie nach dem Niesen, in der Magie wie im Gebet, die nach populärer Vorstellung auf dem Schenkel Adams ebenso aufgezeichnet war wie auf dem Flügel Gabriels, auf dem Siegel des Salomo ebenso wie auf der Zunge Jesu, die aber auch jedem Buch vorangestellt wird und über die die Koranexegeten immer wieder spekuliert haben: die sogenannte Basmala, im arabischen Wortlaut *Bismi llāhi r-raḥmāni r-raḥīm*, zu deutsch: „Im Namen Gottes, des barmherzigen Erbarmers".

Formelhaft wird sie schon im Koran gebraucht: Salomo beginnt so seinen Brief an die Königin von Saba.[6] Aber sie ist nicht vorislamisch; der Prophet Muhammad hat sie zum erstenmal aufgebracht, und es scheint, als habe er eine ganz bestimmte Absicht mit ihr verbunden. Das fällt einem Nichtmuslim, der sie zum erstenmal hört, vielleicht schneller auf als dem Frommen, der sie dauernd im Munde führt. Gott wird hier als der ‚barmherzige Erbarmer' bezeichnet, eine auffällige Ballung von Barmherzigkeit, die selbst das Christentum, das sich doch auf die Güte und Liebe seines Gottes so viel zugute hält, nicht kennt. Ich will jetzt nicht darauf hinaus, daß nach landläufiger christlich-europäischer Vorstellung der Gott des Islams ein furchtbarer Gott ist, der mit Prädestination die Menschen bedrückt und sie mit Feuer und Schwert auf die Eroberung schickt, mit Milde und Barmherzigkeit also nicht viel im Sinn haben dürfte. Das ist nur ein gängiges Mißverständnis, ein ärgerliches zwar, das auch heute noch, wenn es sich mit politischer Uninformiertheit verbindet, böse Konsequenzen hat. Aber davon will ich nicht reden. Es geht mir hier um das philologisch merkwürdige Faktum, daß Gott in dieser Formel mit zwei Attributen ver-

tums, Berlin ²1897, 32 f., und *F. Buhl*, Das Leben Muhammeds, Nachdruck, Darmstadt 1961, 75, Anm. 193). Im übrigen wäre dann zu erklären, warum das Alif von Allāh – gleich dem Alif des Artikels – nicht konstant ist (vgl. *bismi llāh*). Dazu jetzt auch *J. Blau*, in: Journal of Semitic Studies 17 (1972) 175 ff.

5 Zur Entwicklung des Namens vgl. *J. Wellhausen*, a. a. O. 217 ff., und, in Auseinandersetzung damit, *F. Buhl*, a. a. O. 94.

6 Vgl. Sure 27, Vers 30.

sehen wird, die beide von der gleichen Sprachwurzel abgeleitet sind: *ar-raḥmān ar-raḥīm*, der ‚barmherzige Erbarmer'.
Leider läßt sich allein von der Grammatik her nicht entscheiden, wie diese beiden Attribute sich zueinander verhalten, ob sie, wie in unserer Übersetzung angenommen, ineinandergeschachtelt sind derart, daß eines von ihnen Attribut des anderen ist, oder ob sie gleichberechtigt nebeneinander stehen und beide als Adjektiv zu ‚Gott' zu nehmen sind; dann wäre zu übersetzen: „Im Namen Gottes, des Erbarmungsvollen und Barmherzigen" oder „Im Namen des erbarmenden und barmherzigen Gottes". Sicher ist nur, daß das zweite, *ar-raḥīm*, ein reines Adjektiv ist, das auch sonst mit Gott verbunden wird. Ebenso wie Allāh kann es Namensfunktion annehmen; jedoch greift es, im Gegensatz zu Allāh, nur einen Teilaspekt des göttlichen Wesens heraus. Wie aber steht es mit *ar-raḥmān*? Es bleibt der Eindruck eines gewissen Pleonasmus. Das ist an sich, vor allem in semitischen Sprachen und im Kontext derAnrufung Gottes, nichts Ungewöhnliches; auch in der Psalmenübersetzung der Vulgata heißt es „Misericors et miserator Dominus"[7]. Jedoch hat es hier wohl noch einen anderen Grund: wir stoßen auf einen weiteren Gottesnamen aus vorislamischer Zeit.
Raḥmānān in seiner altsüdarabischen Form, mit nachgestelltem Artikel, wurde seit der zweiten Hälfte des 5. Jahrhunderts im Jemen und in Zentralarabien als Himmelsgott verehrt. Der Name ist aramäischen Ursprungs; die Juden, die damals im Jemen starken Einfluß hatten, haben ihn offenbar mitgebracht. Er verbreitete sich dann nach Zentralarabien; in der Oase Naǧrān, heute jenseits der Grenzen des Nordjemen in Sa'ūdī- Arabien gelegen und damals Sitz eines christlichen Bischofs, ist er, als die christliche Gemeinde noch in ihren Anfängen stand, zu belegen. In einer Inschrift vom Jahr 505 wird er als *raḥmānān m t r ḥ m n*, eben als barmherziger Raḥmān oder ‚barmherziger Erbarmer' apostrophiert; man rief Gottvater mit der Formel *bismi raḥmānān* an.[8] Die Elemente der muslimischen Basmala sind hier also vorgegeben; nur das Wort Allāh fehlt noch.
Allerdings war damit der Erfolg der Übernahme durch Muḥammad

7 Vgl. Psalm 111, Vers 4 und Psalm 145, Vers 8.
8 Vgl. *J. Rijckmans*, Le christianisme en Arabie du sud préislamique, in: L'Oriente cristiano nella storia della civiltà (Accademia Nazionale dei Lincei, Anno 361, 1964, Quaderno nr. 62), Rom 1964, 413 ff., vor allem 436 und 440; auch *Y. Moubarac*, Les noms, titres et attributs de Dieu dans le Coran et leurs correspondants en épigraphie sud-sémitique: Muséon 68 (1955) 93 ff. und 325 ff.

nicht unbedingt gesichert: Als er auf der Schwelle seines Erfolges in Ḥudaibiya mit der Kaufmannsoligarchie von Mekka, die sich damals seiner Mission noch widersetzte, einen Vertrag schloß, da bestanden die Mekkaner darauf, daß im Text der Name Raḥmān getilgt und durch ein Derivat des Namens Allāh ersetzt werde; den Juden in Medina, mit denen Muḥammad mehrere Jahre lang in dem von ihm beherrschten Gemeinwesen zusammengelebt hatte, war der Name offenbar unbekannt gewesen.[9] Warum Muḥammad so großen Wert auf ihn legte, vermögen wir vorläufig nicht zu sagen; die Religionsgeschichte der arabischen Halbinsel in den Jahrhunderten vor dem Islam wirft mit jeder Inschrift, die wir neu erschließen – und es sind deren nicht wenige in letzter Zeit gefunden worden –, neue Fragen auf. Man denkt an die Existenz einer judenchristlichen Gemeinde in Zentralarabien;[10] von ihr mag auch Musailima, der nach dem Tode Muḥammads das Prophetentum für sich in Anspruch nahm und, da ihm der politische Erfolg versagt blieb, nur zum falschen Propheten avancierte, übernommen haben, als auch er wieder seine Offenbarungen von Raḥmān, dem ‚Erbarmer', erhalten zu haben vorgab. Wie auch immer es sich historisch verhalten mag, eines ist sicher – und im übrigen auch als einziges für unsere jetzige Fragestellung relevant: dadurch daß Muḥammad in seiner Glaubensformel Allāh, *den* Gott, den Hochgott der Mekkaner, mit ar-Raḥmān, dem (ehemaligen?) Hochgott des Jemen und Zentralarabiens, zusammenspannt, nimmt er ihm seine Individualität und verwandelt seinen Namen in ein bloßes Epitheton. Was seine Zeitgenossen noch verstanden haben werden als ‚Im Namen Allāhs, des barmherzigen Raḥmān', das wird für spätere Generationen bis auf den heutigen Tag zu ‚Im Namen Gottes, des barmherigen Erbarmers'. Selbst gelehrte Muslime, Koranexegeten etwa, haben von der Vergangenheit des Namens nichts mehr gewußt; daß ar-Raḥmān im Koran nie wie andere Adjektive gebraucht wird[11] und schon dadurch seine Sonderstellung gegenüber allen anderen Attributen zu erkennen gibt, ist ihnen entgangen. Der Islam, der mit der Einzigkeit Gottes Ernst macht wie kaum eine andere Religion, hat den Namen bis zur Unkenntlichkeit eingeschmolzen; ar-Raḥmān ist auf

9 Vgl. *J. Jomier*, Le nom divin „al-Raḥmān" dans le Coran, in: Mélanges Louis Massignon II, Damaskus 1957, 361 ff., vor allem 367 und 381, Anm. 1.
10 Vgl. *Jomier*, a. a. O. 381, nach *H. J. Schoeps*, Theologie und Geschichte des Judenchristentums, Tübingen 1949, 334 ff.; auch *G. Widengren*, Muhammad, the Apostle of God, and his Ascension, Uppsala/Wiesbaden 1955, 135 ff.
11 Z. B. niemals ohne Artikel (vgl. *Jomier*, a. a. O. 362 f.).

seine bloße Wortbedeutung zurückgestuft. Der Name bezeichnet nicht mehr einen besonderen, individuellen Gott, sondern wie *ar-raḥīm* nur noch einen Aspekt ein und desselben göttlichen Wesens.

Dieser Schritt ist für den Islam irreversibel. Zumindest für den orthodoxen Islam, den Islam der unübersehbaren Mehrheit, der auch uns am ehesten noch bekannt ist. In Randzonen allerdings, im Bannkreis gnostischer Systeme und vielleicht unter außerislamischem Einfluß, ist ab und zu der umgekehrte Prozeß eingeleitet worden: Gott manifestiert sich in verschiedenen Weltaltern unter jeweils anderer individueller Gestalt, mit jeweils verschiedenem individuellem Namen. Solche Vorstellung begegnet etwa in der Sekte der Drusen, die man heute noch im Libanon, in Syrien und in Israel antrifft, oder bei den Ahl-i Ḥaqq, den ‚Freunden Gottes' bzw. ‚Freunden der Wahrheit' – beides geht ineinander über –, die heute in Kurdistan leben. Die Neuerung liegt hierbei nicht etwa in den Weltaltern; diesen Gedanken kennt der orthodoxe Islam auch. Für ihn aber differenzieren sich diese Weltalter nur durch eine stets sich erneuernde Prophetie, die ihrem Inhalt nach zwar immer gleich ist, jedoch von jeweils anderen Gottesboten, eben den Propheten, stets von neuem aufgenommen werden muß, da ihre Adressaten sich nicht um sie kümmern oder sie bewußt entstellen. Nicht Gott also wandelt sich hier, auch nicht sein Anspruch an die Menschen, sondern nur die Propheten wechseln und die Art, wie ihre Gemeinden: Juden, Christen usw. sich ihrem Anruf entziehen. Für die Drusen und die Ahl-i Ḥaqq dagegen erscheint Gott an bestimmten Gipfelpunkten der Zeit auf Erden, im ‚Gewand' eines Menschen, wie die Ahl-i Ḥaqq sagen (mit einem türkischen Wort, *don*, das nur hier, in ihrer an sich persischsprachigen Umgebung, in dieser Bedeutung weiterlebt), oder an dessen ‚Ort' (*maqām*), wie es die Drusen ausdrücken. Prophetie und Botschaft treten demgegenüber – verständlicherweise – völlig zurück.

Einem orthodoxen Muslim sind solche Gedanken ein Greuel; er hört hier Inkarnation heraus, und Inkarnation ist für ihn der Punkt, in dem sich das Christentum von der reinen Lehre Jesu, von Jesu ursprünglichem Islam sozusagen, entfernte. Jedoch werden damit solche Ideen noch nicht unbedingt, wie er es gewiß sehen würde, unislamisch. Die Ahl-i Ḥaqq und ein großer Teil der heutigen Drusen betrachten sich selbst als durchaus dem Islam zugehörig. Sie würden, wenn es zu einer Diskussion käme, den Unterschied zwischen Inkarnation und Manifestation klarzumachen versuchen: In einer Manifestation vereint Gott sich nicht wesenhaft mit seinem irdischen Substrat, sondern er ‚erscheint' nur an ihm. Und sie würden darauf bestehen, daß auch sie, wie jeder andere Muslim, im Gegensatz zu den Christen (so wie sie vom Islam verstanden werden) Bekenner der Einheit und Einzigkeit Gottes sind.

In der Tat wird mit diesen Manifestationen nicht etwa ein autochthoner Polytheismus kaschiert, sondern umgekehrt ein Monotheismus, den man als zu kahl und abweisend empfand, individualisiert und aufgefächert. Die Namen verraten es. Nach der Lehre der Drusen manifestiert sich Gott sukzessiv als ‚Allerhöchster', als ‚Schöpfer' und als ‚Verursacher', später dann in einigen Fāṭimidenkalifen und schließlich in der Person des Kalifen al-Ḥākim, der im Jahr 1021 auf einem Ausritt in den Bergen bei Kairo spurlos verschwand und an dessen Wiederderkehr die Drusen noch heute glauben. Von dieser letzten Manifestation her, zu deren Zeit die Sekte der Drusen überhaupt erst entstand, sind die früheren nur rückschauend extrapoliert; und es ist kaum zu übersehen, wie sehr man, sobald einmal die Vorfahren des Ḥākim in diesem Gedankengebäude verplant waren, bei den Namen in Verlegenheit geriet. ‚Allerhöchster', ‚Schöpfer' und ‚Verursacher' sind ursprünglich nur theologische Begriffe, mit denen das sich wandelnde Verhältnis Gottes zur Welt beschrieben wird: seine ursprüngliche Einsamkeit als ‚Allerhöchster', seine erste Beziehung zur Welt als ‚Schöpfer' und seine fortwährende Besorgnis um sie als ‚Verursacher'; die Individualisierung und der damit verbundene Wandel des Begriffs zum Namen sind ganz sekundär. Anders bei den Fāṭimidenkalifen: Hier ist der Name als Name vorgegeben; nur der Träger wird vergöttlicht. Die Herrschaftsauffassung gerade dieser Dynastie hatte der Entwicklung vorgearbeitet.[12] – Bei den Ahl-i Ḥaqq beginnt die Reihe der Manifestationen gleichfalls mit dem Schöpfer, der hier allerdings einen persischen Namen trägt: Ḫāwandagār, der ‚Herr'. Dann aber folgen sofort historische – wenngleich nicht unbedingt historisch greifbare – Persönlichkeiten, die zum ‚Gewand' Gottes werden und deren historische Namen Gott sich aneignete. An dieser Stelle begegnet auch, soweit ich sehe, zum einzigen Male im Bereich des Islams ein Gottesname, der nichts bedeutet, sondern *nur* Name ist: Yā, der Name des

12 Vgl. dazu *A. Abel,* Le khalife, présence sacrée: Studia Islamica 7 (1957) 29 ff., vor allem 39 ff. Zu den Drusen allgemein vgl. die Artikel ‚Durūz' und ‚Ḥākim' in: EI[2] II, 631 ff. und III, 76 ff.; weiterhin *'Abdallāh an-Naǧǧār,* Madhab ad-Durūz wat-tauḥīd, Kairo 1965, 94 ff.

verborgenen Gottes, der sich noch nicht als Ḫāwandagār veräußerlicht hat.[13]

Damit ist der Umkreis des Problems innerhalb des Islams abgeschritten. Das Verhältnis zwischen Gott und seinem Namen wird, so sehen wir, durchaus nicht immer gleich aufgefaßt. Gott kann sich seinen Namen selbst wählen, indem er sich unter dessen Bedeutung oder in dessen Träger manifestiert; der Mensch aber kann Gott auch einen Namen geben. Im letzteren Fall läßt sich wiederum unterscheiden, ob der Name Gott *als Ganzes* erfaßt, wie es vielleicht für den Namen Allāh gilt, oder nur nur einen *Teilaspekt* seines Wesens heraushebt. Selbst dann allerdings ist der Name nicht menschliche Willkür. Denn die Namen sind im Koran genannt; der Koran aber ist nicht, wie die Evangelien, menschliches, wenngleich inspiriertes Werk eines irdischen Autors, sondern Gottes Wort selbst im Sinne einer Verbalinspiration. Muḥammad hat mit dem Koran nach Auffassung der islamischen Theologie nur insofern etwas zu tun, als er ihn in eben der Form, wie er ihn empfangen hat, an seine Gemeinde weitergab. Gott offenbart hier also seine Namen; er lehrt die Menschen, wie sie ihn anrufen sollen. Da heißt es in Sure 17/110, in direkter Anrede am Muḥammad und mit dem Auftrag, ein Gebot zu übermitteln: „Sprich, ihr mögt ihn als Allāh anrufen oder als ar-Raḥmān, wie ihr ihn auch nennt, ihm stehen die schönsten Namen zu."
Was es hier mit Allāh und mit ar-Raḥmān auf sich hat, davon war bereits die Rede. Der Vers ist ein anschaulicher Beweis für die Sonderstellung dieser beiden Namen. Bei den ‚schönsten Namen' aber, auf die im Anschluß daran verwiesen ist, möchte ich mich nun etwas länger aufhalten; sie führen uns ins Zentrum islamischen Denkens zurück. Der Koran sagt nicht, welche Namen er im einzelnen unter diese Bezeichnung subsumiert. Spätere Muslime aber wußten sie aufzuzählen, 99 insgesamt, 100 also weniger einen, den ‚allerhöchsten Namen', den niemand kennt oder niemand aussprechen darf. Sie zusammen bilden den islamischen Rosenkranz; man hat sie an Perlen hergesagt und wie eine Litanei behandelt. Es hat nun allerdings wenig Sinn, daß auch ich mich in eine solche Litanei verliere und sie alle 99 aufzähle.[14] Ich

13 Zu den Ahl-i Ḥaqq vgl. den Artikel ‚Ahl-i Ḥakk' in: EI² I, 260 ff.
14 Eine Liste aller Namen findet sich, neben weiterem Material, in dem Artikel ‚Asmā' al-ḥusnā' in: EI² I, 714 ff. Vgl. auch *G. C. Anawati*, Un traité des noms divins, in: Arabic and Islamic Studies in honour of H. A. Gibb, Leiden 1965, 36 ff.

möchte mich auf die theologische Problematik konzentrieren, die sich mit ihnen verbindet.

Gottes Namen, so sah es die islamische Theologie, sagen etwas aus über seine Eigenschaften; auch Eigennamen sind im Arabischen immer sprechende Namen. Wir treten damit ein in den Bereich der Attributenlehre. Sie hat, so scheint mir, im Christentum bei weitem nicht die Rolle gespielt, die ihr der Islam zuerkennt. Das hat seinen bestimmten Grund. Der Koran ist mit seinen Aussagen über Gott für den Muslim das einzige Medium, durch das er Gottes habhaft werden kann; der Islam kennt keinen Mittler und keine Sakramente. Für das Christentum kommt der transzendente Gott in Christus auf die Erde herab, für den Muslim dagegen in der Schrift. Die christliche Theologie spekuliert darum vornehmlich über die Natur Christi, die islamische über die Selbstaussagen Gottes. Hier hat auch das Dogma von der Verbalinspiration seinen tieferen Sinn; ohne sie wäre der Mensch ganz auf sich selbst gestellt.

Wie bei der Fleischwerdung in der Inkarnation, so begegnen auch bei der ,Wortwerdung' in der Schrift, gerade wenn man von der Vorstellung der Verbalinspiration ausgeht, Menschliches und Göttliches einander in schwer zu entwirrender Weise. Denn Gott bedient sich ja menschlicher Sprache, und seine Aussagen richten sich an den menschlichen Verstand. Aus diesem Spannungsfeld von göttlicher Transzendenz, die sich in der Offenbarung preisgibt, und menschlicher Spekulation, die über die sprachliche Wirklichkeit hinaus in diese Transzendenz hinein vorstoßen will, ergibt sich ein Funkenspiel zahlreicher Probleme, das wir hier nur aus der Ferne betrachten können. Gibt es, so fragte man etwa, nur die Namen, die durch die Offenbarung bezeugt sind, oder ist man berechtigt, rational, durch Analogieschluß, weitere Namen zu postulieren? *Wie* müssen diese Namen in der Offenbarung bezeugt sein: als Adjektive bzw. als Partizipien, oder genügt eine verbale Aussage, aus der sich ein Partizip und vielleicht ein Adjektiv abstrahieren läßt? Darf man etwa Gott, wenn von ihm gesagt wird, daß er den Fötus im Mutterleib schafft, deswegen den ,Schwängerer' nennen? – ein Extremfall natürlich, deswegen gewählt, weil sich an ihm besser diskutieren ließ. Und welche Wirklichkeit entspricht den Namen? Sagen sie etwas aus über separate Entitäten neben oder in Gott, hypostasierte Attribute also? Bedeutet die Aussage, daß Gott allwissend sei, auch, daß er ein Wissen *hat*? Wie es vorher darum ging, ob man aus einem Verb ein Adjektiv abstrahieren dürfe, so hier, ob sich ein Adjektiv zu einem Nomen verabsolutieren lasse

– wobei Nomen und Name, wie im Lateinischen, so auch im Arabischen mit demselben Wort bezeichnet werden und sich die Fragestellung auf diese Weise auch terminologisch verwirrt. Oder ist umgekehrt sogar die adjektivische Aussage, daß Gott allwissend sei, schon zuviel, und besagt sie eigentlich nur, daß Gott nicht unwissend ist? Verlangt also die Transzendenz Gottes, daß man sich mit negativer Theologie begnügt? Dann wären die Selbstaussagen Gottes nicht Aussagen über eine Wirklichkeit, sondern sie hätten nur deklamatorischen Charakter, als Formeln des Lobpreises, die der Mensch in der Tat nur in einer Litanei benutzen kann, nicht aber zur theologischen Erkenntnis. Positive Aussagen über Gott enthielten dann nur den Wahrheitskern, daß Gott existiert und daß gewisse Prädikate, die sich von ihm *nicht* aussagen lassen, hiermit von ihm abgewehrt werden.
Selbst aber wenn man positive Aussagen als positiv versteht, ist doch nicht zu verkennen, daß sie nicht alle gleichen Rang und gleiches Gewicht haben. Nicht immer nämlich wird das Wesen Gottes selbst erfaßt, wenn man sein Wesen als etwas Unveränderliches und Ewiges begreift und darum auch von den Aussagen verlangt, daß sie eine ewige und unveränderliche Eigenschaft bezeichnen. Der Name sagt häufig nur etwas aus über eine Tätigkeit, die nicht permanent ausgeübt wird, sondern intermittierend oder vielleicht nur einmalig: Gott ist, so scheint es, nicht immer barmherzig, sondern nur zu einem bestimmten Moment; er ist es auch nicht von Anfang an, sondern in der Zeit, seitdem es nämlich Menschen gibt, denen er seine Barmherzigkeit erweisen kann. Dagegen ist Gott *immer* allmächtig oder allwissend; dies ist eine Wesenseigenschaft, ersteres dagegen, seine Barmherzigkeit – ebenso wie etwa sein Schöpfertum –, nur, wie man sagte, eine Tateigenschaft. Wesenseigenschaften lassen sich, so fand man heraus, nicht negieren; zu Tateigenschaften dagegen läßt sich immer auch das Gegenteil behaupten: Gott ist niemals nicht allwissend; dagegen ist er sehr wohl zu einem bestimmten Zeitpunkt barmherzig, zu einem andern dagegen nicht. Hier wird also differenziert zwischen Aussagen, die Gottes absolute Vollkommenheit, und solchen, die sein in der Zeit sich manifestierendes Handeln betreffen. Eine zusätzliche Schwierigkeit mag dadurch auftauchen, daß dieses göttliche Handeln dem der Menschen gefährlich nahekommt: wenn Gott als der ‚Hörende' oder der ‚Sehende' bezeichnet wird, so ist das ein Anthropomorphismus, mit dem man irgendwie exegetisch fertig werden muß. Allerdings ist das in diesem Fall für einen fixen Theologen noch kein großes Problem. Die eigentlich bösartigen Anthropomorphismen sitzen dort, wo man

von einem Namen Gottes nicht mehr reden kann: in den Aussagen über das ‚Antlitz' Gottes oder seine ‚Hände'.[15]

Schon aus dieser etwas oberflächlichen *tour d'horizon* mag deutlich werden, wieviel an logischen, grammatikalischen oder semasiologischen Fragestellungen neben den rein theologischen Tüfteleien hier angeschnitten wird. Theologische Spekulation solcher Art regt uns ja seit einiger Zeit nicht mehr sonderlich auf. Ersteres dagegen, das Instrumentarium also, mit dem die islamische Theologie zu Werke ging, berührt sich manchmal überraschend nahe mit heutigen sprachphilosophischen oder logischen Überlegungen. Begriffe wie Synonymität, Äquivokation, Derivation usw. werden durchdiskutiert; man denkt nach über Natur und Funktion religiöser Sprache und über Möglichkeit und Basis der Attribution. Natürlich verschieben wir, wenn wir uns ganz hierauf konzentrieren, die Akzente. Den islamischen Theologen ging es immer in erster Linie darum, wie man von Gott etwas aussagen kann, wenn er gleichzeitig unerkennbar und einzig ist. Die Namen versuchen das Unerkennbare erkennbar zu machen, und die Eigenschaften, die mit ihnen ausgedrückt werden, tragen eine Vielheit in die Einheit des göttlichen Wesens hinein. Alle Theologen waren sich dabei einig darüber, daß die Einheit Gottes gewahrt bleiben müsse, alle aber auch darüber, daß Gott im Koran – und nur im Koran – sich in gewissem Maße zu erkennen gibt. Der Unterschied der Systeme ist deshalb zu einem wesentlichen Teil davon bedingt, welches logische oder sprachtheoretische Modell zugrundegelegt wird. Lassen Sie mich dies an einem Beispiel ausführen, einem Traktat des islamischen Theologen al-Ġazzālī, den Mediävisten als Algazel bekannt, der im Jahr 1111, also kaum mehr als ein Jahrzehnt nach Beginn des Ersten Kreuzzugs, in Persien gestorben ist. Die Schrift widmet sich speziell den 99 Namen Gottes, nicht, wie sonst zumeist, der Attributenlehre; sie paßt daher genau zu unserem Thema. Vor drei Jahren ist sie zum erstenmal kritisch ediert worden.[16]

Ġazzālī setzt an bei zwei Problemen, die ihm von der Tradition vorgegeben waren: a) Ist der Name in irgendeiner Weise identisch mit dem Benannten, und b) wie verhalten sich die verschiedenen Namen ein und desselben Benannten, also die verschiedenen Prädikate ein und

15 Vgl. im einzelnen dazu *M. Allard*, Le problème des attributs divins dans la doctrine d'al-Aš'arī et de ses premiers disciples, Beirut 1965.

16 *Al-Ghazālī*, al-Maqṣad al-asnā fī šarh m'ānī asmā' Allāh al-ḥusnā, ed. *Fadlou A. Shehadi*, Beirut 1971 (Recherches publiées sous la direction de l'Institut de Lettres Orientales de Beyrouth, Nouvelle Série A 3).

desselben Subjektes zueinander? Dazu versucht er zuerst einmal den Begriff der Identität zu differenzieren. Da gibt es einerseits 1. die totale Identität: wenn nämlich ein und derselbe Gegenstand zwei Namen hat, die in ihrer sprachlichen Form verschieden, inhaltlich aber völlig synonym sind. Ob ich von ‚Paris' oder von der ‚Hauptstadt Frankreichs' spreche, macht nur sprachlich einen Unterschied; inhaltlich und sachlich dagegen ist genau dasselbe gemeint. Anders verhält es sich 2. mit den sprachlichen Zeichen ‚Auto' und, sagen wir, ‚Peugeot' (das Beispiel ist genau wie das erste aktualisiert, und ich hoffe, daß ich mich, obgleich selber nicht Autofahrer, nicht zu sehr im Sachlichen vergreife). Hier hat ‚Peugeot' dem ‚Auto', das nur die Gattung bezeichnet, gewisse Merkmale voraus; Ġazzālī spricht hier von Teilidentität mit Merkmalsinklusion. Schließlich aber gibt es 3. noch den Fall, den Ġazzālī mit dem Satz ‚Der Schnee ist weiß und kalt' erfaßt. Das ist, wie er von Aristoteles her wußte, nur mittelbare oder akzidentielle Identität. Das Weiße und das Kalte sind hier zwar identisch, aber nur in diesem bestimmten Einzelfall. Identität verweist, so stellt Ġazzālī fest, auf eine Vielheit, der unter einem bestimmten Aspekt eine Einheit zukommt. Daß dieser Aspekt wechseln kann, erkennt man auch daran, daß aus den vorher genannten Fällen sich jeweils verschieden zu bewertende Urteile ergeben. Den Satz ‚Paris ist die Hauptstadt Frankreichs' (Fall 1) kann man auch umkehren: ‚Die Hauptstadt Frankreichs ist Paris'. Bei Fall 2 geht das nicht mehr: man kann nur sagen ‚Alle Peugeots sind Autos', nicht aber ‚alle Autos sind Peugeots'. Und bei Fall 3 kann man nur partikuläre Urteile bilden, die allerdings unter Wahrung ihres partikulären Charakters umkehrbar sind: ‚Einiges Weiße ist kalt' bzw. ‚Einiges Kalte ist weiß', wobei man jeweils den Schnee im Sinn hat.

Nun, was hilft das für die anfangs angeschnittenen zwei theologischen Fragen? Recht gut kommt man damit weiter bei der zweiten von ihnen (*b*), wie nämlich verschiedene Namen ein und desselben Benannten sich zueinander verhalten: Wenn ich sage ‚Gott ist allwissend und allmächtig', so bietet sich Fall 3 zum Vergleich geradezu an. Auch Fall 2, Teilidentität mit Merkmalsinklusion, kommt vor: wenn Gott einmal als ‚König' und ein andermal als der ‚Sich-selbst-Genügende', der keines anderen bedarf, bezeichnet wird; jeder König nämlich ist per definitionem auch sich selbst genügend, nicht aber jeder Sich-selbst-Genügende auch König. Auf eines allerdings ist zu achten: Im Gegensatz zu dem obigen Beispiel für Fall 2 (‚Auto' und ‚Peugeot') haben wir es hier nie mit einem Verhältnis zwischen Gattung und Art zu tun. Selbst der Name Allāh bezeichnet nicht die Gattung; es gibt ja nur einen einzigen Gott, eben *den* Gott. Der Name Allāh hat bloßen Individualcharakter; er ist nur ein Name unter vielen, *ho theós*, nicht *theós*. Und Fall 1 schließt Ġazzālī bewußt aus: Es gibt unter den Namen Gottes keine Vollidentität; d. h. wir haben es in keinem Fall mit Synonymen zu tun. Der Vorzug der 99 Namen beruht für Ġazzālī nicht in ihrem Wortcharakter – wie etwa in einer Litanei –, sondern in der Verschiedenheit ihres Sinngehalts. Dieser Standpunkt ist nicht immer ganz leicht durchzuhalten. Denken wir an *ar-raḥmān ar-raḥīm*; Ġazzālī wußte ja selbst nichts von der historischen Genese dieser Namenskombination, und selbst wenn er davon gewußt hätte, wäre ihm diese Kenntnis wohl nicht sonderlich gelegen gekommen.

Ganz anders verhält es sich bei Frage *a*: ob nämlich Name und Benanntes in irgendeiner Weise identisch sind. Das ist offenbar zu verneinen; denn keine der drei genannten Spielarten von Identität (1–3) läßt sich hierauf anwenden. Zwar besteht eine *Relation* zwischen dem Namen und dem Benannten; aber von Identität in irgendeiner Weise kann man nicht reden. Man würde sich ja sonst, wenn man das Wort ‚Feuer' ausspricht, den Mund verbrennen. Das liegt daran, daß wir es hier mit völlig verschiedenen Seinsebenen zu tun haben, die sorgfältig auseinandergehalten werden müssen: Es ist, so sagt Ġazzālī, zu trennen zwischen dem Baum, unter dem man sitzt, dem Wort ‚Baum', das man ausspricht oder schreibt, und der Bedeutung dieses Wortes. Der Baum, unter dem man sitzt, gehört zur *realen* Wirklichkeit, in der die Gegenstände als konkrete Individuen existieren. Diese Gegenstände haben Eigenschaften, die ihnen inhärieren. Sie sind prinzipiell vom Erkennen des Menschen unabhängig, können aber mitsamt ihren Eigenschaften zum Erkenntnisobjekt werden. Dadurch nun gehen sie ein in eine zweite Seinsschicht, das ‚Sein im Geiste', wie Ġazzālī es nennt, die Denk-Wirklichkeit. Hier haben wir es mit der Bedeutung des Wortes ‚Baum' zu tun; diese Bedeutung ist intentional auf den tatsächlich bestehenden Baum ausgerichtet. Das Inhärenzverhältnis der realen Wirklichkeit taucht hier als Identitätsverhältnis zwischen Subjekt und Prädikat eines Urteils oder zwischen Leitwort und Attribut einer attributiven Fügung wieder auf. Trotz ihrer Bezogenheit auf die reale Wirklichkeit besitzt diese Denkwirklichkeit ihren eigenen Systemcharakter: In ihr gibt es den Baum schlechthin, in der Wirklichkeit immer nur den individuellen Baum. Wenn man aber vom Baum *spricht*, sei es nun vom Baum schlechthin oder von einem bestimmten Baum, so hat man damit teil an einer dritten Seinsschicht, der *sprachlichen* Wirklichkeit. Sie hat es primär mit Lautkomplexen zu tun; zu diesen tritt die Bedeutung – welche der Denk-Wirklichkeit angehört – erst hinzu durch die Zuordnung bestimmter Lautkomplexe zu bestimmten Erkenntnisgebilden. Über diese Erkenntnisgebilde ist die sprachliche Wirklichkeit dann auch mit der realen Wirklichkeit verbunden.

Der Name ist, so ergibt sich daraus, nicht identisch mit dem Benannten, sondern mit dem sprachlichen Zeichen, das jemand aufgrund einer Konvention oder, im selteneren Fall, autonom für einen Erkenntnisgegenstand einsetzt. Dieser Erkenntnisgegenstand – und nicht etwa unmittelbar die reale Wirklichkeit – ist das Benannte; das Benannte ist also zwar nicht identisch mit dem Namen, aber identisch mit der Bedeutung des Namens, mit dem Begriff. Ġazzālī arbeitet mit einem konzeptualistischen Modell.[17]

Ich breche hier ab. Unerörtert bleibt, wie die Namen Gottes, die der sprachlichen Wirklichkeit des Menschen angehören und primär etwas benennen, das wiederum nur dem Menschen, diesmal aber seiner Denk-Wirklichkeit zuzuordnen ist, sich zur realen Wirklichkeit des göttlichen Wesens und seiner Attribute verhalten. Ġazzālī sagt darüber nicht viel, und er braucht dies an dieser Stelle auch nicht zu tun; denn er will sich, wie der Titel seines Traktates besagt, nur mit den Namen befassen – und da hat er doch etwas für Ordnung gesorgt. Gott bleibt, so scheint es, letztlich unerkennbar. Attribution von Namen und Eigenschaften ist zwar notwendig; denn nur durch sie ist Religion überhaupt möglich – niemand verehrt ein abstraktes und unpersönliches Gedankengebilde. Aber „was in diesen Wörtern (den Namen Gottes) im Koran sichtbar wird, sollte man hinsichtlich ihrer Früchte und Ziele erklären, nicht aber hinsichtlich ihrer Bedeutung und Etymologie“[18]. Frucht und Ziel bestehen darin, daß man Gott auf diese Weise näherkommt, nicht aber, daß man sein Wesen erkennt. Daraus auch bezieht Offenbarung ihren Sinn: Sie ist ein Führer für den Menschen, nicht aber im strengen Sinne Selbstbeschreibung Gottes.[19]

Für Ġazzālī hat dies alles noch einen andern Aspekt: Er ist nicht nur Theologe, sondern auch Mystiker. Wie aber ist bei einem solchen

17 Dieses Referat einiger Thesen des Ġazzāli ist, z. T. bis in die sprachliche Formulierung und in die Wahl der Begriffe, abhängig von dem Aufsatz von *H. Gätje*, Logisch-semasiologische Theorien bei al-Ġazzālī: Arabica 21 (1974) 151 ff.

18 Vgl. *F. A. Shehadi*, Ghazālī's Unique Unknowable God, Leiden 1964, 111.

19 Vgl. *Shehadi*, a. a. O. 121.

Standpunkt eine *unio mystica* möglich? Auch sie vollzieht sich, so ahnt man, zuerst einmal im Bereich der Denk-Wirklichkeit. Man vereint sich nicht unmittelbar mit Gott, der ja unerkennbar und fern bleibt; man versenkt sich vielmehr in die Bedeutung seiner Eigenschaften, man ‚zieht sich diese an'. Der Theologe in al-Ġazzālī ist zu mächtig, als daß dem Mystiker in ihm nicht fortwährend seine Grenze bewußt würde: Auch im Zustand der Entrückung vermag der Mensch die Bilder menschlicher Sprache nicht zu transzendieren; nicht das tiefere Eingehen in Gott bereitet ihm Ekstase, sondern das Eingehen in die Wahrheiten über Gott. Einheit mit Gott ist nur metaphorisch zu verstehen; „die Worte derer, die behaupten, der Mensch sei eins geworden mit seinem Herrn, sind in sich widersprüchlich ... denn daß etwas ein anderes wird, ist absolut unmöglich". Ġazzālī beweist dies in nüchtern logischer Deduktion folgendermaßen: Einswerdung vollzieht sich zwischen zwei separaten Entitäten, sagen wir A und B. Da sind nun im Augenblick des Einswerdens nur vier Möglichkeiten denkbar: 1. Sowohl A als auch B existieren. Dann ist aber zugegeben, daß sie zwei sind und nicht eins; also sind sie nicht einsgeworden. 2. Weder A noch B existieren. Dann sind sie aber auch nicht einsgeworden; jedes hat nur seine eigene Identität verloren. 3. und 4. A existiert, während B nicht existiert, oder umgekehrt. Aber wie kann dann etwas Existierendes mit etwas Nichtexistierendem einswerden?[20]

Ich überlasse es dem Leser, was er von dieser Beweisführung hält. Mir scheint – obwohl ich das im Augenblick nicht beweisen kann –, daß sie ursprünglich, und nicht unbedingt von Ġazzālī, sondern vielleicht schon von einer seiner Quellen, gar nicht gegen die *unio mystica* gerichtet war, sondern gegen den christlichen Begriff der Inkarnation und die Einheit der göttlichen und menschlichen Natur in Christus. In dieser Umgebung sind solche logischen Kunststücke nichts Ungewöhnliches. Die Übertragung lag natürlich nahe. Aber sie überrascht doch bei einem Mann wie Ġazzālī, dem man landläufigerweise die Leistung zuschreibt, die islamische Theologie mit der Mystik versöhnt zu haben. Er ist zeit seines Lebens ein Intellektueller geblieben; einen echten Mystiker hätten solche Überlegungen, mögen sie nun stimmen oder nicht, gewiß frustriert. Es ist, wie wenn man einem jugendlichen Liebhaber einen Vortrag hält über ‚deine Frau, das unbekannte Wesen'; wer das tut, ist selbst über das Stadium des jugendlichen Liebhabers hinaus.

20 *Shehadi,* a. a. O. 25 f.

Allerdings steht Ġazzālī, wenn er dergestalt die *unio mystica* auf ein Einswerden mit den göttlichen *Eigenschaften* abdrängt, durchaus nicht allein. Nur daß die, welche in stärkerem Maße mystisches Gespür haben als er, die Denk-Wirklichkeit außer acht lassen bzw. sie zu transzendieren versuchen und von realer Vereinigung mit den göttlichen Attributen sprechen statt nur von einem Sichversenken in die Bedeutung der göttlichen Namen. Der Mensch verliert, so sieht man es dann, durch die Meditation über die göttlichen Namen seine menschlichen Eigenschaften und gewinnt dafür göttliche Eigenschaften. Hören wir noch einmal einen Text, von einem Mystiker, der fast genau ein Jahrhundert nach Ġazzālī gestorben ist, in der Landschaft am unteren Lauf des Oxus, wahrscheinlich in den ersten Wirren des ausbrechenden Mongolensturms. Er sagt:
„Wisse, Gott hat verschiedene Örter, die Örter der Eigenschaften. Du unterscheidest sie voneinander durch deine Erfahrung; denn wenn du zu dem betreffenden Ort emporgehoben wirst (oder: emporsteigst), so kommt dir unwillkürlich der Name jenes Ortes und seiner Eigenschaft über die Lippen, bis du den Ort und seine Eigenschaft umkreist hast. Du preist dann damit Gott. So preist du ihn das eine Mal mit ‚Preis dem Hohen, dem Großen', das andere Mal mit ‚Preis dem Hohen, dem Höchsten', dann wieder mit ‚Mein Herr und Gebieter' oder ‚Einer, einer'. Auf diese Weise geht es, bis du alle Örter umkreist hast. Das Herz hat (schon von Haus aus) an jeder Eigenschaft Gottes und auch an seinem Wesen teil. Diese Teile aber wachsen ständig, wobei die Mystiker sehr verschieden sind. Da nun jede Eigenschaft ihren Sitz an den genannten Örtern und das Herz Anteil an jeder Eigenschaft Gottes hat, so enthüllt sich dieser (d. h. Gott) dem Herzen mittels des Anteils, den es an ihnen hat. Die Eigenschaften enthüllen sich den Eigenschaften, das Wesen dem Wesen. Bald kommen die Eigenschaften (der Örter) zum Herzen, bald begibt sich dieses an die Örter der Eigenschaften. Die Enthüllung geschieht zuerst im Wissen, dann in der Schau, indem entweder die Eigenschaften zum Herzen kommen oder dieses sich an die Örter der Eigenschaften begibt. Hierauf folgt die Enthüllung durch die Beeigenschaftung, d. h. das Herz nimmt die betreffenden Charakterzüge an und beeigenschaftet sich mit den betreffenden Eigenschaften, indem es schafft, entstehen läßt, ins Leben ruft, zum Tode befördert, Erbarmen walten läßt, straft und was dergleichen Güte- und Gerechtigkeitseigenschaften (Gottes) weiter sein mögen. In der so erfolgten Beeigenschaftung lassen sich dann drei Grade unterscheiden. Erstens: das Herz beeigenschaftet sich mit den (göttlichen) Eigenschaften nur

in bezug auf sich selbst, kann bloß die eigenen geistigen Inhalte verändern. Zweitens: es beeigenschaftet sich in bezug auf sich selbst und andere, kann also auch die geistigen Inhalte anderer verändern. Drittens: die Beeigenschaftung mit den Eigenschaften in der Art, daß man schlechthin über alle Formen des Daseins, die Farben und die Inhalte verfügt. Die Vollkommenheit hierin gehört Gott."[21]

Das klingt wie eine Himmelsreise der hellenistischen Gnosis. Der Herausgeber des Textes vergleicht wohl zu Recht die ,Örter', von denen hier die Rede ist, mit den *topoi* in den koptischen Jeûbüchern des 3. Jahrhunderts. Diese *topoi* sind als Emanationen des wahren Gottes Jeû entstanden und umgeben einen Schatz, den Ort des wahren Gottes selbst. Die Seele des Mysten „springt beständig von Ort zu Ort, bis sie zu dem Lichtschatz gelangt". Die Beeigenschaftung mit den göttlichen Eigenschaften, den ,Potenzen' (*dynámeis*), verleiht dem Menschen göttliche Kräfte; sie bewirkt hier nicht nur intellektuelle Verzückung wie bei Ġazzālī, sondern reale Substanzveränderung.

Dabei lassen sich, wie nebenbei aus dem gleichen Text hervorgeht, diese Eigenschaften grob in zwei Gruppen gliedern, in solche der ,Güte' und solche der ,Gerechtigkeit' Gottes. Hiermit sind die polaren Gegensätze des göttlichen Wesens gekennzeichnet: der gütige und der strafende Gott. Beide zusammen bilden sie in einer *complexio oppositorum* die Gesamtheit seines Wesens. Das ist bekanntlich ein alter Trick der Theologen, um das Unaussagbare des göttlichen Seins sprachlich in den Griff zu bekommen und damit hier wenigstens auf der Ebene der Sprache etwas heimzutragen, im Islam ebenso wie im Christentum. Im Islam liegt dabei auch an dieser Stelle wieder spätantikes Denken zugrunde; schon Philo unterschied zwischen *dýnamis charistikē*, der gnadenhaften Seite des göttlichen Wirkens, und *dýnamis synkolastikē*, seiner strafenden Gewalt. Dieser wiederholte Rückgriff auf Griechisches braucht nicht zu überraschen: Der Islam ist ebenso eine mediterrane Religion wie das Christentum; auch er speist sich aus den Wurzeln des Alten Testaments und der Antike. Die Araber stehen uns näher, als manchmal in den Zeitungen gesagt wird.

Der Mystiker, von dem ich sprach, benutzt diese Antithese interessanterweise auch dazu, um die beiden Epitheta der Basmala, *ar-raḥmān*

21 Vgl. *F. Meier,* Die Fawā' iḥ al-ǧamāl wa-fawātiḥ al-ǧalāl des Naǧm ad-dīn al-Kubrā. Eine Darstellung mystischer Erfahrungen im Islam aus der Zeit um 1200 n. Chr., Wiesbaden 1957, 78 f. Die Übersetzung ist von dort übernommen.

ar-raḥīm, voneinander zu differenzieren. Auch für ihn sind sie ebensowenig wie für al-Ġazzālī Synonyme, nur daß er jetzt nicht semasiologisch-intellektuell vorgeht, sondern sich vom lautlichen Erlebnis bestimmen läßt: „Gott sitzt auf dem Thron entsprechend dem, wie er in den Herzen sitzt, nur daß er auf dem Thron erhabenheitsvoll und in den Herzen freundlichkeitsvoll sitzt. Das ist der Sinn von *ar-Raḥmān ar-Raḥīm*. Der *Raḥmān* ist der auf dem Thron Sitzende, der *Raḥīm* der sich im Herzen Enthüllende. Das ist der Sinn des *a* und des *i* in *ar-Raḥmān ar-Raḥīm*, und zwar ist es ein Geheimnis des Erlebens; denn wenn man *Raḥmān* spricht oder von einem anderen hört, so empfindet und erlebt man dabei die gesamten Eigenschaften der (göttlichen) Erhabenheit, als da sind Mächtigkeit, Größe, Macht, Gewaltigkeit, Überweltlichkeit, Heftigkeit des Zugriffs, Kraft, und wenn man *Raḥīm* spricht oder von einem anderen hört, so empfindet und erlebt man dabei die gesamten Eigenschaften der (göttlichen) Freundlichkeit, als da sind Barmherzigkeit, Gnädigkeit, Zuneigung, Heil und Glück. Das *a* ist himmlisch, das *i* irdisch, und ebenso ist der Thron himmlisch und das Herz irdisch."[22] Gewaltiges *a* und intimes *i* – man fühlt sich an Ernst Jüngers ‚Lob der Vokale' erinnert.

Beide Hälften zusammen, die gütige und die strafende, ergeben noch nicht das göttliche Wesen. Da blieb immer ein unerklärlicher, ungeoffenbarter Rest: Wesenserkenntnis und mystisches Erleben ließen sich nicht als ein Rechenexempel auflösen. Neben den 99 Namen, in die jeder sich versenken kann, unterschied man den ‚allerhöchsten' Namen Gottes, der allen oder zumindest den meisten Muslimen immer ein Geheimnis bleibt. Die Vorstellung ist älter als der Islam. Das Judentum hatte das Tetragramm als *haš-šēm hag-gadōl*, den ‚großen' oder auch ‚größten Namen' bezeichnet; von dort dringt der Begriff als *to megiston onoma* in die hellenistische Gnosis und Theurgie ein.[23] Die Muslime aber glaubten ihn auch im Koran bezeugt. „Preise den Namen deines höchsten Herrn", so heißt es zu Beginn der 87. Sure, und man brauchte nur das Adjektiv anders zu beziehen, um zu verstehen: „Preise den höchsten Namen deines Herrn".
Ein früher šī'itischer Häretiker ist so verfahren; er knüpft an diese Exegese einen ganzen gnostischen Mythos. „Gott war allein, nichts mit ihm. Als er nun die Dinge erschaffen wollte, da sprach er den al-

22 Vgl. *Meier*, a. a. O. 81.
23 Vgl. *Meier*, a. a. O. 147 f.

lerhöchsten Namen. Der flog herum und fiel als Krone ihm aufs Haupt. Das bedeutet das Wort der Schrift: ‚Preise den höchsten Nanen des Herrn'. Dann schrieb er sich mit dem Finger die Taten der Menschen auf die Handfläche, Sünden und gute Werke. Er wurde zornig über die Sünden und fing an zu schwitzen. Da sammelten sich aus seinem Schweiß zwei Meere, ein salziges finsteres und ein leuchtendes süßes. Er blickte auf das Meer und sah seinen Schatten. Da ging er hin, um ihn zu fangen; der aber flog hoch. Da riß er dem Schatten das Auge aus und schuf daraus eine Sonne. Und er löschte diesen Schatten aus und sprach: „Es gehört sich nicht, daß neben mir ein anderer Gott existiere ..." usw.[24] Auch das ist Islam oder zumindest im Bereich des Islams gedacht worden; aber es ist meilenweit von dem entfernt, was uns bisher entgegentrat. Der Mann ist als Ketzer verbrannt worden. Aber was soll's? Der Islam hat genauso seine Gnosis gehabt wie das Christentum, und er hat sie ebensowenig jemals ganz besiegt.

Der ‚allerhöchste Name' hat die Menschen fasziniert, viel mehr sicherlich als es die göttlichen Attribute je getan haben. Er versprach höchstes Wissen und höchste Macht; er war Talisman und Zauberstab zugleich. Salomo, der Herrscher über die Geister nach islamischer, dem Judentum entnommener Vorstellung, kannte ihn; er hatte ihn auf seinen Siegelring eingravieren lassen. Bileam vermochte mit ihm Gott zu zwingen, gegen die Israeliten zu handeln. Jesus hat mit seiner Hilfe die Toten auferweckt.[25] Gott hat mit ihm, so sah es der šī'itische Gnostiker, den wir soeben zitierten, die Welt erschaffen. Hier allerdings, in diesem letzten Beispiel, ist an mehr gedacht als an eine simple Zauberformel; hier ging es ja nicht darum, sich die Dinge botmäßig zu machen, sondern sie überhaupt erst in die Existenz zu rufen. Der Name Gottes, so spekulierte jener Gnostiker weiter, besteht aus Buchstaben, 17 insgesamt.[26] Um den Sinn dieser Zahl zu begreifen, muß man wissen, daß das arabische Alphabet manche Buchstaben enthält, die sich nur durch Punkte voneinander unterscheiden; das alte aramäische Alphabet ist hier durch sekundäre Differenzierung dem reicheren arabischen Lautbestand angepaßt worden. So enthält zwar das arabische Alphabet 28 Buchstaben; aber nur 17 von ihnen haben eine verschiedene Grundform. Sie also sind die Urbestandteile aller Wörter und Namen. Die Namen nun hielten immer auch die Dinge, die sie

24 Vgl. Aš'arī, Maqālāt al-Islāmīyīn, ed. H. Ritter, Wiesbaden ²1963, 7, Z. 6 ff.
25 Vgl. *Meier*, a. a. O. 144 ff.
26 Vgl. *Aš'arī*, a. a. O. 9, 2 f.

bezeichneten, irgendwie in sich gefangen; nicht jeder hat so sauber Sprache und Wirklichkeit geschieden wie al-Ġazzālī, und ein Gnostiker tat das erst recht nicht. Wenn also Gott die Dinge schafft, so durch die Namen; die Namen aber setzt er, wie bei dem Geheimschloß eines Safe, aus wenigen Buchstaben immer anders zusammen. Diese Buchstaben sind mit ihm identisch; sie sind sein Name. So geht Vielheit aus dem Einen hervor; Gott arbeitet bei der Schöpfung wie ein Computer.

Dieser Gnostiker hat also gemeint, den ‚allerhöchsten Namen' zu kennen, zumindest seine Bestandteile. Darauf gründete er seinen Anspruch und seine Hoffnung; beim Anbruch des messianischen Reiches werden 17 Männer auferstehen und je einen Buchstaben des allerhöchsten Namens erhalten, um damit die Heere der feindlichen Obrigkeit in die Flucht zu schlagen. Daran erwies sich auch sein Irrtum: er wurde hingerichtet, und der Aufstand, viel später erst unternommen,[27] ist schnell zusammengebrochen. Es war wohl doch der falsche Name gewesen. Man konnte also weiter über ihn spekulieren. Und man hat dies nach Kräften getan: da man nichts über ihn wußte, gehörte er jedem ebenso wie niemandem. Man fand ihn in Phantasienamen ebenso wie in dem traditionellen Fundus der 99 Epitheta, in Formeln wie in magischen Zeichen. Nicht wenige identifizierten ihn mit dem Namen Allāh; die genushafte Breite dieses Epithetons wirkt sich hier aus. Der Anspruch, den richtigen ‚allerhöchsten Namen' entdeckt zu haben, bewährte sich weniger aus der praktischen Erprobung als aus dem Prestige dessen, der diesen Anspruch erhob.[28]

Es ist eigentlich schade, daß wir gerade hier, wo es anfängt, bunt zu werden, den Rahmen unseres Themas überschreiten; denn es sollte ja von Theologie die Rede sein und nicht von Folklore. Unter den Muslimen allerdings, die hierüber nachdachten, ist es den ernsteren bald schon zu bunt geworden. Da reiste ein Perser namens Yūsuf von Arabien nach Oberägypten zum Mystiker Ḏu n-Nūn, um von ihm den Größten Namen Gottes zu erfahren. Dieser ließ zuerst vier Jahre lang auf sich warten und schickte ihn dann mit einer zugedeckten Holzschüssel, in der sich etwas zu bewegen schien, zu einem Alten über den Nil. Unterwegs konnte Yūsuf der Versuchung nicht widerstehen, den

27 Es handelt sich um die Rebellion des Nafs az-zakīya i. J. 144–5 H.; der Häretiker (Muġīra b. Saʿīd) wird bereits i. J. 119 H. hingerichtet.

28 Vgl. dazu auch *G. C. Anawati*, Le nom suprême de Dieu, in: Atti del Terzo Congresso di Studi Arabi e Islamici Ravello 1966, Neapel 1967, 7 ff.

Deckel zu öffnen, worauf eine Maus heraussprang. Als er mit der leeren Schüssel bei dem Alten ankam, sagte dieser: „Siehste ...“ – d. h.: Nein, das hat er natürlich nicht gesagt. Er sagte vielmehr: „Du wolltes von D̲u n-Nūn den Großen Namen Gottes lernen? D̲u n-Nūn hat deine geringe Standhaftigkeit bemerkt und gab dir eine Maus. Eine Maus kannst du nicht bewahren! Wie willst du den Größten Namen bewahren?“[29]

Und da wir gerade beim Geschichtenerzählen sind und auch ein Orientalist den Zauber des Orients nicht ganz hinwegintellektualisieren sollte, schnell noch eine zweite Anekdote: Jemand wird gefragt, welches der allerhöchste Name Gottes sei. Er antwortet: ‚Brot‘. Der Frager ist entsetzt über diese Antwort, doch der andere erklärt: Ich war in Nēšāpūr zur Zeit der Hungersnot. Vierzig Tage und vierzig Nächte habe ich hungrig in der Stadt zugebracht. Nirgends hörte man den Ruf zum Gebet, keine Moschee stand offen (wohl aber – so muß man wohl ergänzen – schrie man beständig nach Brot). Seitdem weiß ich, daß der höchste Name Gottes ‚Brot‘ ist.[30] Eine ganz andere Dimension tut sich hier auf: Theologie macht nicht satt, und auch Magie ist nur Illusion. Vielleicht haben alle Spekulationen über den Namen Gottes – auch diese hier – nur eine Maus geboren. Aber das kann nur der Leser entscheiden.

29 Vgl. *Meier*, a. a. O. 149; ich habe mich weitgehend an die Formulierung Meiers gehalten.

30 Vgl. *H. Ritter*, Das Meer der Seele. Mensch, Welt und Gott in den Geschichten des Farīduddīn ʿAṭṭār, Leiden 1955, 172.

Walter Kasper

Name und Wesen Gottes

Problem und Möglichkeit des theologischen Sprechens von Gott

Um das Jahr 178 schrieb der Philosoph Kelsos eine der ersten uns bekannten Streitschriften gegen das Christentum. Darin formuliert er das Grundproblem, das jedem christlichen Sprechen von Gott in philosophischer Sicht anhaftet. Kelsos ist nämlich der Meinung, „es mache nichts aus, ob man den über alles waltenden Gott Zeus nenne, wie die Griechen es tun, oder ob man ihm den zum Beispiel bei den Indern oder bei den Ägyptern üblichen Namen gebe". Sein Widerpart Origenes (einer der genialsten Theologen bis heute) antwortete darauf zunächst mit interessanten sprachphilosophischen Erörterungen über den Zusammenhang von Namen und Wesen einer Sache. Dann überschreitet er plötzlich die Ebene der rationalen Argumentation und betritt die Ebene des persönlichen Zeugnisses: „Mit solchen Gründen werden wir auch die Christen verteidigen, die entschlossen sind, lieber zu sterben als ihren Gott Zeus zu nennen oder ihm einen jener Namen zu geben, die sich in den anderen Sprachen finden. Denn entweder bekennen sie ohne nähere Bestimmung den gemeinsamen Namen ‚Gott', oder sie geben diesem Namen den Zusatz ‚Gott der Urheber aller Dinge, der Schöpfer des Himmels und der Erde, der dem Menschengeschlecht diese und jene erleuchteten Männer gesandt hat'" (Origenes, Adversus Celsum I,24).

In dieser Auseinandersetzung zwischen Kelsos und Origenes prallen zwei Welten aufeinander: Die Welt der Bibel, die eine bestimmte geschichtliche Offenbarung des Namen Gottes bezeugt und dafür universale Geltung beansprucht, und die Welt der hellenistischen Philosophie, die nach dem allgemeinen Wesen Gottes fragt, weshalb dem Philosophen Kelsos der Absolutheitsanspruch des Christentum maßlos und barbarisch erscheint. Origenes dagegen begründet ihn damit, daß

1 Abkürzungen: S.c.q. = Summa contra gentes; S.th. = Summa theologiae. Liteaturhinweise: Art. onoma (*H. Bietenhard*), in: Theologisches Wörterbuch zum Neuen Testament, Bd. 5, 242–281; Art. Name Gottes (*W. Philipp*), in: Religion in Geschichte und Gegenwart, Bd. 4, 1298–1300 (Lit.); Art. Gottesnamen (*H. Gross*), in: Lexikon für Theologie und Kirche, Bd. 2, 1127–1129; Art. Name (*J. Gewiess – H. Vorgrimler*), in: Lexikon für Theologie und Kirche, Bd. 7, 780–783 (Lit.).

der Gott der Geschichte zugleich der Schöpfer des Universums ist. Deshalb kann er auch die philosophische Frage von seinen Voraussetzungen her in neuer Weise aufgreifen. Durch diese Synthese von biblischem und philosophischem Denken kam es, bei Origenes als einem der ersten, zur christlichen Theologie, d. h. zur spezifisch christlichen Weise des Sprechens von Gott. Die klassisch gewordene Definition der Theologie hat später Anselm von Canterbury († 1109), der Vater der mittelalterlichen Scholastik, gegeben, indem er sie als fides quaerens intellectum, als Glaube, der sich um sein Verstehen bemüht und sich Rechenschaft gibt von der inneren Möglichkeit seiner Rede von Gott. Doch weit über den Bereich der Theologie hinaus wurde diese Synthese von Antike und Christentum zur Grundlage unserer abendländischen Kultur und ihrer geschichtlichen Dynamik. In der Auseinandersetzung zwischen Kelsos und Origenes geschieht also etwas Grundlegendes und Exemplarisches.

Wir versuchen deshalb, im folgenden zwei Stadien bzw. Wendepunkte dieser Begegnung darzustellen. Wir behandeln 1. die Herausbildung der christlichen Theologie im Altertum und erörtern dabei das Grundproblem der theologischen Rede von Gott; wir behandeln 2. die Lösung dieses Problems im Werk des Thomas von Aquin, der in mancher Hinsicht den Übergang von der antik-mittelalterlichen zur neuzeitlichen Problemstellung markiert. Die neuzeitliche Problemstellung kann abschließend nur noch angedeutet werden; explizit behandelt wird sie in der folgenden philosophischen Vorlesung.

I. Die Begegnung von Antike und Christentum und das Grundproblem theologischer Rede von Gott

Selbstverständlich können wir in diesem Zusammenhang die Rede von Gott und den Namen Gottes im Alten und Neuen Testament wie in der Antike nicht ausführlich darstellen. Dafür muß auf die vorausgehenden Beiträge verwiesen werden. Wichtig ist jedoch der Hinweis, daß es ‚das' biblische und ‚das' griechische Denken natürlich nicht gibt. Beide sind schon in sich überaus differenziert, und beide durchdringen sich bereits innerhalb des Alten Testaments und des Neuen Testaments. Es gibt jedoch zwischen beiden bezeichnende und grundsätzliche Unterschiede.

Für die Bibel[2] war das Sprechen von Gott und das Aussprechen seines

2 Vgl. Art. ónoma, in: Theologisches Wörterbuch zum Neuen Testament, Bd. 5, 242–281.

Namens keineswegs eine Selbstverständlichkeit. Die Bibel weiß um die Unverfügbarkeit des Namens Gottes und weist an einigen Stellen selbst die Frage nach dem Namen Gottes zurück: „Was fragst du mich nach meinem Namen; er ist wunderbar geheimnisvoll" (Gen 32,30; Ri 13,18). Im Dekalog wird das Eitelnennen des Namens Gottes, sein Mißbrauch zu Zauberei und Beschwörung ausdrücklich verboten (Ex 20,7; Dt 5,11). Das spätere Judentum wagte den Namen Gottes nicht einmal mehr auszusprechen. Darin drückt sich die Überzeugung aus, daß Gott und sein Name nicht in der Verfügung des Menschen sind; Gott allein kann seinen Namen offenbaren. So ist der Name Gottes für das Alte Testament beides: Ausdruck der Freiheit, Unverfügbarkeit, Verborgenheit, philosophisch gesprochen: der Transzendenz Gottes, wie seiner Zuwendung zum Menschen, seiner Verheißung und Treue. Der Name Gottes ist gleichsam die dem Menschen zugewandte Seite Gottes. Beides zusammen bedeutet: Gott ist kein Es, sondern ein Er und ein Du; er ist nicht immer und überall offenbar, sondern nur wenn er sich geschichtlich offenbart wann, wie und wo es ihm gefällt. Am deutlichsten kommt dies zum Ausdruck in der Deutung, die der alttestamentliche Gottesname Jahwe in Ex 3,14 findet: „Ich bin der Da-Seiende", derjenige, der mit euch und für euch ist auf eurem Weg.

Das Neue Testament radikalisiert und überbietet diese geschichtliche Weise des Sprechens von Gott. Es sagt von Jesus Christus nicht nur, er habe den Namen Gottes endgültig geoffenbart; es überträgt auf ihn den alttestamentlichen Gottesnamen *adonai*, griechisch: *kyrios*, ja sogar das Gottessohn- und Gottesprädikat. Es will damit sagen: Jesus Christus ist die eschatologische, d. h. endgültige und unüberbietbare Offenbarung Gottes in Person; er ist der Emanuel, der Gott mit uns. Das Neue Testament verkündet also den Gott mit einem menschlichen Antlitz und mit einem menschlichen Namen, den Gott, der selbst die äußerste Schwäche und Armseligkeit des Menschen annimmt und ans Kreuz geht.

Mit dieser törichten und ärgerniserregenden Botschaft, wie Paulus selbst sagt (1 Kor 1,18.23), kommt das Christentum schon sehr früh in Berührung mit der ganz anders denkenden Welt der hellenistischen Philosophie. Es begegnet hier einer Art erster Aufklärung, die unterschied zwischen den Göttern, die es von Natur aus (*phýsei*) sind, und denen, die aufgrund menschlicher Setzung und Übereinkunft (*thései*) als solche gelten.[3] Die Götternamen sind unter dieser Voraussetzung ein kon-

3 Vgl. *W. Jaeger*, Die Philosophie der frühen griechischen Denker, Stuttgart 1953.

ventionelles Vorurteil (*dóxa*), das es zugunsten der Wahrheit zu überwinden gilt. Man erstrebte also eine rationale ‚natürliche' Theologie, die im Unterschied zur poetischen (d. h. mythologischen) Theologie mit Hilfe eines Rückschlußverfahrens von den sichtbaren Dingen zu deren letztem, unsichtbarem Grund (*archē*), der unaussprechlich, unbegreiflich und deshalb namenlos ist, der aber, da er alles durchwaltet, auch viele Namen annehmen kann.

Verständlicherweise gab es im frühen Christentum, etwa bei Tertullian, Tendenzen, dieses philosophische Denken einfach abzuweisen. Sie konnten sich jedoch nicht durchsetzen. Es liegt sogar im Wesen des christlichen Universalitätsanspruchs, daß es dem ebenfalls universalen Anspruch des rationalen Denkens, insbesondere der Philosophie, nicht ausweichen kann.[4] Einen ersten Anfang in dieser notwendigen Begegnung macht bereits die Apostelgeschichte, nach der Paulus auf dem Areopag in Athen anknüpft an den dortigen Altar mit der Aufschrift ‚Einem unbekannten Gott'. Paulus verkündet: „Was ihr nicht kennt und doch verehrt, das verkünde ich euch" (Apg 17,23). Ähnlich gingen im 2. Jahrhundert die christlichen Apologeten (Justin, Tatian, Athenagoras, Theophilos u. a.) vor. Sie sahen in aller Wirklichkeit Fragmente (*lógoi spermatikói*) des einen Logos, der in Jesus Christus in seiner Fülle erschienen ist. Sie knüpfen an der philosophischen Lehre von der Unbegreiflichkeit Gottes an, um wie etwa Irenäus von Lyon (um 200) zu sagen, in Jesus Christus sei der Unfaßbare faßbar, der Unerkennbare erkennbar, der Unermeßliche meßbar geworden (Adversus haereses IV, 20,4).

Diese Synthese von biblischem und philosophischem Reden von Gott war von allem Anfang an mehr als eine geistlose Zusammenstückung von an sich unvereinbaren Größen. Es kam vielmehr zu einer kritischen und schöpferischen Auseinandersetzung und zu einer gegenseitigen Befruchtung. Am greifbarsten ist diese gegenseitige Durchdringung bei der Auslegung, die der alttestamentliche Gottesname Jahwe erfuhr. Schon die Septuaginta (die griechische Übersetzung des hebräischen Alten Testaments) übersetzte „Ich bin der Da-Seiende" mit „Ich bin der Seiende" (*hó ōn*). Diese Übersetzung griffen die Kirchenväter begierig auf, um Gott als das unbegreifliche, einfache und ewige Sein zu bestimmen (Athanasius, Epistula de synodis 35; Gregor von Nazianz,

4 Vgl. *W. Pannenberg*, Die Aufnahme des philosophischen Gottesbegriffs als dogmatisches Poblem, in: Grundfragen systematischer Theologie, Göttingen 1967, 296–346.

Oratio 45,3; Gregor von Nyssa, Contra Eunomium I,8; Hilarius, De trinitate I,5). Als der eigentliche Name Gottes gilt jetzt ‚das Sein' (Gregor von Nazianz, Oratio 30,20). Augustinus glaubt hier den Punkt gefunden zu haben, an dem Mose und Platon dasselbe sagen (De civitate Dei VIII, 11; De trinitate VII, 5, 10).

Eine der schönsten Stellen findet sich bei Augustinus im siebten Buch der Confessiones. Augustinus berichtet, wie er durch einige platonische Schriften dazu geführt wurde, in sein Innerstes einzukehren (*redire ad memet ipsum*) um dort „das unwandelbare Licht" zu schauen und Gottes Stimme aus der Ferne zu hören: „Nein! Ich bin es, der Ich bin". Augustinus fügt hinzu, daß er von da an eher daran gezweifelt habe, daß er lebe, als daran, „daß die Wahrheit ist, die ‚am Geschaffenen durch seine Erkenntnis sich erschauen läßt'" (VII, 10). Durch die gegenseitige Durchdringung von Bibel und griechischer Metaphysik kommt es hier zu einer neuen Exodus-Metaphysik (R. Berlinger), für die alles Denken zu einem aufsteigenden Weg zu Gott als dem Sein selbst wird, ein Weg jedoch, der je schon vom Ziel her bestimmt ist, weil Gott der Grund aller anderen Gewißheit ist.

Eine gewisse Zusammenfassung dieser Vätertheologie und zugleich eine wichtige Quelle und Autorität für die mittelalterliche Scholastik stellt das neuplatonisch bestimmte Werk des Dionysios Pseudo-Areopagita ‚De divinis nominibus' (Ende 5. Jahrhundert) dar. Für Dionysios ist Gott im Anschluß an Plotin und Proklos der Überseiende und der Übernatürliche, der über alle Namen und alle Begriffe erhaben ist. Insofern er sich aber zum Endlichen herabläßt und die ganze Schöpfung erfüllt, ist alle Wirklichkeit Hülle und Symbol der Gottheit und kann der namenlose Gott auch als allnamig bezeichnet werden.

Die Frage ist, wie wir diese Synthese von biblischem und philosophischem Denken zu beurteilen haben. Vor allem seit der liberalen Dogmengeschichtsschreibung (A. von Harnack; F. Loofs) spricht man kritisch von einer Hellenisierung des Christentums und von der Notwendigkeit, zu dem einfachen und schlichten Gottesglauben der Schrift zurückzukehren. Dabei ist es oft „um so populärer, auf die Philosophie loszuziehen, mit je geringerer Einsicht und Gründlichkeit es geschieht" (Hegel, Enzyklopädie, Vorwort zur dritten Ausgabe). Zwar kann nicht bestritten werden, daß in der Synthese von antiker Philosophie und christlichem Glauben oft die Gefahr bestand, daß an die Stelle des lebendigen Gottes der Schrift, der eingeht in die Geschichte, das affektlose Antlitz Platons oder der unbewegte Beweger des Aristoteles tritt. Doch mit einem grundsätzlichen Rückzug in die sturmfreie Zone eines scheinbar ‚reinen' Glaubens wird man dem universalen Anspruch des biblischen Gottesglaubens ebensowenig gerecht. Es handelt sich bei der sogenannten Hellenisierung der Rede von Gott deshalb nicht um eine Selbstaufgabe, sondern um eine Selbstbehauptung des Christentums (W. Kamlah), um seine Übersetzung in einen neuen Kulturraum.

Im einzelnen können die Akzente [illegible] den verschiedenen theologischen R[illegible] schiedlich gesetzt werden; es bestehen hier auch unterschiedliche konfessionelle Traditionen. Außerdem muß dem geschichtlichen Wandel des menschlichen Denkens Rechnung getragen werden. Die Übersetzung der biblischen Botschaft ist deshalb eine Aufgabe, die in jeder Epoche immer wieder neu in Angriff genommen werden muß.

Wir beschränken uns im folgenden auf die Lösung, die dieses Problem im Werk des Thomas von Aquin (1225–74) gefunden hat. Thomas ist für uns vor allem deshalb interessant, weil er eine bezeichnende Übergangsstellung einnimmt. Einserseits bringt er die bisherige Tradition zu einer hohen spekulativen und systematischen Vollendung; anderseits bahnt er eine Entwicklung des Denkens an, die in der Neuzeit vollends zum Durchbruch kam. Thomas, der seinen Zeitgenossen als der große Neuerer erschien, ist ebendeshalb – zumindest in der katholischen Theologie – zu dem großen Klassiker geworden. Die Tatsache, daß es in letzter Zeit trotz des Thomasjubiläums so still um ihn geworden ist, ist nicht unbedingt als Zeichen eines Fortschritts in die richtige Richtung zu werten.

II. Die Lösung des Thomas von Aquin und die Herausbildung der neuzeitlichen Problemstellung

Thomas behandelt die Lehre ‚De nominibus Dei' mehrfach. Außer in seinem Kommentar zu Dionysios finden sich die wichtigsten Aussagen in seinen beiden Summen (Summa theologia I, 13; Summa contra gentes I,30–35). Thomas geht es dabei nicht wie in der späteren Schultheologie um eine im Grunde höchst langweilige und unergiebige Systematisierung der einzelnen biblischen Gottesbezeichnungen, sondern um das grundsätzliche Problem: Wie ist sinnvolle und verantwortliche Rede von Gott überhaupt möglich? Inwiefern kann man Gott überhaupt einen Namen geben? Welchen Sinn hat solche Rede?

Man würde sich eine höchst naive Vorstellung von einem hochmittelalterlichen Theologen vom Rang des Thomas von Aquin machen, wollte man annehmen, das Sprechen von Gott sei für ihn eine bare, keine weiteren Überlegungen erforderliche Selbstverständlichkeit gewesen und erst heute hätten wir die Problematik dieser Rede erkannt. Thomas reflektiert auf dieses Problem mit Hilfe der Lehre von der Analogie,[5] näherhin der Lehre von der Analogie des Gottesnamen. Diese ‚Sprachphilosophie' hat eine große Geschichte, die zurückgeht bis zu den Anfängen der griechischen Philosophie. In der Auseinandersetzung mit dem biblischen Sprechen von Gott erfährt sie bei Thomas jedoch einen grundlegenden Wandel.

Zunächst geht Thomas davon aus, daß wir die überlieferten Gottesnamen nicht univok gebrauchen können, d. h. unsere Sprache hat in ihrer Anwendung auf Gott nicht eindeutig dieselbe Bedeutung, wie wenn wir von geschöpflichen Größen sprechen. Ein wissenschaftlich exaktes Sprechen von Gott ist also nicht möglich. Dennoch handelt es sich nicht um ein unverantwortliches Reden. Die Gottesnamen können nämlich auch nicht äquivok, d. h. in einem völlig anderen Sinn gebraucht werden als bei anderer Rede, weil sie dann nichtssagende und sinnlose Leerformeln wären. Die analoge Redeweise steht gewissermaßen in der Mitte zwischen den univoken und den äquivoken Aussagen; sie ist jedoch kein fauler Kompromiß oder ein billiger Sowohl-als-auch-Standpunkt. Im Gegenteil, sie ist gegenüber den univoken eindeutigen und exakten Aussagen sogar die ursprünglichere Weise des Sprechens (S. th. I,13,5). Denn verschiedene eindeutige Begriffe können nur dann in einen sinnvollen Zusammenhang des Sprechens gebracht werden, wenn sie nicht völlig beziehungslos nebeneinander stehen. Es muß also ein umgreifendes und übergreifendes Gemeinsames geben, das sich in den einzelnen Wirklichen und Wirklichkeitsbereichen je entsprechend und d. h. analog verwirklicht. Die Analogie ist damit die Voraussetzung jedes sinnvollen Sprechens. Eine analoge Aussage ist dadurch bestimmt, daß sie in ihrer Anwendung auf verschiedene Wirklichkeiten und Wirklichkeitsbereiche einen Sinnwandel erfährt, ohne dabei die Einheit des Begriffsgehalts zu verlieren.

Das philosophisch und theologisch relevante Problem besteht nun in der Frage: Was ist die letzte sinngebende Einheit? Nach Aristoteles, dem Thomas folgt, kann diese letzte Einheit nicht eine oberste Gattungseinheit sein. Die Unterschiede innerhalb einer Gattung kommen ja durch spezifische Unterschiede zustande. Die letzte Einheit muß

5 Vgl. Art. Analogie, in: Historisches Wörterbuch der Philosophie (hrsg. v. *J. Ritter*), Bd. 1, 214–229.

aber auch noch diese Unterschiede umgreifen (Metaphysik IV, 6 = 1016b – 1017a; S. th. I,3,5; S.c.g. I,25). Das heißt aber, daß sich die letzte Einheit aller Wirklichkeit eindeutiger Definierbarkeit entzieht. Es gibt nicht eine Art Übergriff oder einen absoluten Begriff; man kann nur in Hinordnung und Beziehung auf dieses Eine sprechen, ohne es selbst auf den Begriff bringen zu können (Metaphysik IV, 2 = 10003 a; Nikomachische Ethik I,4 = 1096 b; S.c.g. I,34). Das analoge Denken will Einheit und Unterschiedenheit in der Wirklichkeit ernst nehmen; es ist damit wesentlich ein offenes und kein geschlossenes Denken.

Trotzdem führt dieses Denken nicht in eine Nacht, in der alle Kühe schwarz sind; es erlaubt vor allem keinen irrationalen Glaubensstandpunkt, der sich der „Anstrengung des Begriffs" entzieht (Hegel). Die Frage nach dem letzten Sinn von Sein bleibt ja durch die Erfahrung des Endlichen vermittelt; sie bricht am Endlichen auf und erhält von daher ihre Bestimmtheit. Jede Antwort, die man auf diese Frage gibt, muß sich wieder am Konkreten und Bestimmten verifizieren.

Hier liegt bei Thomas die Aufgabe der sogenannten Gottesbeweise. Da sie unter dem Vorzeichen der Analogielehre stehen, hat das Wort ‚Beweis' hier eine andere Bedeutung als in unseren sogenannten exakten Wissenschaften. Man sollte deshalb unmißverständlicher von Aufweisen sprechen. Sie gehen alle von der Erfahrung unserer konkreten Wirklichkeit aus und versuchen aufzuzeigen, daß die endliche Wirklichkeit den Grund ihres Seins nicht in sich selbst hat und deshalb auf ein in sich begründetes absolutes Sein verweist (S. th. I,2,3; S.c.g. I, 13). Diesen Aufweis vollzieht Thomas nicht nur anhand der äußeren Erfahrungswirklichkeit, sondern – darin wesentliche Motive neuzeitlichen Denkens vorwegnehmend – auch anhand der Selbstreflexion des menschlichen Geistes (De Veritate 1,9). Der menschliche Verstand kann ja das Endliche als Endliches nur im Horizont des Unendlichen erkennen; deshalb ist das Unendliche und Absolute in jedem Erkenntnisakt implizit, unentfaltet und unthematisch miterkannt (De Veritate 22,2). Es ist jedoch kein unbestimmtes numinoses Fluidum, sondern durch die Erfahrungserkenntnis vermittelt und bestimmt; dennoch läßt es sich nicht durch positive Differenzierungen auf den Begriff bringen. Wir können es nur auf dem Weg von Negationen näher bestimmen, indem wir sagen, was es nicht ist (S.c.g. I,14). So enden die Gottesbeweise sozusagen mit einem negativen Begriff. Sie sagen nur, *daß* Gott ist; sie sagen aber nicht, *was* er ist; sie sagen eher, was er nicht ist (S.th. I,3 prol.; 12,12).

Um so erstaunlicher ist es, daß Thomas seine Gottesbeweise dennoch jeweils mit dem Satz schließt: „und das nennen alle Gott". Hier setzt das Problem des Gottesnamens ein. Die Frage ist nämlich: Wie kommt Thomas dazu, dem abstrakten und im wesentlichen negativen Ergebnis seines philosophischen Nachdenkens einen konkreten Namen zu geben, obwohl er weiß, daß Gottes Wesen über alles erhaben ist, was wir von ihm denken und sagen können? Wie kann angesichts des angeschärften Problembewußtseins des Thomas der Gebrauch von Gottesnamen noch sinnvoll sein? Mit welchem Recht dürfen wir das Letzte im menschlichen Denken ‚Gott' nennen? Müßte die Identifikation, die die Kirchenväter vollzogen haben, nicht eher von Thomas her in Frage gestellt werden?

Diese Fragen stellten sich zur Zeit des Thomas ebenso dringlich wie heute. Das Jahrhundert vor Thomas erlebte ja eine erste Renaissance des antiken Naturbegriffs; es deutete sich schon damals an, was dann in der Renaissance des 16. Jahrhunderts zum Durchbruch gekommen ist. Das führte dazu, daß verschiedene Denker (Amalrich von Bena und David von Dinant)[6] die traditionelle Identifikation von Gott und Sein in einem pantheistischen Sinn deuteten und damit zu einer Resakralisierung des Kosmos kamen. Sie beriefen sich dafür ausdrücklich auf Dionysios, dessen Denken damit zutiefst zweideutig geworden war. Deshalb stellt Thomas unter Berufung auf die Schrift mit Entschiedenheit fest: „Gott ist nicht das Sein als Form aller Dinge." Andernfalls würde nach ihm die Wirklichkeit Gottes durch die Wirklichkeit der Welt sozusagen korrumpiert, und das Wort ‚Gott' wäre dann nicht mehr die Bezeichnung für ‚etwas', sondern nur noch ein reiner Begriff unseres Verstandes (S.c.g. I,26; S.th. I,3,8), modern gesprochen: eine pure Ideologie. Thomas muß also die traditionelle Identifikation des Namens ‚Gott' mit dem Begriff ‚Sein' neu bedenken und zwischen beiden differenzieren.

Dieser Versuch bedeutet gegenüber einer Sakralisierung der Welt eine Art Entsakralisierung und die Anerkennung der Eigenständigkeit und Eigenwertigkeit der Welt und ihrer Ordnungen. Bereits auf der Höhe des Mittelalters bricht also Thomas die bisherige unitarische Ordnung auf, um einen Übergang zu vollziehen zu der neuzeitlichen Unterscheidung von Philosophie und Theologie, Glauben und Wissen, Kirche und Gesellschaft. Sie wird dann in radikalisierender Weise weitergeführt im spätmittelalterlichen Nominalismus und in der Reformation einer-

6 Vgl. *B. Geyer*, in: F. Überwegs Grundriß der Geschichte der Philosophie, Bd. 2, Darmstadt 1958, 250–252.

seits und in der katholischen Barock- und Neuscholastik mit ihrem Zwei-Stockwerks-Denken von Natur und Übernatur anderseits. Das Interessante an Thomas ist nun aber, daß er diese Denkbewegung zwar einleitet, daß er aber den weiteren Schritt von der Unterscheidung zur grundsätzlichen Scheidung nicht vollzieht, und dies offensichtlich nicht aus bloßer Inkonsequenz, mangelndem Mut oder aus denkerischem Unvermögen, sondern durchaus mit Argumenten und in scharfer Auseinandersetzung mit der aristotelischen Linken (Maimonides, Averroes), die an der damaligen Pariser Artistenfakultät vor allem in Siger von Brabant großen Einfluß hatten.[7] Thomas versucht also angesichts einer neuen heraufziehenden Epoche eine neue, wesentlich differenziertere Synthese. Nur zu sagen, die Situation habe sich geändert, Gott sei tot, wäre ihm wohl nicht nur als Theologen, sondern auch als Philosophen zu dürftig gewesen.

Eine gründliche Behandlung dieser neuen Synthese käme der Darstellung der gesamten thomanischen Ontologie, besonders seiner Lehre von der Realdistinktion von Seinsakt und Wesen gleich. Mit dieser meist un- oder mißverstandenen Unterscheidung nimmt er im Grunde Motive vorweg,die in unserem Jahrhundert nach dem Ende der klassischen Metaphysik M. Heidegger mit Hilfe seiner ontologischen Differenz zu denken versuchte.[8] Etwas vereinfacht kann man die Argumentation des Thomas so darstellen:

Wenn die Wirklichkeit einerseits auf Gott als ihren letzten Grund verweist, wenn aber Gott anderseits nicht mit dem Einheitsgrund der Wirklichkeit identisch ist, soll die Freiheit Gottes wie die des Menschen und der Welt gewahrt werden, dann kann das Verhältnis von Gott und Welt nur als aktuales Geschehen der Seinsmitteilung von Gott her und zur Welt hin verstanden werden. Sein ist also wesentlich Geschehen (*actus essendi*). Dabei sind in Gott Sein und Wesen schlechthin identisch; Gott ist das Sein selbst (*ipsum esse*), er ist damit *actus purus*, reine Aktuosität.

Die geschöpflichen Wirklichkeiten dagegen haben am Sein je nach ihrem Wesen auf verschiedene Weise nur teil. Zwischen dem Sein-sein und dem Sein-haben besteht eine unendliche qualitative Differenz. Das von Gott in der Welt erwirkte und die Welt als solche erwirkende Sein ist deshalb keineswegs mit dem Sein Gottes identisch oder nur eine

7 Vgl. ebd., 313 ff., 339 ff., 445 ff.
8 Vgl. *G. Siewerth*, Das Schicksal der Metaphysik von Thomas zu Heidegger, Einsiedeln 1959.

andere Erscheinung des Seins Gottes. Aber als kontingent zufallendes und insofern zufälliges geschichtliches Sein ist das Sein der Wirklichkeit ein Gleichnis des Seins Gottes als des actus purus (S.th. I,4,3; S.c.g. III, 65; De Veritate 22,2,2). Gott und Sein sind also nicht identisch, sie verhalten sich vielmehr wie Urbild und Abbild. Das Interessante an dieser Feststellung ist, daß das Sein eben in seiner Zeitlichkeit und Geschichtlichkeit Abbild Gottes ist. Zeit und Geschichte sind für Thomas also nicht wie für viele andere Denksysteme Verfallsformen des wahren Seins, sondern gleichsam die Grammatik der Selbstaussage Gottes.[9]

Diese Überlegungen erlauben es Thomas, den biblischen Gottesnamen auf neue – besser gesagt: auf die ursprüngliche – Weise wieder zur Geltung zu bringen. Namen sind ja Bilder und Symbole der gemeinten Sache (S.th. I,13,1). Das eigentliche Bild und Symbol Gottes ist aber das Sein. So ist es für Thomas selbstverständlich, daß der alttestamentliche Gottesname von Ex 3,14 in seiner lateinischen Übersetzung ‚Qui est' der eigentliche Name Gottes ist (S.th. I, 13,11; S.c.g. I,22; De Potentia 21,1; 7,5 u. ö.). Gott ist ‚Der Ist'. Doch dieser scheinbar so abstrakte Name gewinnt bei Thomas auf erstaunliche Weise seine ursprüngliche biblische Bedeutung zurück. Thomas muß nämlich von seinen Voraussetzungen her konsequent sagen, daß dieser Name ‚Der Ist' unmittelbar vom Sein und damit von der wirkmächtigen Gegenwart Gottes in der Welt her genommen wird und daß er nur mittelbar dazu dient, das Wesen Gottes an sich zu bezeichnen. Man kann also mit E. Gilson (wenn auch in einem etwas anderen Sinn als er) von einer Exodus-Metaphysik bei Thomas sprechen.[10]

Thomas kann von seinen Voraussetzungen her aber auch den anderen Gottesnamen, auch denen der anderen Religionen eine – für einen mittelalterlichen Theologen – erstaunlich positive Bedeutung geben. Weil Gottes Beziehung zur Welt vielfältig ist, kann Gott vielfältige Namen haben. Sie meinen letztlich alle denselben, meinen ihn aber unter verschiedenen Aspekten. Da diese vielfältigen Aspekte der Wirklichkeit nicht einfach in dem einen Wesen Gottes aufgehen, sind diese Namen nicht einfach synonym (S.th. I, 13,4; S.c.g. I,35). Dieser nicht-

9 Vgl. *M. Seckler*, Das Heil in der Geschichte. Geschichtstheologisches Denken bei Thomas von Aquin, München 1964.

10 Vgl. *E. Gilson*, Der Geist der mittelalterlichen Philosophie (übs. v. *R. Schmükker*), Wien 1950, 59. Zur Problematik vgl. *K. Albert*, Exodusmetaphysik und metaphysische Erfahrung, in: Thomas von Aquino. Interpretation und Rezeption, hrsg. v. W. P. Eckert (Walberger Studien, 5), Mainz 1974, 80–95.

synthetisierbare Pluralismus unserer Erfahrung ist sozusagen das Korn Wahrheit am heidnischen Polytheismus. Die Heiden irren zwar, wenn sie meinen, ihre Götter seien der wahre Gott; das schließt aber nicht aus, daß sie in ihren Göttern etwas vom wahren Gott erfahren, so daß man den Namen ‚Gott' durchaus auf analoge Weise auch auf die Götter der Heiden übertragen kann (S.th. I,13,10). Auf analoge Weise, d. h. man kann die christliche Gottesvorstellung nicht univok auf die anderen Religionen anwenden, was dazu führen würde, sie entweder theologisch zu negieren oder sie harmonisierend zu vereinnahmen. Beides ist ausgeschlossen. Es gilt vielmehr die geschichtliche Wirklichkeit der Religionen ernst zu nehmen und in ihnen Spuren und Zeichen Gottes zu erkennen.

Doch wie ist dann das Verhältnis zwischen dem Christentum und den Religionen zu bestimmen? Wir können die bei Thomas sich findenden Andeutungen etwa folgendermaßen zu Ende denken: Auch der Christ kann von Gott nur auf eine geschichtliche Weise sprechen (S.th. I, 13, 6). Was die Natur Gottes in sich ist, weiß weder der Christ noch der Heide (S.th. I, 13,10). Auch die christlichen Glaubensaussagen tendieren über sich hinaus in ein nicht mehr aussagbares Geheimnis hinein (S.th. II/II, 1,1,2.6). Die Endgültigkeit des christlichen Sprechens von Gott besteht dann darin, daß hier Gott endgültig in seiner Verborgenheit offenbar geworden ist, so daß die Kenntnis seines Namens als reines Geschenk und als reine Gnade erkannt ist. Das in Jesus Christus offenbare Geheimnis Gottes (wie man paradoxerweise sagen muß) ist also das Geheimnis seiner Liebe. Diese Liebe Gottes ist überall in der Wirklichkeit am Werk (S.c.g. I, 91); sie wird als Geheimnis der Liebe aber erst in Jesus Christus manifest, weil er die Liebe Gottes in Person ist (S.th. III, 47,3). Der letzte Sinn des christlichen Gottesnamens ist es deshalb zu sagen, daß in aller Wirklichkeit nicht ein namenloses Schicksal, sondern der da-seiende Gott am Werk ist, uns beim Namen ruft, so daß auch wir ihn bei seinem Namen rufen können. Zusammenfassend bestimmt deshalb Thomas die Bedeutung des Gottesnamens: *„Omnes enim loquentes de Deo, hoc intendunt nominare Deum, quod habet providentiam universalem de rebus"* (alle nämlich, die von ‚Gott' reden, wollen mit ‚Gott' jenes Wesen bezeichnen, das die allumfassende Vorsehung über alle Wirklichkeit ausübt) (S.th. I, 13,8).

III. Die bleibende Bedeutung des Gottesnamens in der Gegenwart

Fassen wir zusammen, worum es nach christlichem Verständnis, wie es uns exemplarisch bei Thomas von Aquin begegnet ist, bei den Gottesnamen geht, und werfen wir von hier aus einen abschließenden Blick auf die neuzeitliche Geschichte des Problems.

Nach christlichem Verständnis ist der Gebrauch des Gottesnamens keine bloß erbauliche Floskel; mit dem Gebrauch des Gottesnamens entscheidet sich vielmehr die Deutung, die man dem Sinn von Sein überhaupt gibt. Da das Sein in seinem Sinn offen ist, ist es dieser Deutung fähig und bedürftig. Indem man ihm einen Namen gibt, will man sagen: Das Letzte in der Wirklichkeit ist nicht namenloses Schicksal, namenloses Schweigen, namenloses Geheimnis. Deshalb mußte das Christentum vom biblischen Verständnis der geschichtlichen Namensoffenbarung Gottes her den antiken, sakral verstandenen Kosmos aufbrechen und die Wirklichkeit als Geschehen deuten, das von einer allumfassenden Vorsehung geleitet ist. Mit dieser Deutung zeichneten sich bereits Motive der neuzeitlichen Entsakralisierung und Säkularisierung ab. In dem Maße, wie die Transzendenz Gottes ‚über' der Welt ernst genommen wird, kann auch die weltliche Wirklichkeit in ihrem Eigenwert und in ihrer Eigenständigkeit anerkannt und das menschliche Denken in seine Eigenverantwortung hinein freigesetzt werden. Trotz dieser positiven Wertung der Wirklichkeit brechen Gott und Welt, Glauben und Denken nicht auseinander. Das Ernstnehmen der Transzendenz Gottes bedeutet nämlich nicht, daß Gott als ein höchstes Seiendes der Welt gegenübergestellt, als Hinterwelt (F. Nietzsche) und als eine Art zweiter Bühne über der Wirklichkeit der Welt verstanden wird. Gott würde so zu einem endlichen, durch die Welt begrenzten Wesen, und er würde als despotischer Götze von außen autoritär und willkürlich in die Welt hereinpfuschen. Es würde weder die Transzendenz Gottes noch die Immanenz der Welt ernst genommen. Die Betonung der Transzendenz Gottes bedeutet im Christentum also zugleich, seine Immanenz in der Welt ernst zu nehmen. Gottes Dasein in allen Dingen muß als lebendige, wirksame und wirkmächtige je neue geschichtliche Gegenwart verstanden werden. Für das Christentum wird die Geschichte in ihrer je unableitbaren Neuheit zum Medium der Gotteserfahrung. Darin dürfte das Spezifische des Christentums liegen.

Das sich hier abzeichnende geschichtliche Denken ist erst in der Neuzeit, in höchster Vollendung im deutschen Idealismus, voll zum Durchbruch gekommen. Freilich konnte dabei die spannungsvolle Synthese des Thomas von Aquin meist nicht durchgehalten werden. Immer wieder, andeutungsweise schon ein halbes Jahrhundert nach Thomas bei Meister Eckhart († 1328), wurde Gott in den Prozeß der Geschichte, bzw. die Geschichte in Gott hineingenommen. Es kommt zu einem geschichtlichen Prozeß der gegenseitigen Selbstvermittlung von Gott und Welt. Aus der Analogie der Gottesnamen wird die Dialektik des absoluten Geistes, in der die geschichtlichen Gottesnamen im absoluten Begriff ‚aufgehoben' werden. Wird dies radikal zu Ende gedacht, dann wird die religiöse und die christliche Geschichte zur bloßen Vorgeschichte, von der man sich emanzipiert, weil ihr wesentlicher Extrakt nun ohne solche äußere Vermittlung ‚begriffen' werden kann. Die geschichtlich überlieferten Gottesnamen sind dann nur noch von historisch-musealem Interesse. Es kommt zu einer nachgeschichtlichen, geschichtslosen Epoche, wie wir sie gegenwärtig weithin erfahren.

Eine solche Trennung des Begriffs Gottes vom Namen Gottes, des geschichtlichen Inhalts von der geschichtlichen Vermittlung ist nach christlicher Überzeugung nicht möglich. Der Mensch ist endlich; er findet sich und seine Welt vor und kann sie nie voll denkend einholen. Die Gottesnamen, die den Sinn seines Daseins deuten wollen, sind dem Denken sozusagen unvordenklich geschichtlich voraus; sie geben aber zu denken und müssen ins Denken erhoben werden. Diese Spannung von Name und Begriff Gottes wahrt nicht nur die Freiheit Gottes in seiner Zuwendung zur Welt und in seiner Offenbarung; sie wahrt auch die Freiheit und das Geheimnis des Menschen, weil sie ihn bewahrt vor dem Zugriff einer alles begreifenden und über alles verfügen wollenden Ratio. Nur wo die Einmaligkeit und Unverfügbarkeit der Geschichte ernst genommen wird, kann nämlich auch die Einmaligkeit und Unverfügbarkeit des Menschen letztlich gewahrt werden. Mit dieser Einsicht ist die religiöse Überlieferung der Gottesnamen von bleibender Bedeutung, die es auch um des Menschen willen verdient, immer wieder neu ins Denken erhoben zu werden.

Das gilt nicht zuletzt vom biblischen Gottesnamen. Die biblische Überlieferung hat mit ihrem geschichtlichen Glauben die Beheimatung des Menschen in einem sakralen Kosmos aufgegeben und mit dazu beigetragen, eine geschichtliche Welt heraufzuführen. Soll der Mensch in ihr nicht hilflos dem Schrecken der Geschichte ausgeliefert sein und soll er die Geschichte sinnvoll bestehen, dann nach christlicher Überzeugung nur im Vertrauen auf den Gott, dessen Name Inbegriff der Vorsehung in der Geschichte ist.[11] Was Origenes und Thomas von Aquin für ihre Zeit getan haben, ist eine stets neue Aufgabe, die wir heute vor einem viel weltweiteren Forum zu leisten haben, als es ihnen möglich und als es von ihnen geschichtlich gefordert war. Der Christ geht auch und gerade in der heutigen Situation aus von der Überzeugung, daß die Heiligung des Namens Gottes zugleich das Heil des Menschen ist. Beides gehört in einem Christentum, das sich selbst recht versteht, wesentlich und unabdingbar zusammen. Beides kann indes nicht ineinander aufgehoben werden, weil man um Gottes und der Heiligkeit seines Namens willen, wie um des Menschen und seiner Freiheit willen, zwischen Gott und Mensch, Gott und Welt zu unterscheiden hat. Diese Einheit in Freiheit von Gott und Mensch ist das Thema der Analogie, d. h. der Sprachlehre der Gottesnamen und begründet deren bleibende Bedeutung.

11 Vgl. *M. Eliade*, Kosmos und Geschichte. Der Mythos der ewigen Wiederkehr (rde), Düsseldorf 1966, bes. 114–131.

Peter Beyerhaus

Der Name Gottes in den afrikanischen Sprachen und das Problem der missionarischen Übersetzung

Edwin Smith, ein britischer Afrikanist, berichtet im Vorwort des von ihm herausgegebenen Buches ‚African Ideas of God' von einer Begegnung mit dem Schweizer Biographen Emil Ludwig im Sudan. „Was tut das Christentum für den Afrikaner?" fragte Ludwig. „Vermehrt es seine persönliche Freude, und wenn ja, wie eigentlich?" Smith beschrieb in seiner Antwort die Ängste des heidnischen Afrikaners und erzählte, wie die Missionare sich bemühten, Vertrauen auf einen lebendigen, liebenden Gott zu wecken, der stärker ist als irgendeine böse Macht. Ludwig war verblüfft: „Wie kann der ungebildete Afrikaner Gott verstehen?" Als Smith mit einer Schilderung der in ganz Afrika anzutreffenden Gottesvorstellung antwortete, schüttelte Ludwig nur ungläubig den Kopf: „Wie soll das zugehen? Die Gottheit ist ein philosophisches Konzept, das Wilde unmöglich entwickeln können." „Ich bezweifle, daß ich ihn überzeugen konnte", schließt Smith seinen Bericht.[1]

Ich habe mit dieser kleinen Episode aus den vierziger Jahren eingesetzt, weil sie mir symptomatisch für ein traditionelles westliches Vorurteil gegenüber der afrikanischen Religion zu sein scheint, das lange Zeit hindurch nicht nur die sogenannte gebildete Laienwelt, sondern auch die Religionswissenschaft beherrschte. Die Vorstellung eines höchsten Gottes war für sie das Endstadium eines langen Evolutions-Prozesses, dessen Beginn eben jenes magische Weltbild war, in dem man die Afrikaner ganz so wie andere sogenannte primitive Völker befangen sah.

Lange Zeit ist darüber gerätselt und gestritten worden, ob das präkoloniale Afrika schon eine Hochgottvorstellung gekannt habe. Anfänglich wurde dies rundweg bestritten. Ein früherer Entdeckungsreisender berichtet um die Mitte des 17. Jahrhunderts, er habe bei seinen Begegnungen mit den Stämmen im südlichen Afrika keine Spur von irgendeiner Religion überhaupt gefunden.

Inzwischen hat eine intensive ethnologische Forschung dieses Vorurteil gründlich widerlegt. Eingehende Untersuchungen bei über 300 Stämmen in allen Teilen des tropischen und subtropischen Afrikas südlich

1 *E. Smith,* African Ideas of God, London 1950, 1.

der Sahara haben ergeben, daß die Vorstellung einer höchsten Gottheit an der Spitze des Universums allen Afrikanern gemeinsam ist. Das gilt sowohl im Blick auf die großen ethnischen Blöcke der Bantu, der Sudanneger als auch der Ureinwohner, d. h. der Pygmäen, Buschmänner und Hottentotten im südlichen Afrika. Es liegen darüber heute eine Fülle von Einzelstudien und Gesamtdarstellungen vor.

Ich nenne nur den schon erwähnten Sammelband von Edwin Smith und aus jüngster Zeit die Bücher zweier schwarzafrikanischer Theologen, nämlich des Nigerianers Idowo: ‚Olumare in Yoruba-Belief' und des Ugandensers John Mbiti ‚Concepts of God in Africa'.[2]

Die nähere Erforschung dieser Hochgott-Vorstellung hat allerdings mit einer Fülle von Problemen zu ringen. Afrika besitzt keine alten literarischen Dokumente. Auch die archäologischen Befunde geben wenig her, denn die afrikanische Religion kennt kaum Tempel oder Götterbilder. Es gibt nur eine reiche mündliche Tradition. Diese ist aber in sich nicht einheitlich und eindeutig, denn durch die ständigen Migrationen haben sich die ursprünglichen Vorstellungen einzelner Stämme mit denen anderer vermischt oder sind von ihnen überlagert und verdrängt worden. Durch die gegenseitige Befruchtung sind neue Entwicklungen ausgelöst worden, und auch die Namen sind vielfach entstellt oder von anderen übernommen worden.

Frühzeitig setzt auch der Einfluß der beiden monotheistischen Hochreligionen, des Christentums durch die ersten katholischen Missionsbemühungen und des Islams durch den arabischen Handel und die Eroberungen ein. Ob auch das Judentum mitgewirkt hat, ist angesichts des wahrscheinlich hammitischen Ursprungs der Bantu-Völker eine noch ungeklärte Frage.

Daß man gerade auf den Hochgott-Gedanken erst so spät stieß, hängt vor allem mit dem besonderen Charakter dieser Gottheit als einer nicht in den täglichen Kult einbezogenen Größe zusammen. Dazu kommen in einzelnen Fällen Tabu-Vorstellungen, die die Nennung des Gottesnamens – ähnlich wie im Judentum – untersagte.

2 *E. Smith*, op. cit.; *E. Bolai Idowu*, Olodumare: God in Yoruba Belief, London 1962; *John S. Mbiti*, Concepts of God in Africa, London 1970. Unter den früheren Werken insbesondere: *E. O. James*, The Concept of the Deity, London 1950; *W. J. van der Merve*, The Shona Idea of God, Fort Victoria 1957; *J. K. Russell*, Men without God? London 1962; *W. Schmidt*, Der Ursprung der Gottesidee, Bd. V: Die Religionen der Urvölker Afrikas, Münster 1933; *H. von Sicard*, Mwari, der Hochgott der Karanga, Berlin 1944; *P. Verger*, Dieux d'Afrique, Paris 1954.

Trotz all dieser genannten Probleme steht es heute eindeutig fest, daß, soweit die Forschung zurückgehen kann, sie bei allen afrikanischen Völkern und Stämmen auf die Idee eines obersten Gottes stößt, der als logischer Abschlußstein des ganzen religiösen Weltbildes dient. Dabei kann darüber hinaus gesagt werden, daß für die Afrikaner nur diese höchste Gottheit im strengsten Sinne als Gott gilt. Wir wollen uns nun im folgenden Abschnitt der Frage zuwenden, wie diese Idee in den verschiedenen Namen dieses Gottes jeweils Gestalt angenommen hat.

I. Die Namen Gottes in Afrika

Wir wiesen bereits auf die Schwierigkeit hin, in der religionsgeschichtlichen Forschung den afrikanischen Gottesbegriff überhaupt näher zu erfassen. Es gibt keine zentralen Rituale, in denen der Hochgott im Mittelpunkt der Anbetung und des Opfers steht. Man stößt auf den Gottesbegriff eigentlich nur auf Seitenwegen.

A. Das Vorkommen der Gottesnamen

Wo können wir bei den Afrikanern den Gottesnamen entdecken? Es gibt hierfür verschiedene Quellen. Folgende Gebiete können dabei genannt werden:

1. *Sprichwörter*

Afrikaner kennen, wie andere schriftlose Völker, keine religionsphilosophischen oder theologischen Traktate. Es gibt keine diskursiven Abhandlungen über ihre religiösen Vorstellungen. Sie zu erstellen ist erst dem Bemühen heutiger afrikanischer Theologen und Anthropologen vorbehalten. Trotzdem aber gibt es, wie erstmalig in eindrucksvoller Weise der belgische Franziskaner-Missionar Placide Tempels in seinem Buch ‚Bantu-Philosophie' gezeigt hat, eine dem afrikanischen Empfinden, Verhalten und Denken zugrunde liegende Religionsphilosophie.[3] Ihr begegnen wir in artikulierter, wenn auch unsystematischer Form insbesondere in den afrikanischen Sprichwörtern. In ihnen bringt der Afrikaner die uralte Erfahrungsweisheit seiner Väter auf prägnante Formeln, die für den Redenden wie für den Hörer von axiomatischer Gültigkeit sind. Sie haben geradezu den Charakter eines logischen Be-

3 *Placide Tempels,* La Philosophie Bantoue, 1945; englisch: Bantu Philosophy, Paris 1959.

weises. Viele afrikanische Sprichwörter, die – wie ihre Sprachgestalt oft beweist – sehr weit in die Geschichte zurückreichen, bekunden die Existenz einer Gottesvorstellung schon in diesem frühest erforschbaren ideengeschichtlichen Stadium.

2. *Mythen und Legenden*

Ebenso wie die asiatischen Hochkulturen besitzt auch die archaische Geisteswelt der Afrikaner ihre eigenen Mythen.[4] Es handelt sich dabei nicht um eine kohärente Mythologie, sondern um Einzelerzählungen, die je ihre eigene, uns nicht erforschbare Traditionsgeschichte haben. Sie können ursprüngliches Gedankengut des eigenen Stammes sein, können aber auch auf der Wanderschaft oder im Zuge der Eroberungsgeschichte von anderen Stämmen übernommen worden sein. Einige von ihnen besitzen eine auffallende Ähnlichkeit mit biblischen und verwandten babylonischen Urberichten. In manchen Fällen könnte sich hier der frühe Einfluß der Mission bemerkbar machen, in anderen Fällen weisen sie auf Zusammenhänge zwischen Afrika und dem Vorderen Orient hin, die über Ägypten vermittelt sein könnten. Ich denke an Mythen von der Schöpfung, vom Sündenfall und von der Sintflut. Diese Mythen befriedigen das bei den Afrikanern sehr ausgeprägte Erzählbedürfnis und füllen die freie Zeit an langen Abenden um das flackernde Feuer in der Hofstatt. Der Gedanke, daß sie ätiologischen Charakter tragen, d. h. gemeimnisvolle Grundfragen des Lebens erklären wollen, wird von Afrikanisten meist zurückgewiesen. Sie dienen eher als Grundlegung einer urtümlichen Ontologie und Ethik und der Untermauerung der traditionellen, das Leben schützenden Verhaltensmuster. In einzelnen Fällen handelt es sich auch um ausgesprochene Kultmythen, die den rätselvollen symbolischen Ritualen ihren Sinn geben.

3. *Kurze Gebete und Wunschformeln*

Ein dritter Fundbereich sind die Gebete, die sich direkt an den höchsten Gott wenden. In einer außerordentlichen Notsituation kommt dem Afrikaner die urtümliche Erinnerung an die höchste Instanz hinter allen regulären Objekten der kultischen Verehrung, und man ruft den Hochgott selbst an. „Wenn Gott (Mawu) will, werde ich gesund werden.“ Oder wenn man seinem Mitmenschen in einer schwierigen Lage oder zu einem bedeutungsvollen Lebensabschnitt Schutz und

4 *H. Baumann,* Schöpfung und Urzeit des Menschen im Mythos der afrikanischen Völker, Berlin [2]1964.

Glück wünscht, kann Gott ebenfalls der autoritative Bezugspunkt sein. Auch die Erfahrung außerordentlicher Bewahrung bringt den Erstaunten Gott in das Bewußtsein. „Modimo o gona!“ = Gott ist gegenwärtig, riefen die herbeigeeilten heidnischen Basuto aus, als mir ein junger Mann seitlich ins Auto gefahren war, aber sich dabei nicht die geringste Verletzung zugezogen hatte.

4. *Theophore Namen*

In vielen afrikanischen Stämmen gibt man seinen Kindern Rufnamen, die mit dem Gottesnamen zusammengesetzt sind. Auch wir Deutschen kennen ja ganze Reihen von Eigennamen, die mit dem Bestandteil ‚Gott‘ zusammengesetzt sind: Gotthold, Gottlieb, Gotthilf, Fürchtegott, Traugott u. a. m. Einige solche afrikanische theophore Namen nennt Gaba im Blick auf den westafrikanischen Hochgott Mawu:[5]

Mawunyagua: Gott ist der Größte
Mawunya: Gott ist gütig
Mawuli: Gott ist nahe
Mawusi: In Gottes Händen
Mawunya: In Gottes Verfügung.

All diese Quellen mündlicher Tradition dienen also der Erhebung des Befundes und sind Indizien für Alter und Verbreitung afrikanischer Gottesvorstellungen.

B. Kategorien von Gottesnamen

Wenn wir vom *Namen* Gottes sprechen, so müssen wir hier einige kategoriale Unterscheidungen treffen.

Es gibt den Gottesnamen sowohl im Sinne eines personalen Eigennamens – wie im Griechischen etwa Zeus und Apollon – als auch im Sinne eines allgemeinen Begriffes: Theos, Deus und Gott. Letzterer ist weniger distinkt, läßt sich auf verschiedene Gottesnamen beziehen und kann u. U. auch im Plural gebraucht werden, was im Afrikanischen allerdings selten ist, denn im strikten Sinn ist, wie schon angedeutet, der Afrikaner kein Polytheist. Nur für die christliche Mission ist diese Unterscheidung wichtig, denn nur durch sie kann die Abwehr des 1. Gebots des Dekaloges, keine anderen Götter neben Jahwe zu haben, zum Ausdruck gebracht werden.

5 *C. R. Gaba,* The Idea of a Supreme Being among the Anglo People of Ghana, in: Journal of Religion in Africa, Bd. II, 1969, 64 ff.

Der ausschließliche Gebrauch eines solchen Allgemeinbegriffs läßt im allgemeinen darauf schließen, daß für den betreffenden Stamm die Gottesvorstellung einen geringen Wirklichkeitsgrad im täglichen Leben besitzt.

Da, wo ein ausgesprochener Eigenname verwendet wird, kann dieser wiederum verschiedenen Charakter tragen und unterschiedlich vorkommen. Es kann sich, wenn er allein steht, um die ursprüngliche Gottesbezeichnung des betreffenden Stammes handeln, oder auch um einen importierten Namen, der von einem anderen Stamm oder auch von der Mission übernommen worden ist. So ist der Gottesname Tixo der Xhosas mit Sicherheit von den Hottentotten des Kaplandes übernommen worden. Im Falle des Gottesnamen Erob der Ovambu-Buschmänner in Südwestafrika handelt es sich um eine Umbildung des Namens Elobs, einer missionarischen Wortschöpfung aus dem biblischen Elohim. Gottesnamen als Eigennamen können allein oder auch als Doppelnamen gebraucht werden, wobei dann im allgemeinen die Gottesbegriffe zweier Stämme vereint worden sind, wie z. B. Ndjambi-Karunga bei den Herero.

Bei manchen Stämmen, wie bei den Bavenda in Nordtransvaal, werden drei verschiedene Namen gebraucht. In diesem Fall ist es nicht entschieden, ob es sich um eine Götter-Trias oder um verschiedene Hypostasen der gleichen Gottheit handelt. Wahrscheinlich sind auch hier die Gottesnamen von drei verschiedenen Stämmen zusammengeflossen.

Eine weitere Unterscheidung ist die zwischen dem Eigennamen im absoluten Sinn und Appellativen, die zur Ehrung des Gottes in der Anbetung pleophorisch hinzugefügt werden. Sie geben Aufschluß über die besonderen Wesensmerkmale der Gottheit und den Funktionsbereich, in dem man sich hier Hilfe erhofft. Solche Appellative werden in den Nguni-Sprachen (Zulu, Xhosa, Swazi) izibongo, d. h. Preisnamen genannt. Man gibt sie auch Menschen, insbesondere Häuptlingen, um dadurch ihr Wesen zu kennzeichnen und sie in Preisgedichten damit zu ehren. In diesen Appellativen ist die Bedeutung im allgemeinen klar, sie sind linguistisch leicht zu entschlüsseln, haben aber nicht immer ein hohes Alter.

Anders dagegen verhält es sich mit den ausgesprochenen Eigennamen. Sie können uralt sein, mögen eine weitreichende Migration hinter sich haben und dabei linguistisch mehrfach entstellt worden sein. Hier ist die semantische Deutung oft sehr schwierig. Das hat der etymologischen und religionsgeschichtlichen Spekulation Tür und Tor geöffnet.

Edwin Smith gibt einige besonders drastische Beispiele zum Besten.[6] Dan Crawford behauptete, daß die Baluba im Ostkongo den gleichen Gottesnamen verwenden, wie Mose ihn gebraucht hat. Und der Beweis? Nehmen Sie den Gottesnamen Lesa, zerlegen Sie ihn in seine beiden Silben Le und sa, lassen Sie die zweite Silbe fort und drehen die erste Silbe um, und sie haben die ursprüngliche Form gefunden: El! „Was anders ist Le", so fragt Crawford treuherzig, „als die falsche Buchstabierung des semitischen El?" In ähnlich abenteuerlicher Weise leitet Pater Torrence den in Ostafrika weit verbreiteten Namen Mulungu vom phönizischen Moloch her. Dabei ist die von Damman vertretene Ableitung aus dem Wortstamm -lung- des Urbantu, dem Wort für Sippe und Ahnen, viel einleuchtender.[7] Trotzdem müssen wir uns auch hier mit der Erkenntnis bescheiden, daß wir für die Gottesnamen Nyame, Nzambi, Imana und Mulungu immer noch keine letztlich stringenten Worterklärungen besitzen.

Das zeigt uns aber, daß die Bemühungen, auf etymologische Weise durch die Sinnentschlüsselung der Gottesnamen zu einer angemessenen Darstellung der afrikanischen theologia specialis zu kommen, äußerst begrenzt sind. Nicht nur sind sowohl die Urformen als auch die Urbedeutungen vieler Namen überhaupt verschollen. Vielmehr würden wir, falls beide erhalten geblieben sind, nur zu dem Sinn gelangen, den für die Anhänger eines spezifischen Kultes dieser Name zu der Zeit besessen hat, als sie ihn ihrem Gott verliehen. Ernst Damman kommt deswegen in seiner Behandlung der Frage zu folgendem bemerkenswerten Schluß:

„Es ist unmöglich, das Wesen des Hochgottes mit Hilfe der Etymologie zu beschreiben. Während in den afrikanischen Sprachen das Wort – oft rein bildlich – der Ausdruck des zugrunde liegenden Gedankens ist, ist es eine erstaunliche Tatsache, daß die Bezeichnungen des Hochgottes eine Ausnahme zu dieser Regel darstellen."[8]

C: Die Bedeutung einiger afrikanischer Hochgott-Namen

Während der ursprüngliche Sinn mancher afrikanischer Gottesbezeichnungen im dunkeln liegt, ist bei anderen Namen der Sinn ziemlich klar. Es läßt sich dabei feststellen, daß die ihnen innewohnende

6 A. a. O. 4.

7 *E. Dammann,* A Tentative Philological Typology of Some African High Deities, in: Journal of Religion in Africa, Bd. II, 1969, 87 f.

8 Ebd. 94 f.

Grundvorstellung quer durch die ethnischen Hauptblöcke und die verschiedenen Stammesgruppen eine beachtlich ähnliche ist.
Fast überall bringen die gewählten Namen die Idee der absoluten Überlegenheit, des Ursprungs, der örtlichen und zeitlichen Transzendenz zum Ausdruck.
Da gibt es zunächst die Gruppe derjenigen Namen, die den Begriff Gottes mit dem der *Höhe* in Verbindung bringen.
Namen wie Kanimba (Vai), Ngewa (S. Leone), Onyame (Akan) sind die gleichen Wörter, mit denen die Afrikaner die Höhe, den Himmel, das Firmament oder auch die Himmelskörper, wie insbesondere die Sonne (so der Name Etonde bei den Kosi und der Name Irava bei den Dschagga) bezeichnen. Darin kommt zum Ausdruck, daß der Hochgott der wirklich alles Seiende überragende und zugleich der Unerreichbare ist. Es ist zuweilen gefragt worden, ob hier an eine Identifikation oder an eine symbolische Zusammengehörigkeit zu denken sei. Die Frage wird von den meisten Forschern in letzterem Sinn beantwortet. Das läßt sich schon linguistisch daraus schließen, daß dort, wo wie in den Bantu-Sprachen die Nomina in verschiedene Bedeutungsklassen mit je spezifischen Präfixen eingeteilt werden, beim Gottesnamen das Präfix der Menschenklasse – der ersten – dem Wortstamm vorausgestellt wird, während im Falle des Himmels oder der Sonne das Präfix der betreffenden Wortklasse benutzt wird, die die Gestirne oder Mächte umfaßt. Oder aber es wird die Lokativ-Klasse gebraucht, um Firmament, Himmelskörper oder Berg als den Wohnort der Gottheit zu bezeichnen. So z. B. bei dem Namen Kaziowa bei den Nyamwezi. Die unerreichbare Höhe und die unendliche Ausdehnung des Firmaments oder die Strahlkraft der Sonne wird damit zum Attribut Gottes, das seine Überlegenheit bezeichnet. Im Falle von Lesa kann gesagt werden, die Sonne sei sein Auge, was wieder nicht strikt wörtlich zu verstehen ist.
Darüber hinaus kann aber auch gesagt werden, daß das Weltbild des Afrikaners nicht pantheistisch ist. Die Lebewesen, einschließlich der Ahnengeister und des Hochgottes, besitzen gegenüber der Natur, trotz ihrer dynamistisch-mystischen Verbundenheit, eine personale Eigenständigkeit. Auch der Hochgott wird von den Afrikanern nicht als abstrakte Macht, sondern anthropomorph vorgestellt. Das geht schon aus verschiedenen Mythen hervor, die Gott einen einstigen Umgang mit den Menschen zuschreiben oder erzählen, daß er Frau und Kinder besitze.
Eine Reihe anderer Gottesnamen bringt die tätige Allmacht Gottes

zum Ausdruck. Man spürt seine überlegene Wirklichkeit im Grollen des Donners, im Krachen des Blitzes, im Rauschen des lebensspendenden Regens.

Viele Namen Gottes weisen auf die Transzendenz im zeitlichen Sinn bzw. seine Ewigkeit und Ursprünglichkeit hin. Der Alte an Tagen, der allen Ahnengeschlechtern Vorausgehende, der große Alte: Unkulunkulu (Zulu). In die gleiche Richtung weist auch der andere Gottesname der Zulu: Umvelinqangi, d. h. der aus sich selbst Hervorgegangene.

Eine andere Reihe von Namen kennzeichnet den Hochgott als den Schöpfer aller Lebewesen. UmDali, Schöpfer, ist sein Name bei einigen Xhosa-Stämmen. Hier ist Gott nicht im Sinne einer creatio ex nihilo der Schöpfer, sondern im Sinne des Formens, denn UmDali meint Bildner.

Weiter sei auf die Gruppen von Namen hingewiesen, die von Gott als dem *Allwissenden* sprechen. Als solcher nimmt er auch die Vorstellung des unentrinnbaren Schicksals in sich auf: ‚Gott allein weiß', d. h.: der Ausgang der geschichtlichen Ereignisse ist letztlich der menschlichen Entscheidung entzogen. Er liegt in der Vorsehung Gottes. Leben und Tod hält er in seinen Händen.

Mit diesen Gedanken verbindet sich schließlich auch die Vorstellung der gütigen *Fürsorge* Gottes als des Schöpfers und *Erhalters*. Er ist es, der die Sonne scheinen läßt. Noch wichtiger allerdings ist – da die Sonne in vielen Gegenden eher als sengend und tötend erfahren wird –, daß Gott letztlich der ist, der den Regen gibt. Pula, pula! d. h. Regen, Regen, ist der jubelnde Willkommensgruß, den die Basotho hochgestellten Gästen zurufen und sie damit als Segensbringer preisen. Namen, die Gott als den Regenspendenden bezeichnen, beschreiben ihn also als den huldreichen Versorger der Menschen.

Trotzdem gibt es wenige Gottesnamen, die Gott wirklich ethische Eigenschaften zusprechen und ihn als den Guten oder Liebenden kennzeichnen. Diese Vorstellung ist fast allen afrikanischen Völkern gleich fremd. Denn da der Mensch in seinem persönlichen Schicksal, für das er in letzter Instanz nur Gott verantwortlich machen kann, Glück und Unglück in unvorhersagbarem Wechsel erfährt, gewinnt die Gottheit den Charakter der ethischen Ambivalenz. Von ihm kommt beides, Segen und Fluch, und niemand hat darauf einen wirklichen Einfluß. In einzelnen Fällen hat die religiöse Mythologie diese beiden Seiten direkt hypostasiert. Zwei weitere Gottesnamen bringen diesen Gegensatz zum Ausdruck, wobei es wieder undeutlich bleibt, ob es sich wirklich um selbständige Götter oder um Offenbarungs- und Wirkweisen, also personale Emanationen des gleichen Hochgottes handelt.

Wir fassen zusammen:

Die Vorstellung eines höchsten Gottes ist in unterschiedlicher Ausprägung und erfahrbarer Wirklichkeit allen afrikanischen Göttern gemeinsam. Überall hat man ihr Namen gegeben. Die örtlichen geographisch-klimatischen Umstände haben bei der Ausprägung mitgewirkt, in ihrem Wesen aber ist sie universal. Es ist kein geschichtliches Stadium rekonstruierbar, in dem dieser Gottesbegriff in die afrikanische Vorstellungswelt neu aufgenommen worden wäre. Darum besitzen evolutionistische Theorien der Religionsgeschichte, wie sie von Frazer, Meinhoff u. a. vorgetragen worden sind, keine Beweiskraft.[9] Man kann im Gegenteil aus dem Verblassen der spezifischen Gottesvorstellung, der Deformation ursprünglicher Gottesnamen, aus dem Vergessen der Mythen und dem Abbau der Rituale eher darauf schließen, daß die Gottesvorstellung bei den Afrikanern, jedenfalls in einigen Kulturen, früher einmal wesentlich konkreter gewesen ist. Die Theorie eines Verfalls wäre damit wahrscheinlicher als die einer – aus der willkürlichen Übertragung darwinischer Gedanken – konstruierten Evolutionstheorie. Wie es zu der Gottesvorstellung gekommen ist, entzieht sich der religionsgeschichtlichen Forschung. Manche Theologen würden hier von der Ur-Offenbarung sprechen.[10] Aber auch sie ist ein Postulat, in diesem Fall des biblischen Glaubens.[11]

II. *Der ontologische Charakter des afrikanischen Hochgottes. Fatum – Allherr oder Ahnengeist?*

Wir müssen uns nun in einem zweiten Teil dem Problem zuwenden, welche Wirklichkeit der überall verbreiteten Gottesvorstellung in der afrikanischen Religion zugeschrieben wird.

Die etymologische Untersuchung allein hilft uns hier, wie wir sahen, nicht sehr weit. Denn sie antwortet nicht auf die Frage, welchen realen Stellenwert der Hochgott im religiösen Leben der Afrikaner einnimmt. Versteht man ihn im monotheistischen Sinn als einen personalen Gott, der alles Geschehende ständig durch sein direktes Eingreifen lenkt? Ist er im deistischen Sinn eine prima causa, auf deren Anstoß hin gemäß

9 *James G. Frazer*, The Golden Bough, London 1960; *C. Meinhof*, Afrikanische Religionen, Berlin 1912.

10 *P. Althaus*, Die christliche Wahrheit, Bd. I, 45 ff.

11 Vgl. Joh 1,4 und Röm 1,18 ff.

der Vorbestimmung alles seinen notwendigen Gang nimmt? Oder ist er der erste und größte unter den Ahnengeistern, die überall der unmittelbare Adressat des afrikanischen Kults sind?
Die Idee eines unpersönlichen Fatums ist dem Denken des Afrikaners fremd, auch wenn seine etwas entrückte Gottesvorstellung fatalistische Züge tragen kann. Treffender dagegen ist die Frage, ob Gott der ganz Andere, ontologisch von den Menschen geschiedene, oder aber, wie manche Forscher gemeint haben und zum Teil noch meinen, als der apotheisierte Stammesvater des Menschengeschlechts angesehen wird.
Die Beantwortung dieser Frage wird zunächst dadurch erschwert, daß es keine für ganz Afrika einheitliche Religion gibt. Der heutige terminus technicus ‚Traditionelle Afrikanische Religion' ist ein Sammelbegriff, der viele unterschiedliche Kulte afrikanischer Stämme umfaßt. Ernst Dammann nennt sein Lehrbuch deswegen ‚Die Religionen Afrikas'.[12] Trotzdem stellt auch er fest, daß es über die ethnischen Verschiedenheiten der Vorstellungen und Rituale hinweg doch bestimmte, quer durch das tropische Afrika gehende Züge gibt, die gemeinsames Traditionsgut aller Afrikaner sind.
Der schon erwähnte Placide Tempels hat es 1945 erstmalig unternommen, von seinen Erfahrungen unter den kongolesischen Baluba ausgehend, eine Art religionsphilosophisches System der Bantu zu konstruieren. Diese Bantu-Philosophie ist, obwohl sie in Einzelheiten Widerspruch gefunden hat, geradezu zu einem Klassiker in der afrikanischen Literatur geworden. Autoren aus den verschiedensten Gebieten beziehen sich darauf als auf ein grundlegendes Werk.
Tempels' Hauptthese ist die, daß die Bantu eine eigene Ontologie besitzen. Ihr zentrales Konzept bildet das der force vitale, d. h. der Lebenskraft. Das ganze personale und inpersonale Universum ist durchdrungen und kohärent zusammengehalten durch eine gemeinsame Lebenskraft, an der alles Seiende partizipiert. Der Gedanke von Lévy-Bruhl von der participation mystique findet hier eine eindrückliche Bestätigung.[13] Das All fällt also nicht dualistisch oder nominalistisch in getrennte Wesenheiten auseinander. Vielmehr ist es durch den gleichen dynamistischen Lebensstrom verbunden. Es bildet ein hierarchisch angeordnetes System, in dessen Mittelpunkt, auf der Bühne des Geschehens, die jeweils lebende Menschengeneration handelnd und erleidend

12 Die Religionen der Menschheit, Bd. 6, Stuttgart 1963.
13 *L. Lévy-Bruhl,* Die Seele der Primitiven, Düsseldorf und Köln 1956.

erscheint. Die tieferen Stufen dieser Leiter nehmen nacheinander die Tierwelt, das Pflanzenreich und die Mineralien ein. Über den irdisch lebenden Menschen in ihrer eigenen gestuften Sozialordnung stehen auf den nächsten Sprossen die aufeinanderfolgenden Generationen der Ahnengeister. Auch sie sind unter sich nach tatsächlichem Machtbesitz abgestuft. Die Spitze dieses Systems bildet schließlich der Hochgott. Er ist die ursprüngliche Quelle der Lebenskraft. Er ist als Bildner der Schöpfer alles Seienden, und von ihm her gewinnt jedes Element nach Maßgabe seiner Partizipation seinen Wirklichkeitsgehalt und seine Rangstellung. Der ganze Sinn afrikanischer Religion bzw. Magie besteht darin, die unentbehrliche Wirksamkeit dieser Lebenskraft – bwanga, amandla – für sich zugänglich zu machen, zu erhalten und im rechten Gleichgewicht zu belassen. Von hierher begründet sich auch die afrikanische Ethik. Gut ist es, den Menschen ihre ihnen zukommende Lebenskraft zu sichern. Dazu verhilft der nganga, der der bwanga Kundige. Böse ist es, wie die Zauberer und Hexen die Lebenskraft den Menschen zu rauben. Wenn sich dem Urwalddoktor und Religionsphilosophen Albert Schweitzer in einer genialen Stunde, als er auf einem Kahn einen Kongozufluß hinabtrieb, die Idee der ‚Ehrfurcht vor dem Leben' aufgedrängt hat, so ist dies zweifellos nicht unabhängig von einem einfühlenden Umgang mit den Negern Äquatorialafrikas geschehen. Denn diese Idee reflektiert genau ihr Denken und Empfinden im Sinne von Placide Tempels.

Wenn diese Theorie richtig ist, so ist damit über die Streitfrage: ‚Hochgott oder Ahnengeist?' entschieden. Die Ahnen sind unentbehrliche Mittler, nicht aber die ursprüngliche Quelle der Lebenskraft. Sie haben zwar durch ihren Eingang in das Totenreich höheren Anteil an der bwanga erhalten, vor allem vertiefte Einsicht in ihr Wirken. Aber sie haben sie nicht selbst geschaffen, sondern sie empfangen. Ursprung der force vitale ist allein der Hochgott. Auch wenn bei bestimmten afrikanischen Stämmen die Vorstellung besteht, daß er gleichsam als der Urahn die ersten Menschen zeugte, so ist er doch nicht selbst als Mensch verstanden. Vielmehr sagt ein afrikanisches Sprichwort eindeutig, daß Gott nie ein Mensch gewesen sei noch jemals Mensch werde. Er steht aber auch den Menschen nicht in absolut ontologischem Anderssein gegenüber, wie dies in den monotheistischen Religionen des Judentums, Christentums und des Islams der Fall ist.

Bei den Anglo-Leuten in Ghana ist es so, daß Mawu allem Geschaffenen die unpersönliche Lebenskraft, die allein ihre biologische Existenz ermöglicht, verleiht. Diese Lebenskraft bleibt in einem ständigen

Kreislauf den Geschöpfen auf Erden erhalten. Darüber hinaus hat aber Mawu jedem Menschen auch eine personale Einzelseele verliehen. Sie kommt im Akt der Zeugung direkt von ihm und kehrt im Tod wieder zu ihm zurück. Dann findet sie Aufnahme im Bereich der Ahnengeister. Ein solcher Zusammenhang zwischen Hochgott, Ahnenseelen und Totenreich legt sich auch bei den Basotho durch den Wortstamm -dimo nahe. Dammann bringt ihn mit dem Verbum tima ‚verlöschen' zusammen.[14] In dem Augenblick, wo ein menschliches Leben verlöscht, kehrt die Seele in das godimong, das Reich der Geister, ein. Der Verstorbene wird selbst einer von den Badimo, den Ahnengeistern. Der Name des Hochgottes bei den Basotho aber ist Modimo. Er wird aber nicht als Ahnengeist verstanden, da der Plural von Modimo im Sinn von Gott nicht *ba*dimo, sondern *me*dimo ist. Gott also steht in unmittelbarer örtlicher Verbindung mit dem Ahnenreich. Dieses kann zuweilen unterirdisch geortet werden. Aber godimo heißt zugleich ‚hoch', und der Name für Himmel ist legodimong.

Nun gibt es für den Menschen weder im Diesseits noch im Jenseits die Möglichkeit oder das Recht, sich in seinen Bitten unmittelbar an die höchste Instanz zu wenden. Der Verkehr mit einem Häuptling zum Beispiel muß durch eine ganze hierarchische Kette von Hofbeamten erfolgen. Das habe ich während meiner Zeit als Missionar unter den Bagananwa in Nordtransvaal mehrfach praktiziert.

In ähnlicher Weise können Bitten an jenseitige Instanzen sich nicht direkt an den Hochgott wenden. Es gibt sogar Stämme, die solchen Akt als frevelhaft mit Tabuvorstellungen ausschließen. Die afrikanischen Rituale und täglichen informellen Gebete richten sich vielmehr an die Ahnengeister, die in rückwärtiger Reihenfolge, entsprechend ihrem Alter und ihrem hierarchischen Rang, angerufen werden. Die Ahnen sind ihrerseits auf diese kultische Verehrung angewiesen, denn wo man ihrer nicht mehr gedenkt, wo ihre Namen gar vergessen werden, da verlöschen sie wirklich und hören auf, aktiv am Kreislauf der Lebenskraft zu partizipieren.

Nur für den Hochgott selbst trifft diese Vorstellung nicht zu. Er als die Quelle der Lebenskraft hat die diese Macht erneuernde Anrufung nicht nötig. Gerade deswegen besitzt er aber für den afrikanischen Kult, der auf dem do-ut-des-Prinzip gründet, keine Relevanz. In manchen Ritualen wird er zwar als letztlicher Adressat des Ahnenkults erwähnt, im Sinn der katholischen Anrufung der Heiligen, Fürspre-

14 *E. Damman*, a. a. O. (vgl. Anm. 7), 88.

cher zu sein. Bei den meisten Stämmen dagegen ist diese Fürsprechervorstellung nicht eigentlich entwickelt. Vielmehr handeln die angerufenen Ahnengeister aufgrund der ihnen zur Verfügung stehenden Lebenskraft in eigener Zuständigkeit.
Die Konsequenz für die afrikanische Religion ist nun die, daß der Hochgott bei den meisten Stämmen sehr stark in die Transzendenz entrückt ist. Er ist zwar Quelle des Lebens; aber er ist am Wirken dieser Lebenskraft im einzelnen Menschen nicht unmittelbar interessiert. Der afrikanische Hochgott ist also fast überall als ein deus otiosus, ein Ruhender, am menschlichen Leben nicht personal Beteiligter verstanden. Daß dies nicht konsequent durchgeführt ist, beweisen jene erwähnten Stoßgebete, die sich unmittelbar an ihn wenden. Es gibt außerordentliche Notsituationen, sei es, daß die Anrufung der Ahnengeister versagt hat, sei es, daß zur Ausführung eines förmlichen Rituals keine Zeit besteht. In diesem Fall kann der heidnische Afrikaner sein Gebet direkt zum höchsten Gott senden.

III. *Die missionarische Übertragung des biblischen Gottesbegriffs*

Wie soll sich angesichts dieser religionsgeschichtlichen Situation die christliche Mission verhalten?
Seit den Tagen des Apostels Paulus ist christliche Mission immer daran interessiert gewesen, in ihrer Verkündigung an die religiösen Vorstellungen der vorchristlichen Hörer anzuknüpfen. Das klassische Beispiel schildert uns Lukas im 17. Kapitel der Apostelgeschichte mit dem Bericht über die Missionspredigt des Paulus auf dem Areopag über den ‚agnostos theos‘.
Bei solchen missionarischen Anknüpfungen gilt es aber, einen doppelten Fehler zu vermeiden. Der eine ist der, mit dem aufgegriffenen einheimischen Konzept Ideen zu verbinden bzw. sie als selbstverständlich vorauszusetzen, die außerhalb des Horizonts der nichtchristlichen Hörer liegen. Der andere ist die Gefahr, mit der ungeprüften Adaption auch solche einheimisch religiösen Vorstellungen zu übernehmen, die mit dem biblischen Gottesbegriff unvereinbar sind. Denn das würde zu einer synkretistischen Verfälschung des biblischen Glaubens führen, die später kaum wieder zu korrigieren ist. Einen typischen Fall für diese Problematik stellte der berühmte Streit über die rechte Wahl des Gottesnamens durch die katholische China-Mission seit dem 16. Jahrhundert dar, in den später im 19. Jahrhundert auch die protestantischen Missionen verwickelt wurden. Die Wahl stand damals zwischen ver-

schiedenen Bezeichnungen für den Himmelsgott: Shang-ti, Tien und Tien-chu.

Manche Missionen haben, um beiden Gefahren zu entgehen, von vornherein auf die Aufnahme eines einheimischen Gottesnamens verzichtet. Entweder sie führten einen biblischen Fremdnamen, etwa Jehova, ein, oder sie importierten den Gottesnamen eines anderen afrikanischen Stammes, bei dem die Christianisierung schon früher erfolgt war. In manchen Fällen führte dies zu der tragikomischen Situation, daß zwei verschiedene christliche Missionen, die unter dem gleichen Stamm arbeiteten, für Gott zwei verschiedene Namen gebrauchten. Bei den Stammesangehörigen mußte so der Eindruck entstehen, daß es zwei verschiedene christliche Götter gebe, einen katholischen und einen evangelischen![15]

Sowohl aus grundsätzlich theologischen als auch aus strategischen Gründen muß solches Verfahren als ein Fehler bezeichnet werden. Aus der Aporie, daß es unter den afrikanischen Gottesnamen kein vollgültiges Äquivalent für den biblischen Gottesbegriff gibt, hilft auch dieser Weg nicht heraus, sondern führt zu einem Kurzschluß. Die Lösung besteht vielmehr darin, daß der Missionar den traditionellen Gottesbegriff im Wissen um die Inadäquatheit aufgreift, diesem aber sofort durch die christliche Verkündigung eine Korrektur bzw. eine partielle Neufüllung gibt. Das setzt natürlich voraus, daß man sich in einem vorlaufenden Dialog, bzw. durch ethnologische Feldstudien, eine möglichst genaue Kenntnis von der traditionellen einheimischen Gottesvorstellung verschafft.

Nach dieser Regel haben in der Tat auch die meisten Pioniermissionare in Afrika gehandelt. Dabei machten sie nun eine beachtenswerte doppelte Erfahrung. Die erste war die, daß ihre Verkündigung des biblischen Gottes als des unmittelbar an jedem Menschen liebend, fürsorgend, aber auch erziehend Handelnden auf Unverständnis und Ablehnung stieß. Denn sie stand im Konflikt mit der afrikanischen Vorstellung des Hochgottes als eines dem irdisch konkreten Dasein entrückten Lebensursprungs. „Mulungu hat kein Erbarmen", antwortete ein heidnischer Shambala dem Betheler Missionar, „sonst hätte er sein Erbarmen schon lange gezeigt", berichtet Karl Wohlraab in seiner Tübinger Dissertation ‚Die christliche Missionspredigt unter dem Schambala' (1929). Für sie war Mulungu eine ganz unerreichbare Wesenheit. „Ihr

15 *D. Bosch*, God in Africa: Implications for the Kerygma, in: Missionalia, Bd. 1, 1973, 3 f.

wißt, daß ein Schöpfer ist", begann ein Evangelist seine Predigt. Die Leute bejahten es, indem sie hinzufügten „Aber wir kennen ihn nicht, es ist wer weiß wer."[16]

Den missionarischen Anknüpfungspunkt konnte also in diesem Fall die einheimische Schöpferidee bilden. Aber sie erwies sich als nicht tragfähig genug, von hieraus auch die weiteren Gedanken des Anspruchs dieses Schöpfers auf die Menschen und seiner suchenden Liebe unter ihnen vorauszusetzen.

Trotzdem bedeutete dieser Befund nicht, und das war nun die zweite erstaunliche Erfahrung, daß die heidnischen Afrikaner dieser spezifisch biblischen Botschaft gegenüber fest verschlossen blieben. Vielmehr erfolgte gerade auf diesen Teil der Missionspredigt hin die Reaktion, die den eigentlichen Durchbruch bedeutete. Das blutleere Bild des entrückten Hochgottes füllte sich für viele Afrikaner plötzlich mit pulsierendem Leben und neuer Anschaulichkeit. Der transzendente Gott, den sie, ohne ihn wirklich zu kennen, schon immer verehrten, um mit Paulus zu sprechen, tritt plötzlich als personale Wirklichkeit in ihre diesseitige Existenz ein.

Es kann gefragt werden, ob diese Wirkung vor allem auf die Überzeugungskraft der von außen kommenden Botschaft zurückzuführen war. Oder aber löste diese gleichsam einen religionsgeschichtlichen Anamnese-Prozeß aus? Die verblaßte Gottesvorstellung hätte dann plötzlich Elemente freigesetzt, die ihr ursprünglich einmal eigneten, inzwischen aber im Bewußtsein des Afrikaners versunken waren. In letzterem Sinne beschreibt es der Schweizer Pionier-Missionar H. A. Junod in seinem Buch ‚The Life of a South African Tribe' von den Angehörigen des Shona-Stammes: „Es ist wundervoll zu beobachten, wie leicht die Gottesidee des Christentums von den Bantu angenommen wird. Sie haben meist keine Schwierigkeit, zu glauben, daß dieser der wahre Gott ist, der angebetet werden muß ... Es scheint, als ob man ihnen eine alte Geschichte erzählte, mit der sie sehr vertraut gewesen waren, die sie nun aber halb vergessen hatten."[17]

Wie dem auch sei: Der Durchbruch der Gottesvorstellung aus der Transzendenz in die Immanenz ist das entscheidende Kennzeichen eines gelungenen missionarischen Adaptions-Vorgangs. Er bildet den Kern des Zum-christlichen-Glauben-Kommens des heidnischen Afri-

16 A. a. O. 113.
17 *H. A. Junod,* The Life of a South African Tribe, Neuchatel 1912, Bd. II, 410 f.

kaners. John V. Taylor beschreibt dies Urerlebnis in seinem Buch wie folgt:[18]

„Wir dürfen die Großartigkeit dieser Offenbarung keineswegs unterschätzen. Das Evangelium verleiht der Transzendenz eine Dimension der Gnade, die der menschliche Geist niemals hätte allein erfinden können. Das Angebot ist da, daß alle, die ferne waren, nun nahe sein können. Der Schöpfer offenbart sich als der Vater, als der große Ahne eines großen Stammes, der alle kleinen Stämme umfaßt und aufhebt. Und in Christus zeigt sich der, der oben und jenseits ist, als der, der in den geschlossenen Kreis eingebrochen ist, um Mensch unter Menschen zu werden."

Mit diesen Bemerkungen bringt Taylor zum Ausdruck, daß die entscheidende Brücke, die zur Übersetzung des afrikanischen Hochgott-Begriffs hinein in die menschliche Immanenz im Sinn des biblischen Vaterglaubens die Verkündigung der Fleischwerdung Gottes in Jesus Christus bildet. Taylor hat recht, wenn er sagt, daß die Afrikaner von ihren traditionellen Vorstellungen her diesen Brückenschlag nicht selbst hätten vollziehen können. Das Heraustreten Gottes aus seiner Verborgenheit und überlegenen Höhe ist in keinem der afrikanischen Gottesnamen, in keinem der Rituale angelegt, im Gegenteil. Es gibt eine Fülle von Mythen – Baumann hat sie gesammelt –, die genau das Gegenteil aussagen. Die afrikanische Mythologie kennt Entsprechungen zur Sündenfall-Erzählung in Genesis 3. Der Unterschied ist allerdings meist der, daß nicht der Mensch aus dem Paradies verwiesen wurde, sondern daß Gott sich in der Urzeit vom Menschen zurückgezogen hat. Oft spielt dabei eine Frau eine Rolle, die Gott durch ihre frevelhafte Dreistigkeit gereizt hatte und ihn mitsamt der Fülle seiner paradiesischen Gaben vertrieben hat. Die Balubedu zeigen in ihren Bergen noch die großen Fußspuren, die Gott in dem damals noch weichen Gestein hinterlassen hat. Seither ist er nie mehr gesehen worden, und er wird auch nie wiederkehren.

Die Mehrheit der Afrikaner hat sich mit dieser Situation abgefunden. Für sie ist es nur noch ein interessanter Urbericht, der für sie weder emotionale noch praktisch religiöse Bedeutung hat. Aber es gibt in jedem afrikanischen Volk Beispiele einzelner Gottessucher, die von diesen Erzählungen mit Wehmut erfüllt und von den Ahnenritualen innerlich leergelassen bleiben. Sie machen sich auf den Weg mit der Fra-

18 Zitiert nach der deutschen Übersetzung: Du findest mich, wenn du den Stein aufhebst, München 1965, 75.

ge: Gott, wo bist du? Und sie spiegeln in ihrer Weise, als sensibler pars pro toto, die uralte Sehnsucht Afrikas wider, die sich in solchen Mythen Ausdruck gibt und die in einer durch das missionarische Zeugnis in Wort und Tat von dem in Christus erschienenen Gott der Liebe eine Antwort finden kann.

Ich schließe mit den Worten John V. Taylors:

„Der, der kommen soll, der Immanuel – Gott mit uns – in Afrikas langem Traum, ist, so glaube ich, der Gott, der endgültig dem geschlossenen Kreis ausgesetzt wurde und sich in ihn hineinbegeben hat, bis hin zu der äußersten Grenze der Selbstentäußerung. Sein Symbol ist nicht das Kreuz über der Weltkugel, sondern das Kreuz innerhalb des Kreises. Er ist die verlorene Gegenwart, die der archaische Glaube stets empfangen hat."[19]

Man müßte nun eigentlich fortfahren und darüber sprechen, wie seit diesen ersten Versuchen missionarischer Übersetzungsbemühungen der biblischen Botschaft in die traditionellen Gottesvorstellungen eine lebenskräftige afrikanische Kirche entstanden ist, die inzwischen ihre eigenen Erfahrungen mit diesem Immanuel gemacht hat. Man dürfte dabei nicht verschweigen, daß diese Übersetzungsbemühungen manchmal fehlgeschlagen sind oder durch das widersprüchliche Verhalten der Christen nachträglich zunichte gemacht worden sind, so daß Gott wieder in seine frühere Transzendenz entwich. Es müßte weiter die Rede von den Bemühungen heutiger afrikanischer Theologen sein, in Anknüpfung an die traditionellen Vorstellungen ihrer Völker eine Lehre von Gott zu entwickeln, die relevant ist für die Fragestellungen und existentiellen Nöte des modernen Afrikas.[20] Aber diese Entwicklungen sprengen den Rahmen, den wir uns mit unserem Thema abgesteckt hatten.

19 Ebd. 77.
20 Vgl. hierzu *H. Bürkle* (Hrsg.), Theologie und Kirche in Afrika, Stuttgart 1968.

Matthias Samuel Laubscher

*Gottesnamen in indonesischen, vorzugsweise ostindonesischen Stammesgebieten**

Ostindonesien, das sind die östlichen Kleinen Sunda-Inseln, die Südwester- und Südosterinseln, Kei und Aru und die Molukken. Westlich davon liegen die Inseln Sumbawa, Lombok, Bali und Java, nordwestlich Celebes, östlich-nordöstlich Irian (bekannter unter der Bezeichnung West-Neuguinea). Das Gebiet erstreckt sich in der größten West-Ost-Ausdehnung über mehr als 2500 km, in der Nord-Süd-Achse über 2000 km. Die paar hundert permanent bewohnten Inseln und Eilande des Großen Osten, wie die Holländer diese Region nennen, weisen nicht nur untereinander erhebliche kulturelle Unterschiede auf, die größeren unter ihnen sind in sich noch in verschiedene Stämme unterteilt. Jeder Stamm besitzt sein besonderes Gepräge, d. h. auch eine spezifische stammesgebundene Religion. Umfang und Grenzen der Stammesreligion stimmen mit der ethnischen Einheit überein. Zwar weisen die Stammesreligionen Ostindonesiens in einzelnen Elementen und Formen Ähnlichkeiten und Übereinstimmungen teils weit über das Gebiet hinaus auf, doch nur als Ergebnis von kulturhistorischen Verbindungen und gemeinsamen Wurzeln, vergleichbar dem Verhältnis zwischen Christentum und Islam. Ihre Einmaligkeit wird dadurch nicht berührt.[1]

Selbstverständlich erlauben der vorgegebene Rahmen und die Quellenlage nicht, all diese ungezählten Religionen von den Namen für göttliche Wesen her zu beleuchten. Ich werde mich daher auf einige signifikante Komplexe beschränken müssen.

Schon der Titel dieses Beitrags deutet an, daß er im Rahmen dieser Vortragssammlung eine Sonderstellung einnimmt: statt Der Name Gottes steht die Pluralform Gottesnamen. Denn faßt man den Terminus Gott ganz im christlich-abendländischen Sinn, müßte ich hier feststellen, daß in indonesischen Stammesreligionen eine vergleichbare Gottesvorstellung außerhalb der Reichweite der Mission fehlt. Wie in China verraten auch in Ostindonesien viele Namen eine enge Bindung an Ahnenverehrung. Zwar haben Kolonialbeamte, Handelsreisende, Missionare und Ethnologen aus Ostindonesien nicht nur eine schier un-

* Die Fußnoten verweisen auf die Literaturliste am Ende des Beitrags.

1 Vgl. *Stöhr* 1965, 10–12.

übersehbare Fülle anscheinend sehr unterschiedlicher Bezeichnungen göttlicher oder gottähnlicher Wesen überliefert und – im Unterschied zur Quellenlage in Alt-China – durch unmittelbare Zeugnisse aus dem Mund der Gläubigen über Charakterzüge der Gottheiten, über Formen der Verehrung usw. ergänzt. Aber ob es sich tatsächlich um echte Eigennamen handelt oder etwa um Decknamen, Titel, Rufnamen, Funktionsnamen oder Beinamen, ist oft nicht auszumachen. Gelegentlich bleibt sogar ungewiß, ob mit verschiedenen Bezeichnungen ein einziges Wesen in seinen unterschiedlichen Aspekten oder Funktionen bezeichnet wird, oder ob mehrere zusammengehörende Wesen gemeint sind.
Im Kult und im ganzen religiösen Leben ist diese Frage für den im Stammesverband lebenden Ostindonesier kaum von Bedeutung, d. h. er kann eine entsprechende Frage eines wißbegierigen Fremden nicht spontan aus dem eigenen Wissensschatz über seine Kultur, sondern vorerst nur aus spekulativen Gedankengängen heraus beantworten. Die Gefahr der Anpassung seiner Antwort an die vermeintliche Erwartung des Fragenden ist nicht zu unterschätzen. Man muß mit ihr verständlicherweise besonders in der Reichweite christlicher Mission rechnen, erst recht, wenn der Fragende in dem Gebiet oder in der Nachbarschaft als Missionar tätig ist.
Es stellt sich die Frage: Gibt es in Stammesreligionen überhaupt eine Gottesidee, die Vorstellung von einem Gott, der benennbar wäre? Und wenn ja, sind Stammesreligionen monotheistisch oder polytheistisch? Darauf hat die Wissenschaft im Verlauf ihrer mehr als hundertjährigen Geschichte recht widersprüchliche Antworten gefunden. Obwohl die lange Zeit leidenschaftlich geführte Diskussion über den Ursprung der Religion in den letzten Jahrzehnten von anderen Problemen aus den Spalten wissenschaftlicher Blätter verdrängt wurde, ist sie nicht gänzlich gestorben, sondern lebt im Verborgenen weiter und schlägt in dieser oder jener Gestalt, etwa in der Auffassung einer christlichem Denken naheliegenden Uroffenbarung, der Grundthese der Theorie vom Urmonotheismus, bis in die Gedankengänge von Theologen und Religionswissenschaftlern der Gegenwart durch. Im Umkreis materialistischer Theorien über die Entwicklung der Gesellschafts- und Wirtschaftsformen wurde die Religion als rein menschliche Erfindung angesehen, als ein schlauer Betrug von Priestern und Herrschern, die so ihren Machtansprüchen über das Volk das Gewicht einer sakralen Ordnung verleihen wollten. In Übereinstimmung damit mußten vorausgehende soziale Organisationen ohne Herrscher- und Priesterschicht religionslos sein. Dieser aus Analysen der Funktion von Religion kon-

struierten Theorie gebrach es an einschlägigen ethnographischen Parallelen von Bevölkerungsgruppen, deren Kultur im Vergleich mit der anderer Stammesgesellschaften als wenig entwickelt angesehen werden muß. In der gründlichen Monographie von *Hagen* (1908) über die *Kubu* in den Regionen Jambi und Palembang auf Süd-Sumatra fand sich endlich aus der Feder eines vermeintlich unvoreingenommenen Augenzeugen der lang ersehnte Beleg, der Beweis, daß Atheismus nicht allein in Hochkulturen anzutreffen sei, sondern die ältesten denkbaren menschlichen Kulturen auszeichne. Die entsprechende Textstelle läßt an Deutlichkeit nichts zu wünschen übrig, bezieht sich aber nur auf eine kleine Kubu-Gruppe am Ridan-Fluß im Rawas-Gebiet (westlicher Palembang-Distrikt). Hagen sieht in ihnen die „am tiefsten stehenden und kulturell am wenigsten angetasteten" Vertreter dieser Stammesgruppe.[2] Er hat aber die *Ridan-Kubu* selbst nie besucht und verläßt sich ganz auf *van Dongens* Angaben, der als holländischer Regierungsbeamter in der ohnehin die Feldarbeit erschwerenden Regenzeit keine zwei Monate in dem Gebiet weilte.[3] Der Schluß, nicht Beobachtetes sei nicht existent, ist selbst unter weit günstigeren Untersuchungsbedingungen sehr gewagt, zumal in nicht unmittelbar der Beobachtung zugänglichen Bereichen der Kultur, worunter vornehmlich so zentrale Aspekte der Religion wie die Gottesvorstellungen fallen. Bei benachbarten Kubu-Gruppen konnte Hagen immerhin den Glauben an Geister feststellen; die Verehrung eines Gottes fand er nach seiner eigenen Aussage nur bei in unmittelbarer Nachbarschaft zu islamischen Malaien lebenden Kubu-Gruppen. Wenn Hagen die von ihm aufgefundenen religiösen Vorstellungen der Kubu unter Ausschluß der eben erwähnten Ridan-Gruppe als ‚animistisch' kennzeichnet, einschränkend aber von „rohesten Formen" spricht und meint, selbst sie seien „dem kubuschen Gedankenkreis fremd" gewesen, kann er mit dem Begriff ‚Geister', den er immer unspezifiziert im Plural verwendet,[4] kaum göttliche Wesen oder Kulturheroen gemeint haben, und seine Ausführungen über die Religion scheinen seine Sichtweise zu bestätigen. Einer der im Anhang aufgeführten Beispielsätze für die Sprache der Kubu legt eine abweichende Deutung nahe. Hagen gibt diesen Satz nur in einer

2 *Hagen* 1908, 144.

3 *G. J. van Dongen*, Bijdrage tot de kennis van de Ridan-Koeboes: Tijdschrift voor het Binnenlandsch Besturr, Bd. XXX, Batavia 1906, 225–253. Vgl. *Hagen* 1908, XXIII.

4 *Hagen* 1908, 143.

deutschsprachigen Inhaltsangabe wieder mit der Begründung, er habe keine malaiische Übersetzung erhalten können. Bei näherem Hinsehen wird erkennbar, welche Sprachschwierigkeiten Hagen bei seiner Feldarbeit zu überwinden hatte, denn der angebliche Kubu-Text erweist sich als malaiisch mit einer einzigen lautlichen Lokalvarianten, die das Verständnis nicht beeinträchtigt.[5] In *diva* ist unschwer das in den verschiedensten Regionen Indonesiens in der malaiischen und letztlich Sanskrit-Form geläufige *deva* wiederzuerkennen, zumal die damals gängige malaiische Schreibart der arabischen Schrift den Laut *e* mit *i (ya)* wiedergibt, d. h. die beiden Laute nicht differenziert und somit beide Aussprachemöglichkeiten offenläßt. Ein als *deva* bezeichnetes Wesen wird aber im ganzen Malaiischen Archipel immer dem Bereich des *Göttlichen* zugerechnet. Hagen übersetzt jedoch seinem Urteil über die Kubu-Religion entsprechend mit ‚Geister'.[6] Korrekt übersetzt lautet der Satz:

> Die Waldmenschen (Orang utan) verehren folgende Götter: den Elefanten, den erhabenen roten Nashornvogel und die herausragende kleine Wildtaube.

Orang utan bzw. ‚Waldmenschen' ist nicht die Eigenbezeichnung der Kubu, sondern der Name, den ihnen ihre Nachbarn geben, und so erhebt sich der Verdacht, es handle sich hier nicht um das Zeugnis eines Kubu über seine eigene Religion, sondern um die Aussage eines Sumatramalaien über eine ihm benachbarte Kubu-Gruppe. Immerhin ist es wahrscheinlich, daß dieser malaiische Gewährsmann über die Religion seiner Nachbarn besser Bescheid wußte als alle Europäer, die über sie geschrieben haben.

Der Elefant als göttliches Wesen geht wohl angesichts der zahlreichen *Ganeṣa*-Darstellungen in Westindonesien auf indischen Einfluß zurück. Die beiden Vogelwesen hingegen stammen aus rein indonesischem Nährboden, wie ein Blick etwa nach Nordwest-Borneo verdeutlicht. Der rote Nashornvogel der Kubu, *biring burung*, ist dort bekannt unter dem immer noch erkennbaren, leicht verkürzten Namen *burong iri*. *Burong iri* hat zusammen mit einem anderen göttlichen Vogel, dem *burong ringgong*, Himmel und Erde, Pflanzen und Tiere und den Menschen erschaf-

5 Da Hagen die Sprache der Kubu offensichtlich nicht beherrschte, war er im wesentlichen auf malaiische Dolmetscher angewiesen. Seine Malaiischkenntnisse müssen aber mäßig gewesen sein, sonst hätte er diesen Text als malaiisch erkannt.

6 Hagen 1908, 240. *„Jang di sembah orang utan pertjaija pada diwa dia punja diwa gadja biring burung gading dan puné gading."*

fen,[7] ist also nach seiner Funktion ein Schöpfergott. Die gleichlautenden Namen und die übereinstimmende Interpretation als Nashornvogel sind sicherlich nicht zufällig, zumal *biring burung* bzw. *burong iri* wörtlich ‚roter Vogel' heißt und nicht wie selbstverständlich den Nashornvogel charakterisiert, denn die Nashornvogelarten der Region haben kein rötliches Gefieder. Wird nun *biring burung / burong iri* wirklich als Eigennamen aufgefaßt? Ist es ein Deckname oder gar ein Gattungsname?

Dieses Beispiel aus Westindonesien veranschaulicht, zu welchen Problemen die Themenstellung führt. Unser Begriff ‚Gott' ist abendländisch und verbindet sich mit Vorstellungen, denen das spezifische Gepräge abendländischer Tradition, unserer eigenen Kultur anhaftet. Er ist daher ein eher schlecht als recht geeignetes Instrument, um Verhältnisse, wie sie etwa in Indonesien anzutreffen sind, adäquat zu vermitteln. Was für den Terminus ‚Gott' gilt, trifft ebenso auf alle anderen klassifikatorischen Begriffe aus unserer Sprache zu. Jede Form der Darstellung einer fremden Kultur in unserer Sprache ist eine Interpretation und kein Ebenbild der Wirklichkeit. Selbst was ein Feldforscher in einer fremden Kultur beobachtet und erkennt, ist abhängig von seinem Denken, seinen Erfahrungen und Kenntnissen, d. h. von seiner eigenen kulturellen und sozialen Umwelt. „Die Kubu sind religionslos" und ähnliche verallgemeinernde Behauptungen erstarren leicht zu festgefahrenen Vorurteilen, sofern die Mühe gescheut wird, Voraussetzungen und Standort des Berichterstatters einschließlich der Untersuchungsumstände ebenso sorgfältig zu prüfen wie die Berichte selbst. Erscheinen uns fremde Kulturen kümmerlich, so hängt es meist nur an unserem ärmlichen Wissen über sie.

Zu den erwähnten charakteristischen Übereinstimmungen als Ergebnis kulturhistorischer Beziehungen oder eines gemeinsamen Erbes zählen in den Stammesgesellschaften Ostindonesiens, wie wir gleich sehen werden, auch zahlreiche Bezeichnungen für übernatürliche Wesen. Sie verteilen sich jedoch nicht kontinuierlich über das gesamte Areal, sondern weisen eigentümliche Streuungen auf, die nach Erklärung verlangen.

Die bei den Kubu als göttliches Wesen, *diva,* verehrte Wildtaube findet eine Parallele bei den Ngadha von Mittel-Flores.[8] Dort bringt die Waldtaube *kolo* in ihrem Schnabel den Samen des *xébhu*-Baumes zu den Menschen. Aus dem Holz des *xébhu*-Baumes werden die Opfer-

7 *Furness* 1899, 10–13; wörtlich abgedruckt bei *Münsterberger* 1939, 185–187.
8 *Arndt* 1954, 192.

pfähle hergestellt, die im wörtlichen Sinn wie im übertragenen im Mittelpunkt des kultischen Lebens stehen. Mit der Waldtaube beginnt ferner die Genealogie einer der bedeutendsten Familienverbände der Ngadha. Der Sohn der Taube, *dzati tolo,* dessen Name interpretiert werden kann als ‚der seine Heldenhaftigkeit Zeigende von Übersee'[9], kommt nach der Überlieferung von *dzava coné,* dem Inneren von Java bzw. dem Kerngebiet des fremden Landes und bringt den ersten vom Himmel stammenden Opferpfahl mit. Der Opferpfahl dient als Sitz des Stammvaters. In den religiösen Vorstellungen der Ngadha wird der Mittelpunkt des Kults, der Opferpfahl, einerseits mit dem Himmel in Verbindung gebracht und dadurch sein hochkarätig sakraler Charakter unterstrichen, anderseits in doppelter Weise in den Komplex der Ahnenverehrung eingebunden: nämlich mit der Herkunft des Holzes, das für den Opferfahl verwendet wird, und mit der Vorstellung, daß bei jedem Kult wie auch im Alltag der Stammvater im Mittelpunkt des Geschehens steht. Ferner steckt hier ein mythohistorisches Element, ein Hinweis auf kulturgeschichtliche Zusammenhänge. Der Sohn der Waldtaube ist aus Java, d. h. wörtlich ‚aus der Fremde' eingewandert, und die Fremde liegt nach der Vorstellung der Ngadha immer im Westen. Diese Einwanderung aus dem Westen lebt in der Tradition der bedeutendsten Familienverbände in zahlreichen Variationen fort. Von dort ist mit *tolo* der Opferfahl und damit der wichtigste Kult der Ngadha gekommen. Auch das scheint aus Gründen, die hier nicht dargelegt werden können, der Wirklichkeit zu entsprechen.

Wäre eine kleine Taubenart als göttliches Wesen die einzige Übereinstimmung in den religiösen Vorstellungen der Kubu auf Sumatra und der Ngadha auf Flores, so müßten die geographische und kulturelle Distanz zwischen ihnen und die oberflächlichen Kenntnisse über die Religion der Kubu kulturhistorische Schlüsse verbieten. Aber selbst der vorhin betrachtete knappe Satz aus der Monographie von Hagen enthält eine weitere Parallele, die weit über das Wohngebiet der Ngadha hinaus ostwärts verfolgt werden kann. Zwar wird der Nashornvogel im Mythos Ostindonesiens nicht wieder angetroffen. Wie wir aber schon gesehen haben, heißt *burung* nichts anderes als ‚Vogel', und *biring,* das nur in Verbindung mit verschiedenen Vogelarten verwendet wird, ist eine Bezeichnung für Farben mit einem Rotton in den Schattierungen von ‚feurigrot' (malaiisch) über ‚rot' und ‚braun-rot' bis ‚schwarz-rot' (*ngaju,* Borneo). Solange *biring burung* nicht zu einem

9 *Arndt* 1961, 123 u. 548.

Eigennamen erstarrt ist, sondern die wörtliche Bedeutung noch verstanden wird, und das ist bei der Verwendung beider Begriffe in der Alltagssprache durchaus der Fall, muß mit folgenden zwei Möglichkeiten gerechnet werden:

1. Andere Vogelarten, auf die die Farbbezeichnung zutrifft, können die Stelle des Nashornvogels einnehmen, und
2. *biring burung*, ‚roter Vogel', kann durch synonyme Begriffe ersetzt werden.

Damit allerdings trotz einer derart gewandelten Gestalt noch vom selben Wesen gesprochen werden kann, müssen weitere signifikante Merkmale bzw. Funktionen übereinstimmen.

Der Ngadha kennt zwei vogelartige Wesen männlichen Geschlechts als Palmweindiebe, *kumi toro*, ‚Rotbart', der um die ganze Welt fliegt und dabei den ‚roten Adler', *tangi toro*, mit sich führt, und *kuca* in der Gestalt eines Adlers oder eines roten Falken.[10] Im *dzai*-Reigen, der bei fast allen größeren Festen getanzt wird, ahmen die Tänzer den Falkenflug nach. Falken werden als Stammväter des ganzen Ngadhavolkes verehrt:[11] wieder der deutliche Bezug zur Ahnenverehrung. Das bis nach Polynesien hinein verbreitete Motiv des Palmweindiebstahls kann hier nicht weiter erörtert werden. Festzuhalten bleibt nur, daß der Palmweindieb im gesamten Verbreitungsgebiet meist ein Stern ist, häufig der Morgenstern oder der Abendstern. In anderen Mythen wird *kuca* als ‚glücklicher Vater' bezeichnet und gelegentlich mit *kumi toro* gleichgesetzt oder als verwandt betrachtet. In einer Version wird er von den Menschen getötet, nachdem sie ihn auf frischer Tat beim Palmweinstehlen ertappt haben.[12] *Tangi toro, kumi toro* und *vavi toro* (wörtlich: ‚rotes Schwein')[13] sind drei verschiedene Gestirne. Der Herr des Himmels, *bhira lai laki lizu*, ist *tangi toros* Vater; sein Onkel heißt *tangu kéla*, ‚gefleckter Hals', ein metaphorischer Ausdruck für den Krokodilkönig, das Ahnentier par excellence.[14] Damit ist die verwandtschaftliche Beziehung der Menschen zum Herrn des Himmels hergestellt. Nicht die Gestalt, das Ebenbild, verbindet die Menschen mit dem göttlichen Wesen, sondern die genealogische Verknüpfung. Die Gestalt kann, wie leicht einzusehen ist, schon deswegen kein ausschlaggebendes Kriterium sein, weil sie in ostindonesischer Sicht kei-

10 *Arndt* 1954, 194.
11 *Arndt* 1954, 193.
12 *Arndt* 1954, 194.
13 *Arndt* 1954, 194 u. 1961, 564.
14 *Arndt* 1954, 224.

neswegs von einer schicksalhaften Endgültigkeit ist wie nach unserer Auffassung. Sie begrenzt außerhalb des profanen Alltags nicht grundsätzlich Wesensart und Verhaltensweise eines Lebewesens: in der Überlieferung gebären Männer und Frauen Tiere, Tiere zeugen Menschen. Selbst Gestaltwechsel kommt im Verlauf eines Lebens immer wieder vor. Ferner können etwa Verstorbene mit ihren Angehörigen als Geistwesen, als menschliches Geschöpf, in der Gestalt von Tieren – bevorzugt in der des Ahnentiers, als Bäume und Pflanzen aller Art, ja gelegentlich sogar in Dingen, die wir als unbelebt betrachten, wie Felsen, Steine oder Opferpfahl gegenübertreten. Weil die göttlichen Wesen in die Ahnenreihe eingebunden sind, ja die Genealogie anführen, sind sie für die Menschen familiär – im eigentlichen Sinn des Wortes. Der Familienverband – und damit jeder individuelle Mensch – verdankt ihnen seine Existenz und seine Identität, die so lange unangetastet bleiben, wie die wechselseitigen Beziehungen zwischen ihnen und den Menschen sich im Einklang befinden.

Das Vorkommen der gleichen göttlichen Wesen bei mehreren Familienverbänden, in einem ganzen Dorf oder gar in geschlossenen Landstrichen vermittelt vielleicht den Eindruck, als sei gar nicht die Verwandtschaft, sondern das Territorium bestimmender Rahmen einer religiösen Einheit. Wenn aber die Familienverbände – wie in Ostindonesien vielfach zu beobachten – neben diesen weiter verbreiteten göttlichen Wesen zusätzlich ihre eigenen verehren und nur ein Familienverband eine Ausnahme hiervorn macht, nämlich bezeichnenderweise derjenige, dem eine Vorrangstellung zukommt und auf den sich alle anderen genealogisch zurückführen, dann bestätigt die scheinbare Ausnahme nachdrücklich das Verwandtschaftsprinzip. Ob die genealogische Verbindung in Wirklichkeit fiktiv oder real ist, bleibt gegenüber der Wirksamkeit des Prinzips belanglos. Der Terminus ‚Ahnenverehrung' ist in diesem Zusammenhang leicht irreführend: nicht die ehrfürchtige Bindung an vergöttlichte Ahnen, sondern an die Ahnenreihe eröffnende göttliche Wesen ist für ostindonesische Religiosität kennzeichnend.

Zurück zu den Ngadha: Wir haben den roten Adler und Sohn des Himmelsherrn, *tangi toro,* und Rotbart *kumi toro* mit der Erwähnung ihres gemeinsamen Fluges um die ganze Welt verlassen. Die beiden vogelgestaltigen Wesen sind hier nicht ausdrücklich Schöpfervögel wie in Nordwest-Borneo, aber die Bedeutung ihres gemeinsamen Fluges wird verständlich bei einem Vergleich mit den Taten von anderen vogelgestaltigen Schöpferwesen bzw. Schöpferhelfern in West-Timor, wo etwa nach einer Überlieferung aus der Landschaft Mollo *fai sautai kune* über der Urflut schwebt und den ‚Vogel mit den roten Flügeln', der auch ‚kleiner Habicht' genannt wird, mit der Erschaffung der Erde beauftragt. Beim Herrn des Himmels holt der ‚Vogel mit den roten Flügeln' rote Erde und gelbe und schwarze Faser. Mit der Faser fliegt er umher, und wo sie hinkommt, entsteht trockenes Land.[15] Von *fai sautai kune* wird weiter nichts überliefert, selbst die Bedeutung seines Namens bleibt ein Rätsel. Das Schweben über der Urflut weist jedoch auf eine Vogelgestalt hin. Hier wie in der Ngadha-Überlieferung kreisen zwei Vogelwesen über der Erde. Wir kennen die Farbe nur von einem der beiden, aber auch sie ist in Übereinstimmung mit den bekannten Vogelgestalten von Mittel-Flores, Nordwest-Borneo und Süd-Sumatra rot. In Timor ordnet der eine Vogel die Erschaffung der Welt an, der andere führt sie aus, d. h. sie sind wie *burong iri* und *burong ringgong* in Nordwest-Borneo Schöpfervögel. Es besteht somit kaum mehr ein Zweifel, daß sich auch mit *kumi toro* und *tangi toro* im Ngadhagebiet einst die Vorstellung von Schöpferwesen verbunden hat, denn erst vor diesem Hintergrund wird die stereotype Wiederholung, sie flögen gemeinsam um die Welt, verständlich. Offenbar gehört aber diese mythische Tradition einem Substrat an, das im Ngadhagebiet von einem aus dem Westen her eingedrungenen Kult mit dem Opferpfahl im Mittelpunkt verschüttet worden ist, das jedoch weiter östlich, wo der neue Kult nicht Fuß gefaßt hat, in vollem Umfang erhalten geblieben ist.

Ein roter Falke ist ferner aus dem Tanjung, der nordöstlichen Halbinsel von Ost-Flores, unter dem Namen *rera wulan* bekannt. *Rera* ist die Sonne, *wula* der Mond. Aus den Eiern von ihm und vom grauen Adler *tana ekan*, die sie auf dem als Wohnsitz von göttlichen Wesen geltenden Berg *Ilé Mandiri* gelegt hatten, schlüpften die Ahnen der vornehmsten Familienverbände des Gebiets. Vögel beider Arten dürfen von den Angehörigen dieser Familienverbände weder getötet noch gegessen werden, d. h. sie unterliegen einem Tötungs- und Speisetabu. Der Name des grauen Adlers *tana ekan* bezeichnet die Erde. Die beiden Schöpfervögel werden hier über ihre Namen gleichgesetzt mit Sonne-Mond auf der einen und der Erde auf der anderen Seite. In den Namen erkennen wir, daß sich hier zwei Mythologeme überschneiden, die in der Erzählung dominierende und uns bereits geläufige Erschaffung der Welt durch zwei Vogelwesen und die Entstehung der Welt

15 *Middelkoop* 1938, 483–486.

aus einer heiligen Hochzeit zwischen Himmel und Erde, hier zwischen Sonne-Mond und Erde.[16]

Die Schnepfe, der Reiher, der braune Falke und der Sperber erschaffen nach Überlieferungen aus dem südlich an den Tanjung angrenzenden Larantuka-Gebiet die Insel Flores und die ganze übrige Welt. Dazu verwenden sie Erde, die sie wie der Vogel mit den roten Flügeln in West-Timor aus dem Himmel erhalten.[17] Es würde zu weit führen, hier sämtliche Vogelpaare, die nach den Mythen an der Schöpfung beteiligt sind, aus Flores und den östlich angrenzenden Inseln mit ihren Taten vorzuführen. Um einen Eindruck von der Fülle der Varianten zu vermitteln, mögen die Namen der aus dem Sikagebiet bekannten vogelgestaltigen Schöpferpaare genügen (Sika grenzt westlich an Larantuka, gehört also zu Ostflores):

hito (das schwarze Vogelweibchen) und *gak* (das rote Vogelmännchen), *ratu ron* und *ratu untara, oä rawa* (große Wildtaubenart), *gak* (Habicht oder rotbrauner Falke) und Krähe, *glak* und *bliro* bzw. *biro.*[18]

Auf der Insel Solor erschafft *kolo rona,* der Vogel Rona, der auch *sé manu ina* bzw. Hühnermutter genannt wird, die Welt zusammen mit *lera wulan* (Sonne-Mond).[19] Ob *lera wulan* hier ebenfalls für ein Vogelwesen steht, bleibt ungeklärt. Der Name Vogel *rona* ist natürlich identisch mit *ratu ron,* dem als Fürst Ron bezeichneten Vogelwesen von Sika. *Rona (ron)* bedeutet ‚erschaffen', ‚herstellen', ‚machen' oder auch ‚der Schöpfer'. Die hier mehrfach verwendete Bezeichnung ‚Schöpfervogel' ist nichts anderes als eine Verdeutschung von *kolo rona* aus der Insel Solor.

Das Beispiel von Solor leitet in einen neuen Mythenkomplex über, dessen Spuren bereits in den Namen *rera wula*n (Sonne-Mond) und *tana ekan* (Erde) für den rotbraunen Falken und den grauen Adler auf dem Tanjung von Ost-Flores erkennbar waren, das Mythologem der heiligen Hochzeit von Himmel und Erde bzw. von einem himmlischen und einem irdischen Wesen. Neben die bisherigen Schöpfervögel aus den Gattungen der Raubvögel und der Tauben tritt mit *rona,* dessen zweiter Name *sé manu ina,* Hühnermutter, lautet, die Gattung der Haushühner, hier im Zusammenwirken mit *lera wulan* (Sonne-Mond). *Rona* ist verantwortlich für die Entstehung der Landmasse, *lera wulan*

16 *Arndt* 1940, 61; Varianten 1940, 56 und 56–57.
17 *Arndt* 1951, 65.
18 *Arndt* 1933, 8–9, 22–25, 28.
19 *Arndt* 1951, 199.

für Salz- und Süßwasser.[20] In den Südwesterinseln, auf der Insel Leti, läßt die Sonne, die hier *itmatrumni* heißt, ein Mädchen namens *osakramiasa* (wörtlich: Schlamm-Insel-Gold) an einem Blitzstrahl auf das noch leere Meer hinabgleiten. Bald darauf entsendet er eine große Schlange in den Schoß des Mädchens. Ein Resultat dieser Verbindung wird nicht mitgeteilt. Ferner schickt *itmatrumni* einen roten Hahn hinab, an dessen Beinen sich das Mädchen festklammert. Der Hahn flattert in die Höhe und zieht so die Insel Leti, das Mädchen *osakramiasa,* aus dem Wasser. Der Hahn, der beachtlicherweise auch als rot bezeichnet wird, steht in engster Beziehung zu *itmatrumni.*[21] Er ist, wie die Hühnermutter auf Solor, verantwortlich für die Entstehung der Landmasse, hier der Insel Leti. Das Mädchen verkörpert die Erde, und die phallische Schlange, die zu *itmatrumni* gehört, kann nur als deutliches Symbol für die heilige Hochzeit zwischen Sonne und Erde verstanden werden.

Wir haben nur ein paar ausgewählte Beispiele für die besondere Rolle verschiedener göttlicher Vogelarten im Mythos kennengelernt. Sie genügen jedenfalls, um eine signifikante Verbreitung der Raubvögel als Schöpferwesen von Mittel-Flores über Ost-Flores und den Solor-Archipel hinein bis West-Timor zu erkennen. Der gleiche Raum zeichnet sich durch ein ungewöhnlich lebendiges Erzählgut über das Eindringen der Vorfahren von Westen her aus. Beide Aspekte zusammengenommen ergeben ein nicht zu übersehendes Indiz für das Einwandern einer Bevölkungsgruppe aus dem Westen der indonesischen Inselwelt, das durch die anthropologischen Befunde zusätzlich gestützt wird.[22] Wie die bisherigen Ausführungen zeigen, vermochte diese Wandergruppe ihre mitgebrachten religiösen Anschauungen der vorgefundenen Bevölkerung aufzusetzen.

Die Namen göttlicher Wesen und die mit ihnen verbundenen Glaubensinhalte und Erzählungen setzen uns hier zum zweitenmal instand, von Westen kommende Einwanderungen ausfindig zu machen, wobei die Art der Überlagerung beider Traditionsstränge im Ngadhagebiet Anhaltspunkte für eine relative chronologische Abfolge an die Hand gibt. Die früher eingewanderte Gruppe brachte den Mythos von der Erschaffung der Welt durch zwei Schöpfervögel mit und machte ihren Einfluß von Mittel-Flores über Ost-Flores und den Solor-Archipel geltend

20 *Arndt* 1951, 199.
21 *W. Müller-Wismar* (1913), Tagebuch Leti; unveröffentlichtes Manuskript, 1.
22 *Keers* 1948, 88, 97 und Karte bei 142.

und entsandte einzelne Ableger bis nach West-Timor, wo sie ihre Spuren in einer anderen mythischen Landschaft vereinzelt hinterlassen hat. Die jüngere Wandergruppe mit dem Opferpfahl als Mittelpunkt ihres Kultes wirkte weit weniger in die Breite, sondern prägte vor allem die Kultur der Ngadha, deren Ausstrahlung in der Folgezeit Angleichungen in den Nachbarregionen Nagé, Soa und Riung nach sich zog. Der Mythos der älteren Wandergruppe wurde dadurch im Ngadhagebiet seines ehemaligen Gewichts beraubt, lebt aber in abgeblaßter Form bei diesem und jenem Familienverband weiter. Gründe, die hier nicht ausgebreitet werden können, sprechen dafür, daß die ältere Wanderung von der Sphäre malaiischer Bevölkerungsgruppen ausging,[23] die jüngere einem Milieu von schivaitisch-javanischem Kolorit entsprang.

Die Mythe aus Leti mit *itmatrumni,* der Sonne, und dem Mädchen *osakramiasa,* Schlamm-Insel-Gold, hat uns in den Bereich der einander polar gegenüberstehenden göttlichen Wesen aus der himmlischen und der irdischen Sphäre geführt, deren ausgeprägteste Form im Mythologem der heiligen Hochzeit zu finden ist. Im äußersten Westen von Flores, in der *Manggarai,* besteht die Vorstellung, bei der geschlechtlichen Vereinigung von Himmel und Erde sei die Gottheit *mori keraéng* (wörtlich:) ‚geformt' worden. Der Regen dringt dabei als Sperma des männlichen Himmels befruchtend in die weibliche Erde ein.[24] In West-Timor verkörpert *usif nenoh*, Herr Sonne, das männliche Prinzip, *usi afu* oder *usi paha,* Frau Erde, das weibliche. Aus dem Geschlechtskontakt zwischen beiden ist alles entstanden. Sie sind der Quell allen Lebens.[25] Ebenfalls in West-Timor leben im Grenzbereich zu Portugiesisch-Timor die Belu. Die ‚Kinder' der Vereinigung von Firmament und Erde sind nach ihrer Vorstellung die Berge, Ebenen, Wälder und Quellen.[26] Auf Babar in den Südwesterinseln steigt *upulera,* Herr Sonne, einmal im Jahr auf den heiligen *Waringin*baum herab, eine Ficusart, die in ganz Indonesien als heiliger Baum besondere Verehrung genießt. *Upulera* befruchtet dabei die Erde, womit ein neuer Vegetationszyklus eingeleitet wird. Dieses jährliche Ereignis bildet

23 Es ist sicherlich kein Zufall, wenn die auffallendsten Parallelen außerhalb Ostindonesiens bei den Malaien benachbarten Ethnien angetroffen werden. Die Malaien selbst haben offenbar diesen Mythos dem seit spätestens vom 13. Jahrhundert an erfolgreich vordringenden Islam preisgegeben.

24 *Stapel* 1914, 163–164.

25 *Gramberg* 1872, 206–207.

26 *Vroklage* 1952, Bd. II, 134.

den Kern eines Fruchtbarkeitskultes.[27] Aus dem Nusawele-Gebiet von Mittel-Ceram wird berichtet, daß der männliche Himmel *lalia* auf der weiblichen Erde namens *pohun* in geschlechtlicher Vereinigung lag. Beide waren damals wesentlich kleiner als heute. Ihrer Vereinigung entsprangen *upulahatala,* sein jüngerer Bruder *laliva* und seine Schwester *sisirine*. Weil der Raum zwischen Himmel und Erde ihnen zu wenig Platz bot, stemmte *upulahatala* den Himmel nach oben. Ein großes Erdbeben entstand, Himmel und Erde dehnten sich bis zur heutigen Größe aus. Bei dem Erdbeben türmten sich Gebirge auf, Feuer sprühte aus der Erde, Bäume und Pflanzen sprossen aus ihr.[28] An anderer Stelle in Mittel-Ceram heißt *upulahatala* statt dessen *alahatala.*[29] Upu bedeutet ‚Herr', ‚Großvater', ‚Ahn', *lahatala* und *alahatala* sind Formen, die auf islamischen Einfluß zurückgehen, d. h. auf den Namen Allah, möglicherweise auf den Beginn einer islamischen Gebetsformel. An der Südküste von Mittel-Ceram wird der Name *upulahatala* ersetzt durch den Namen *upulanto,*[30] den wir ebenfalls in Verbindung mit dem Mythologem der heiligen Hochzeit von Himmel und Erde auf Ambon als *upulanite* wiederfinden.[31] Die Bedeutung des Namens ist in beiden Fällen ‚Himmelsherr'; d. h. *alahatala* bzw. *lahatala* wird mit dem Himmelsherrn identifiziert und läßt sich so ohne Störung im traditionellen religiösen Gefüge inkulturieren. Auf Ambon heißt das Gegenstück zum Himmel *uputana*, Frau Erde.[31]

Der Problemkreis der heiligen Hochzeit soll hier nur unter dem Aspekt der Namen für göttliche Wesen betrachtet werden. Im Hintergrund steht die Gliederung der Welt in einen himmlischen Bereich und in einen irdischen als polare Gegensätze, denen göttliche Wesen des Himmels bzw. der Erde mit ihren jeweiligen Namen zugeordnet sind. Wir haben bisher nur Beispiele kennengelernt, in denen die himmlische Region bzw. ihre Vertreter mit der irdischen Sphäre bzw. deren Repräsentanten in geschlechtliche Beziehung tritt, woraus die Welt und die Lebewesen entstehen. Es ist eine noch nicht ausdiskutierte Frage, ob zum Mythologem der heiligen Hochzeit auch die Versionen zu zählen sind, in denen lediglich von einem Bindeglied zwischen Himmel und Erde die Rede ist bzw. in denen zu Urzeiten Himmel und Erde dicht übereinanderlagen. Die Verfechter der Meinung, beide Varianten seien

27 *Riedel* 1886, 280–282, 372–374.
28 *Röder* 1948, 76.
29 *Jensen* 1939, 45–47; *Röder* 1948, 77–78.
30 *Röder* 1948, 13 u. 79.
31 *Röder* 1939, 102–103.

letztlich ein und dasselbe Mythologem, sehen in letzterem Fall nichts weiter als eine Abblassung des Motivs der heiligen Hochzeit im engeren Sinn; die Gegenposition erkennt darin ein grundsätzlich anderes Mythologem. Für Ostindonesien ist charakteristisch, daß das Motiv der eigentlichen heiligen Hochzeit eine viel geringere Verbreitung und Belegdichte aufweist als das Mythologem des Bindeglieds zwischen Himmel und Erde.[32] Ob es sich nun um ein oder um zwei Mythologeme handelt, beide sind jedenfalls gemeinsam mit der Vorstellung verbunden, daß Himmel und Erde zum Ende der mythischen Zeit auf die eine oder andere Weise von einander getrennt werden. Das Mythologem der Nähe bzw. Verbindung zwischen Himmel und Erde ist in Ostindonesien verbreitet von den Do Donggo auf Sumbawa über Flores, da in den Landschaften Manggarai, Riung, Ngadha, Sika und Ostflores, weiter über die Inseln Solor, Timor, Südwester- und Südosterinseln, da auf Luang-Sermata, Leti, Moa, Lakor und Babar, über Kei und die Molukkeninseln Buru, West- und Mittel-Ceram, Ambon bis nach Halmahera in den Noordmolukken.[33] Als Verbindung dienen die *léké*-Liane, eine besonders dicke Lianenart, eine Leiter, der bereits bekannte *Waringin*baum, weitere Baumarten, eine goldene Kette, eine Rotanleiter oder ein Sonnenstrahl. Das Ende dieser Verbindung wird bewirkt durch ein Versehen, eine Ungeschicklichkeit, durch einen Verstoß wider die göttliche Ordnung, aus Mutwillen oder es wird von den Menschen herbeigeführt, weil der nahe Himmel sie am aufrechten Gang hindert oder weil die Sonne die Erde verbrennt. Damit hört der tägliche persönliche Kontakt zwischen Himmelsbewohnern und irdischen Geschöpfen auf, in vielen Fällen ist es das Ende einer glücklichen Urzeit. So konnten etwa die Vorfahren der Ngadha vor der Trennung verschiedene benötigte Geräte bei *déva,* dem Gott im Himmel, holen, z. B. den Webstuhl oder den Topf, in dem die Indigo-Farbe aufbewahrt wird. Aber auch die Himmelsbewohner borgten sich gelegentlich Werkzeuge von der Erde aus. Sie beteiligten sich persönlich an den Festen der Menschen und erhielten dabei die ihnen zustehende Fleischportion von den geschlachteten Tieren zum Verzehr.[34]

32 Vgl. dazu auch *Fischer* 1932, 231. „Das mythologische Motiv, daß der Himmel dicht über der Erde hing, ist viel verbreiteter als die Mythe von der Ehe zwischen Himmel und Erde."

33 Literaturangaben dazu vgl. *M. Laubscher* (1971), Schöpfungsmythik ostindonesischer Ethnien. = Basler Beiträge zu Ethnologie, Bd. 10, 180–183, sub G. 2.

34 *Arndt* 1960, 48–50.

Selbst diese geraffte Skizze über die Bipolarität von Himmel und Erde in Ostindonesien hat eins verdeutlicht: Bei dem Mythologem der heiligen Hochzeit von Himmel und Erde kann der Himmel ersetzt werden durch die Sonne oder das Wesen Sonne-Mond, die Erde durch ein Mädchen oder eine Frau. Sobald von einer Nähe zwischen Himmel und Erde oder einer Verbindung zwischen ihnen gesprochen wird, findet sich nirgendwo ein Beleg für die Austauschbarkeit von Himmel und Erde mit Wesen der jeweiligen Sphäre. Ferner wird die Entstehung von Menschen, Lebewesen und Pflanzen mit keiner Andeutung in Verbindung gebracht mit der Himmel-Erde-Nähe. Ich kann nicht umhin, hierin zwei wenn auch verwandte, so doch deutlich auseinanderzuhaltende Mythologeme zu sehen.

Die Angaben zu Namen von göttlichen Wesen sind in den Quellen von einer derart verwirrenden Fülle, daß es notwendig war, hier nur zwei ausgewählte Themenkreise herauszugreifen, die exemplarisch einen Begriff von den religiösen Denkstrukturen in Ostindonesien zu vermitteln vermögen. Die Analyse der göttlichen Schöpfervögel einerseits und die Beispiele vom Antagonismus zwischen himmlischer und irdischer Sphäre anderseits zeigen abgesehen von der Projizierung des gesamten religiösen Lebens und Denkens auf die Ebene des Familienverbandes eine durchgehende Polarität der göttlichen Wesen: Der eine Schöpfervogel ist nicht ohne sein Pendant, d. h. nicht ohne einen anderen ebenbürtigen Schöpfervogel denkbar, die himmlische Sphäre lebt nicht isoliert von der irdischen, zu einer männlichen Gottheit gehört die weibliche. Selbst Wesen aus *einem* Bereich, etwa dem himmlischen, sind gelegentlich von diesem bipolaren Denken geprägt, wenn sie aus einer doppelgestaltigen Einheit wie Sonne-Mond oder aus einem Begriffspaar bestehen. Hin und wieder steht zwar der eine Teil des Doppelbegriffs allein für das Ganze, aber eben nur als *pars pro toto*. Selbst durch Fremdeinfluß in das Gebiet vorgedrungene Gottesnamen werden in dieses Denkmodell eingepaßt: der Name *allah* erscheint nicht isoliert, *allah* für sich ist unvollständig, kein ausreichender Begriff für ein göttliches Wesen; er wird zumindest über eine Anleihe an die islamische Gebetsformel verbunden mit dem als zweites Wort, als zweiten Begriff für die Gottheit verstandenen *tala*, entweder verkürzt zu *lahatala* oder erweitert zu *alahatala*. Da und dort wird dieser immer noch nicht ganz indonesische Gottesname vervollständigt durch *upu-* (wie wir in Mittel-Ceram gesehen haben), durch einen Begriff, der ‚Herr', aber auch ‚Großvater', ‚Vorfahre', ‚Ahn' bedeutet und so den Anschluß an die Genealogie des Familienverbandes sicherstellt.

Erst auf diese Weise ist der ursprünglich fremde Name ganz ostindonesisch, ganz familiär geworden, so sehr, daß von einzelnen hervorragenden Kennern Ostindonesiens die islamische Herkunft des Namens in Frage gestellt wurde.

Wer das seinerzeit revolutionäre Buch von Andrew Lang, ‚The Making of Religion'[35], oder Pater Wilhelm Schmidt's vieldiskutiertes Werk ‚Der Ursprung der Gottesidee'[36] kennt, dem klingen sicherlich die Reizworte *Hochgott* und *Höchstes Wesen* im Ohr. Es gibt kaum eine Region der Welt, in der P. W. Schmidt nicht ein Höchstes Wesen entdecken zu können vermeinte, das seiner Meinung nach im Sinne des Urmonotheismus am Anfang der Entwicklungsgeschichte aller Religionen gestanden hat. Selbstverständlich hat er auch in Ostindonesien Höchste Wesen aufgespürt und damit die Aufmerksamkeit von Feldforschern, insbesondere von Feldforscher-Missionaren darauf gelenkt, nicht zuletzt in der utilitaristischen Hoffnung, so einen Aufhänger für die Vermittlung des christlichen Gottesbegriffs an die Hand zu bekommen.

Und diese Hoffnung schien nicht zu trügen. In der Folgezeit wurden allenthalben in Ostindonesien Höchste Wesen entdeckt. Vor allem drei Arbeiten gelang es, sie so eindrücklich nachzuweisen, daß bislang jedem Zweifler der Mund gestopft blieb. Es handelt sich um die Arbeiten von Pater Paul Arndt, ‚Déva, das höchste Wesen der Ngadha' (1936–1937) und ‚Duà Nggaè, das höchste Wesen im Lio-Gebiet' (1939) und um die Monographie von Pater J. A. J. Verheijen, ‚Het Hoogste Wezen bij de Manggarareiers' (1951).

Die Vorstellung von einem Höchsten Wesen läßt sich aber nicht vereinbaren mit der eben festgestellten durchgehenden Polarität der göttlichen Wesen. Muß folglich das Resultat der vorausgegangenen Analysen eingeschränkt oder gar zurückgenommen werden? Lassen wir erst die Beispiele sprechen.

Über den Menschen, der Welt und allen übernatürlichen Kräften steht auf den Kei-Inseln *duad*, der Herr, wie man ihn im täglichen Gespräch nennt. Richtet man eine Bitte, ein Gebet an ihn, so heißt er ‚Sonne-Mond'.[37] Die gleiche Formel verwenden die Bewohner von Tanimbar für ihr Höchstes Wesen.[38] Im *tetum*-sprachigen Belugebiet von öst-

35 London, New York, Bombay und Calcutta 1898.
36 12 Bde., Münster i. W. 1912–1955.
37 *Geurtjens* 1921, 77–79.
38 *Drabbe* 1940, 426.

lich West-Timor wird *nai meromak*, Herr Gott,[39] im westlichen West-Timor *usif neno(h)*, Sonne-Mond, als Höchstes Wesen verehrt. *Usif neno* ist der von den Missionaren verwendete Begriff für den Christengott.[40] Der Name für die Gottheit, die Himmel und Erde entstehen ließ, lautet auf der nördlich von Timor gelegenen Insel Kisar *apna-apa* bzw. *na-ha*, unsere Mutter-unser Vater, oder *uru-wadu*, Mond-Sonne.[41] *Lahatala* oder das malaiische *tuan allah*, Herr Allah, sind die entsprechenden Namen auf Alor, die ihre islamische Herkunft nicht verleugnen können.[42] Sonne-Mond, *lera wulan*, haben wir als Namen eines der beiden Schöpfervögel auf Ost-Flores bereits kennengelernt, er ist aber auch die Bezeichnung für ein Höchstes Wesen, und zwar nicht nur dort, sondern auch auf den Inseln Solor, Adonara, Pantar und Lomblem. Im Osten von Lomblem, in der Region *Kédang*, wird der Name umgestellt zu Mond-Sonne.[43] Für *lero wulan* steht im *Sika*-Gebiet *'amapu-de'ot*.[44] *'Amapu*, zusamengesetzt aus *ama-upu*, ist ein pleonastischer Begriff für ‚Vorfahre', etwa ‚Großvater der Ahnen', *de'ot* stammt möglicherweise von *deo* bzw. *deos*, einem Begriff, der unter dem Einfluß der portugiesischen Dominikanermission zu Beginn des 17. Jahrhunderts verbreitet worden ist und sich vielleicht mit dem früher bekannten Terminus *déva* verbunden hat.

Alle diese Beispiele für den Namen des Höchsten Wesens bringen durchgehend seine Doppelgestalt zum Ausdruck und entsprechen unverkennbar der auf Polarität beruhenden dualistischen Denkstruktur in Ostindonesien. Dagegen widersprechen sie dem Bild eines im Monotheismus fußenden Höchsten Wesens oder Hochgottes. Wie steht es aber mit den Kronzeugen eines Höchsten Wesens, mit *duà nggaè* in Lio, mit *déva* in *Ngadha* und mit *mori keraéng* in der *Manggarai*? *Duà nggaè* kennen alle Lionesen, ihre Vorstellungen darüber gehen allerdings sehr auseinander. Einstimmigkeit herrscht über den Doppelaspekt des Namens, dessen einer Teil das männliche, dessen anderer das weibliche Prinzip verkörpert. *Duà* wird etwa gedeutet als ‚sieben

39 *Grijzen* 1904, 74.
40 *Kruyt* 1923, 412–414 u. 419–420; *Fischer* 1932, 218; vgl. auch *Verheijen* 1951, 9.
41 *Josselin de Jong* 1937, Bd. I, 150 u. 284.
42 *DuBois* 1944, 25; *Nicolspeyer* 1940, 132–135.
43 *Arndt* 1951, 1–22, 151–165; *Vatter* 1932, 88, 90–94.
44 *Arndt* 1933, 5–8, 25–26, 27–28; vgl. auch *Lambooy, P. J.* (1937), Het begrip „merapoe" in de godsdienst van Oost-Sumba, in: Bijdragen tot de Taal-, Land- en Volkenkunde van Nederlandsch-Indië, Bd. 45, 428.

Frauen oben in der Höhe' oder ,ein Mann im siebenstufigen Himmel', als ,dreißig Männer oben im Himmel' oder ,Mond' usw., *nggaè* als ,dreißig Männer unten in der Erde' oder ,eine Frau auf der siebenstufigen Erde', als ,ein Mann tief in der Erde' oder ,Sonne' usf.[45]

Déva im Ngadhagebiet scheint mit seinem Beinamen ,Großer Herr' noch am ehesten der Vorstellung von einem Höchsten Wesen zu entsprechen. Ein anderer Beiname, ,Herr oben',[46] würde dem nicht widersprechen, wäre man nicht inzwischen hellhörig geworden. *Mori keraéng*, die Entsprechung zu *déva* in der Manggarai, wird angerufen als ,Herr oben – Frau unten'.[47] Dieses Begriffspaar wird zwar nicht auf *déva* übertragen, aber *déva* wird meist zusammen genannt mit *nitu*, der Erde oder dem göttlichen Wesen in der Erde. Die Formel *nitu-déva* ersetzt man häufig durch ,Frau unten – Herr oben' oder ,Mutter-Vater'.[48] Ferner werden mit *déva* alle göttlichen Wesen der himmlischen, mit *nitu* alle der irdischen Sphäre klassifiziert. Deutlicher könnte die Polarität nicht sein.

Das Höchste Wesen der Manggaraier im äußersten Westen von Flores, *mori keraéng*, ist aus der heiligen Hochzeit von Himmel und Erde hervorgegangen. *Keraéng*, ,Herr', ist ein makassarisches (Süd-Celebes) Fremdwort, *mori* bedeutet ebenfalls ,Herr', ,Meister'. *Mori keraéng*, ,Herr der Herren', wird heute als echter Eigenname verstanden. Bei zahlreichen Gelegenheiten, etwa in Gebeten, im Kult oder in Gesprächen verwendet der Manggaraier Synonyme wie ,Macher und Former', ,Erhalter und Erwecker', ,Macher und Beschützer', ,Vater oben – Mutter unten', ,Ehemann oben – Ehefrau unten', ,Erde unten – Himmel oben', aber auch ,Mond und Sonne', ,Osten und Westen', ,Oberlauf des Stroms – Unterlauf des Stroms', ,Ahne' usf. Daneben wird *mori keraéng* in unzähligen Beispielen metaphorisch oder metonymisch verwendet, etwa für die verschiedenen Nutzpflanzen, die aus den Körperteilen seines getöteten Sohnes hervorgegangen sind, aber auch für die Geschlechtsteile beider Geschlechter in sehr gepflegter Ausdrucksweise.[49]

Es soll gar nicht geleugnet werden, daß sich Züge eines Höchsten Wesens mit den vorgeführten Begriffen verbunden haben, daß man heute tatsächlich die Vorstellung von einem Hochgott in Ostindonesien an-

45 *Arndt* 1939, 146, 150, 152, 157.
46 *Arndt* (1936–1937): 1936: 900, 902, 909; 1937, 198, 202–203, 347, 349.
47 *Verheijen* 1951, 28–31.
48 *Arndt* (1936–1937): 1936, 894, 900; 1937, 200, 205, 356, 357, 371–373.
49 *Verheijen* 1951, 20, 21, 23–41, 42–46.

treffen kann. Aber man darf nicht übersehen, woher die Beispiele kommen und wer sie bekannt gemacht hat. Mit ganz wenigen Ausnahmen stammen die Berichte von Missionaren, die zwar hervorragende wissenschaftliche Arbeit geleistet haben und gelegentlich in jahrzehntelangem engstem Kontakt mit der einheimischen Bevölkerung standen, aber eben über Gebiete schrieben, in denen die Mission lange vor ihrem Aufenthalt erfolgreich zu wirken begann und ihrer Zielsetzung entsprechend zuerst in der Gottesvorstellung ihre Spuren hinterlassen hat. Ferner gehören die beiden Autoren der drei markantesten Beispiele dem gleichen Missionsorden an wie Pater Wilhelm Schmidt, so daß es nicht verwundert, wenn sie unter seinem unmittelbaren Einfluß bestimmte Züge überinterpretiert, andere unterbewertet haben.
Soviel ist deutlich geworden: Die Vorstellung von einem Höchsten Wesen ist in Ostindonesien die Frucht der Mission und wirkt wie zähflüssige Gußmasse für ein feingliedriges Modell: ein dualistisches Denkmodell, das alle Bereiche des Lebens erfaßt, den Begriff von göttlichen Wesen wie die Gesellschaftsstruktur, die Orientierung in Raum und Zeit wie das System der Machtverteilung, die Natur wie die verschiedenen Kunstformen. Und immer ist das Bindeglied zwischen den Polen der Mensch, der Familienverband.

Literatur

Arndt, P. Paul (1933), Mythologie, Religion und Magie im Sikagebiet (östl. Mittelflores). Endeh

Arndt, P. Paul (1936–1937), Déva, das höchste Wesen der Ngadha: Anthropos Bd. 31, 894–909 u. Bd. 32, 159–209, 347–377

Arndt, P. Paul (1939). Duà Nggaè, das höchste Wesen im Lio-Gebiet (Mittelflores): Annali Lateranensi, Bd. 3, 141–210

Arndt, P. Paul (1940), Soziale Verhältnisse auf Ostflores, Adonare und Solor. Münster i. W.

Arndt, P. Paul (1954), Gesellschaftliche Verhältnisse der Ngadha. = Studia Instituti Anthropos, Vol. 8, Wien-Mödling

Arndt, P. Paul (1960), Mythen der Ngadha: Annali Lateranensi, Bd. 24, 9—137

Arndt, P. Paul (1961), Wörterbuch der Ngadhasprache. = Studia Instituti Anthropos, Vol. 15, Posieux, Fribourg

Drabbe, P. (1940), Het leven van den Tanimbarees. Ethnographische studie over het Tanémbareesche volk: Internationales Archiv für Ethnographie, Supplementbd. 38

Fischer, Henri Théodore (1932), Indonesische Paradiesmythen: Zeitschrift für Ethnologie, Bd. 64, 204–245

Furness, W. H. (1899), Folk-Lore in Borneo. Wallingford

Geurtjens, H. (1921), Uit een vreemde wereld, of het leven en sterven der inlanders op de Ki-eilanden. 's-Hertogenbosch

Gramberg, J. S. G. (1872), Een maand in de binnenlanden van Timor: Verhandelingen van het Bataviaasch Genootschap van Kunsten en Wetenschappen, Bd. 36

Grijzen, H. J. (1904), Mededeelingen omtrent Beloe of Midden-Timor: Verhandelingen van het Bataviaasch Genootschap van Kunsten en Wetenschappen, Bd. 54, 3. stuk, 1–145

Hagen, B. (1908), Die Orang Kubu auf Sumatra. = Veröffentlichungen aus dem Städtischen Völker-Museum, Frankfurt am Main, Bd. II, Frankfurt a. M.

Jensen, Adolf E. (1939), Hainuwele. Volkserzählungen von der Molukkeninsel Ceram. Frankfurt a. M.

Keers, W. (1948), An anthropological survey of the Eastern Little Sunda Island. The Negritos of the Eastern Little Sunda Islands. The Proto-Malays of the Netherlands East-Indies. = Koningklijke Vereeniging Indisch Institut, Mededeling No. LXXIV, Afdeling Volkenkunde, No. 26, Amsterdam

Kruyt, Albert C. (1923), De Timoreezen: Bijdragen tot de Taal-, Land- en Volkenkunde van Nederlandsch Indie, Bd. 79, 347–490

Middelkoop, P. (1938), Iets over Sonba'i, het bekende vorstengeslacht op Timor: Tijdschrift vor Indische Taal-, Land- en Volkenkunde, Bd. 114, 384–405

Münsterberger, Werner (1939), Ethnologische Studien an indonesischen Schöpfungsmythen. Ein Beitrag zur Kulturanalyse Südostasiens. Den Haag

Riedel, J. G. F. (1886), De Sluik- en kroesharige rassen tusschen Selebes en Papua. Den Haag

Röder, Josef G. B. (1939), Levende oudheden op Ambon: Cultureel Indie: Bd. 1, 97–105

Röder, Josef G. B. (1948), Alahatala. Die Religion der Inlandstämme Mittelcerams. = Ergebnisse der Frobenius-Expedition 1937–38 in die Molukken und nach Holländisch-Neuguinea, Bd. III, Bamberg

Stapel, H. B. (1914), Het Manggaraische volk (West-Flores). Een en ander over afkomst, geschiedenis, zeden en gewoonten, godsdienst, enz.: Tijdschrift voor Indische Taal-, Land- en Volkenkunde: Bd. 56, 149–187

Stöhr, Waldemar (1965), Die Religionen der Altvölker Indonesiens und der Philippinen. In: *Waldemar Stöhr* und *Piet Zoetmulder*, Die Religionen Indonesiens. = Die Religionen der Menschheit, hrsg. von *Christel Matthias Schröder*, Bd. 5,1, Stuttgart, Berlin, Köln, Mainz

Vatter, Ernst (1932), Ata Kiwan. Unbekannte Bergvölker im tropischen Holland. Leipzig

Verheijen, A. J. (1951), Het Hoogste Wezen bij de Manggaraiers. = Studia Instituti Anthropos, Vol. 4, Wien-Mödling

Vroklage, B. A. G. (1952), Ethnographie der Belu auf Zentral-Timor. 3 Bde., Leiden

Josef Simon

Vom Namen Gottes zum Begriff[1]

Der Sammelband, der mit diesem Beitrag abgeschlossen werden soll, hat den Titel ‚Der Name Gottes', obgleich auch von Götternamen die Rede war. Der Titel drückt somit schon eine Bewegung von den durch verschiedene Namen voneinander unterschiedenen Göttervorstellungen zu der Vorstellung eines einzigen Gottes aus, der, im Unterschied zu der Vorstellung jener Vielheit, als das Reale gemeint sein soll. Damit hat auch der Begriff des Namens eine andere Bedeutung. Während Götternamen Individuen gleichen Wesens unterscheiden – was nicht ausschließt, daß ein Individuum mehrere Namen trägt –, unterscheidet der Name ‚Gott' ein Individuum eigenen Wesens von allem anderen. Daß ihm mehrere Namen zugelegt werden, drückt die ganze Problematik der Namengebung aus: Die Menschen sind ihm gegenüber eigentlich nicht *berechtigt,* ihm einen Namen zu geben. Er behält sich selbst seinen eigentlichen Namen vor, denn – so sahen wir – in der Namengebung drückt sich Macht über denjenigen aus, der den Namen erhält, oder die Verleihung von Macht an ihn.

Dennoch ist er für die Menschen vor allem in seinem Namen *da,* in dem er angerufen wird. Aber er ist nicht auf den bloßen Ruf hin wie ein Diener zur Stelle, der seinen Namen von seinem Herrn hat. Er läßt es allenfalls zu, daß er angerufen wird und daß die Menschen so zu ihm in eine von ihnen aus gar nicht denkbare Beziehung treten. Er ermöglicht durch seine Namentlichkeit erst eine solche Beziehung, denn die Menschen denken in Namen[2], d. h. sie unterscheiden. Sie denken seine Realität in Analogie zu der Realität alles anderen, das einen Namen erhält, und beziehen ihn so in den Kosmos ihrer Vorstellung ein. Sie geben ihm damit eine Realität dieser Art und wissen zugleich, daß es so nicht gemeint sein kann. Der Name Gottes ist damit zugleich gar kein Name wie andere Namen.

Was ist er denn? Wir können fragen, ob einem Namen etwas entspricht, z. B. ob der Träger eines bestimmten Namens noch lebt oder

1 Der Text ist im wesentlichen in der Form des Vortrags belassen. Die Fußnoten wurden für den Druck hinzugefügt.

2 Vgl. *Hegel,* Enzyklopädie der philosophischen Wissenschaften von 1830, § 462 Anm.: „Es ist in Namen, daß wir *denken*".

ob es ihn jemals ‚wirklich' gegeben hat. Er könnte ja auch eine poetische Fiktion sein. So verleitet der Name Gottes denn auch dazu, zu fragen, ob etwas Reales dahinter steht, wenn wir ihn beim Namen nennen. Wir haben zunächst nur die Realität dieses Nennens, mit dem allein wir in einem Bezug zu ihm stehen. Wir haben also merkwürdigerweise den Bezug vor dem Gegenstand, auf den wir uns beziehen, und setzen in Analogie zu anderen Relationen aus dem Bezug den Gegenstand. Die Vorlesungsreihe lehrte: Es gibt das Phänomen der Religiosität, die sich in der Artikulation von Götter- und Gottesnamen artikuliert. So scheint es angebracht zu sein, daß auch nach der Realität des Gegenstandes dieses Bezugs gefragt wird.

Diese Frage bedeutet natürlich die Unterbrechung des Bezugs. Wer in diesem Bezug *lebt*, kommt nicht auf solche Fragen, denn er braucht ja nicht erst den Bezug von einem Gegenstand her zu begründen. Der Name steht für die gelebte Realität des Bezugs. Er ist z. B. deren hymnischer Ausdruck, wie Skepsis ihn niemals hervorbringen kann. Wie kommt man dann aber überhaupt dazu, nach einem Gegenstand hinter dem oder hinter den Namen zu fragen? Für die Anrufung des Namens stellt sich nicht die Frage, ob dem Namen ein Träger entspricht, sondern allenfalls die, ob der Träger den Ruf hört oder sich verschließt. Die Logik des Rufens schließt die Frage nach der Existenz eines Trägers aus, weil sie sie präsupponiert.

Mit der Frage, wie es überhaupt zu einer Frage nach der Existenz Gottes kommen konnte, fragen wir nach dem Ursprung eines modernen Selbstverständnisses des Menschen, das in der griechischen Philosophie vor allem historisch greifbar wird. Und es sieht so aus, als ob dort zunächst nicht skeptisch nach der Existenz der Götter gefragt worden wäre. Vielmehr taucht der Begriff ‚Gott' neben dem griechischen Polytheismus in einem anderen, nämlich philosophischen Zusammenhang auf, in dem es sich zunächst nicht um religiöse Zuwendung handelt: Zur Erklärung der physischen Bewegung wird eine letzte Ursache, ein erster Beweger gefordert. Es muß ein Unbewegtes existieren, wenn das Phänomen der Bewegung *erklärt* werden können soll, und dieses theoretische Postulat erhält nun einen Namen: *ho theós*. Der Name war aus der Religion bekannt. Aber nun wird die Beziehung umgekehrt: Etwas in seiner Existenz theoretisch Gefordertes erhält post festum den Namen Gott.[3]

In dieser Umkehrung ist der Name nun etwas ganz Äußerliches, Gleich-

3 Vgl. *Aristoteles,* Metaphysik, insbes. 1072 b 30.

gültiges geworden. Es kommt überhaupt nicht auf diesen, an und für sich sinnlosen Laut[4] an, sondern auf den durch ihn benannten Begriff im Zusammenhang der Erklärung des Phänomens der physischen Bewegung. Dieser Begriff ist also im weitesten Sinne des Wortes ein physikalischer Begriff. Ob dem Namen etwas entspricht, was *ist*, ist so zunächst eine physikalische Frage. Er steht für einen *Erklärungszusammenhang*. Die Frage nach der Existenz Gottes entsteht demnach im Gefolge der Physikalisierung des Namens ‚Gott'. Sie wird denn auch erst innerhalb des ‚physico-theologischen' Denkens und von diesem her thematisch.

Die moderne Frage nach dem Namen Gottes wird sich also dem Wesen des physikalischen Denkens zuwenden müssen. Es setzt bei der Beobachtung physischer Bewegung oder Veränderung an. Solch eine Beobachtung ist immer zugleich begriffliches Denken, denn sie setzt hinter die Veränderung ein Etwas, das ‚sich' verändert, d. h. das sich in der Veränderung zugleich durchhält. Ein solches gedachtes Etwas wurde ‚Hypokeimenon' oder ‚Substanz' genannt. In seiner logischen Konsequenz führt diese denkende Beobachtung über die Beobachtung der Veränderlichkeit von allem schließlich zum (‚spinozistischen') Gedanken einer einzigen Substanz als der Grundlage aller kosmischen Veränderung ‚hinter' den sinnlichen Erscheinungen. Man kann sie ‚Gott', aber ebensogut ‚Natur' nennen, denn, wie gesagt, der Name tut hier nichts zur Sache, wie überhaupt schon innerhalb dieses Prozesses die Namen für die Substanzen der unmittelbar beobachtbaren Veränderungen nichts zur Sache taten. Damit war der Begriff des *Dinges* überhaupt gewonnen, nach dessen ‚richtigem' Namen zu fragen zugleich sinnlos geworden war.[5] Damit war aber auch erst der moder-

4 Vgl. *Hegel*, Phänomenologie des Geistes, Vorrede, ed. Hoffmeister, Leipzig 1949, 22 f.: „Es wird in einem Satze der Art mit dem Worte: *Gott*, angefangen. Dies für sich ist ein sinnloser Laut, ein bloßer Name ... Insofern ist nicht abzusehen, warum nicht vom Ewigen, der moralischen Weltordnung usf., oder wie die Alten taten, von reinen Begriffen, dem Sein, dem Einen usf., von dem, was die Bedeutung ist, allein gesprochen wird, ohne den *sinnlosen* Laut noch hinzuzufügen. Aber durch dies Wort wird eben bezeichnet, daß nicht ein Sein oder Wesen oder Allgemeines überhaupt, sondern ein in sich Reflektiertes, ein Subjekt gesetzt ist. Allein zugleich ist dies nur antizipiert." – Es ist noch nicht begriffen, inwiefern das damit Gemeinte wesentlich *Subjekt* ist. Der *Name* hält, weil er Name und *nicht* solch ein abstrakter Begriff ist, den Platz für dieses Begreifen.

5 In der ersten ‚sprachphilosophischen' Schrift, die in der europäischen philosophischen Tradition überliefert ist, in *Platons* ‚Kratylos', ist noch unentschieden, ob die Frage nach einem ‚richtigen' Namen sinnvoll ist. Bezeichnenderweise

ne Begriff des seiner Sache äußerlichen (‚nominalistischen') *Namens* gewonnen, der sich in unsere Überlegungen zum Namen Gottes natürlich unvermittelt einschleicht. Es scheint aber dennoch immer zugleich ein nichtnominalistischer Namensbegriff mitzuschwingen, wenn gefragt wird, ob ‚Gott' existiert, etwa im *Unterschied* zur Natur, so daß es nicht gleichgültig wäre, ob man nun ‚Gott' oder, Natur' sagt, da es noch Engagement in dieser Frage, und d. h.: ein Leben in der Negation solcher Indifferenz gibt, und zwar auf beiden Seiten dieses Streites.
Gemeint ist in solch einem Engagement gegen die Indifferenz in der Formel ‚Deus sive Natura', daß der Name ‚Gott' als Name für ein anrufbares Wesen im Unterschied zu einer nicht anrufbaren Natur von Bedeutung sei. Es handelt sich um das Bestehen auf dem Unterschied von Religion und erklärender Wissenschaft.
Um der Frage nach dem Namen Gottes im Zusammenhang des modernen Denkens noch näherzukommen, muß noch einmal auf das Wesen des physikalischen Erklärens eingegangen werden, denn wir können nicht gut von dem einen reden und das andere, das unser Denken zunächst prägt, liegenlassen. Der Begriff der Substanz und damit der der Natur im modernen Sinn korrespondiert der Beobachtung von Veränderung, genauer: der Beurteilung von Veränderung, die etwas demselben zuspricht und abspricht, was, da nach dem Satz des zu vermeidenden Widerspruchs Gegensätzliches nur nacheinander an demselben sein kann, als (räumlich-)zeitliche Extension gedacht ist. Da in die unmittelbare Beobachtung nur die Verschiedenheit fällt und die Zeit, die das Nacheinander verbindet, „für sich selbst nicht wahrgenommen werden" kann, ist dieses Etwas ein Produkt des Denkens.[6]
Die erste Stufe des physikalischen Denkens beinhaltet demnach die vor allem im Platonismus ausgebildete Lehre, daß das Wirkliche nur im Denken zu erfassen sei, nämlich als das logische Substrat verschiedener wahrnehmbarer Zustände. Der Logos als Aussagesatz spricht demselben Verschiedenes zu. Seine Logik führt – da das grammatisch als Subjekt Angesprochene in einem anderen Satz auch als Prädikat kategorisiert sein kann – letztlich zur Idee einer einzigen Substanz, die man dann, aber ohne weitere Konsequenz, auch ‚Gott' nennen kann. Diese Substanz muß also, dieser Logik zufolge, auch existie-

beginnt Sokrates seine Untersuchung bewußt mit den Namen für die Götter (397c4), und es wird vorausgesetzt, daß die Götter die Dinge mit den ‚richtigen' Namen benennen (391d7).
6 Vgl. *Kant*, Kritik der reinen Vernunft, zweite Auflage (im folgenden „B"), 225.

ren, weil alle Veränderung ‚an' ihr existieren soll. Nietzsche hat dann auch die These ausgesprochen, daß wir Gott nicht loswürden, solange wir an die Grammatik – und er meinte die des indogermanischen Satzbaus – glaubten.[7]

Vorher hatte aber bereits Kant den Ansatz physikalischen Denkens gegen die Religion abgegrenzt. Diese Kritik ist ein bedeutender Einschnitt. Sie zielt, neben einer Kritik des Substanzbegriffs, vor allem auf das Wesen kausaler Bestimmung. Kant legt dar, daß die Kategorie der Kausalität nur im Hinblick auf die Bestimmung von Anschauungsgegenständen Bedeutung habe. Das heißt nun, daß der rein begriffliche Fortgang in der Kette kausaler Zusammenhänge zu einer obersten Ursache ohne Bedeutung sei, und daß aus dem reinen Gedanken einer solchen Ursache nicht auf deren Existenz geschlossen werden könne. Alles theoretische Bestimmen in Ansehung solcher Kategorien wie Substanz – Akzidenz, Ursache – Wirkung usw. bleibt dann auf empirische Gegenstände bezogen. In einem transzendentalen Gebrauch sind die Kategorien ohne alle Bedeutung.[8] Gott ist nur ein Begriff im Sinne eines Postulats der praktischen Vernunft.

Soweit ist das Kantische Denken allgemein bekannt. Es kann aber eigentlich keine Rede davon sein, daß es auch in seinen Konsequenzen das allgemeine Bewußtsein prägte. Selbst wenn man sich etwa vom Standpunkt moderner physikalischer Theorien gegen Kants Bestimmung des Grundsatzes der Kausalität meint wenden zu müssen – er lautet: „Alle Veränderung geschieht nach dem Gesetz der Verknüpfung von Ursache und Wirkung"[9] –, wird unterstellt, Kant habe einen durchgehenden Kausalnexus in der Natur derart behauptet, daß es Dinge gebe, die vermöge einer Kraft auf andere eine Wirkung ausübten. Gegen diese Vorstellung hatte sich bereits Hume gewandt, und Kant hat sie nicht restauriert. Denn wäre es so, so wäre der Gedanke einer existierenden letzten Ursache unabweislich. Es ist deshalb in unserem Zusammenhang erforderlich, auf die eigentliche Pointe der Kantischen Kritik näher einzugehen.

Kant geht von der Empirie, der Beobachtung aus. Wir beobachten, daß auf den Blitz immer ein Donner folgt. Aus der Tatsache, daß es in

7 *Nietzsche*, Götzen-Dämmerung, Werke, hrg. v. K. Schlechta, München 1960, Bd. II, 960; – Vgl. *J. Simon*, Grammatik und Wahrheit. Über das Verhältnis Nietzsches zur spekulativen Satzgrammatik der metaphysischen Tradition, Nietzsche-Studien, Bd. 1, 1972, 1–26.

8 *Kant*, Kritik der reinen Vernunft, B 305, 308.

9 Ebd. 232.

unserer Wahrnehmung bisher immer so war, können wir aber nicht schließen, daß es sich hier nicht nur um die Folge in unserer Wahrnehmung, sondern darüber hinaus um einen objektiven Zusammenhang handele. Wenn es nun aber überhaupt Erfahrung soll geben können, so muß es die objektiver Zusammenhänge sein. Die Frage ist also, wie sich ein Begriff eines objektiven Zusammenhangs gewinnen läßt, wenn man nicht, wie etwa Descartes es noch an der Wende zur Neuzeit glaubte tun zu müssen, auf einen Begriff Gottes zurückgreifen will, demzufolge Gott als gütiger Gott es so gerichtet habe, daß unseren subjektiven Bestimmungen auch eine objektive Realität entspreche.[10] Der Begriff der Objektivität hing hier an dem der Realität eines solchen Gottes, die also zunächst zu beweisen war. In seinen Gottesbeweisen folgte Descartes in der Tat, wie Nietzsche zu Recht herausstellte, sogenannten universalgrammatischen oder transzendentalgrammatischen Strukturen, denen als solche unbesehen objektive Bedeutung zugesprochen wurde.[11] Kant muß, da seine Kritik, von Hume ausgehend, sich ja gerade gegen einen solchen Glauben an die Grammatik eines reinen Verstandes wendet, anders anfangen, um den Begriff objektiver Erfahrung begründen zu können. Er argumentiert, daß Gesetzmäßigkeit in der Natur – und sie ist ja der Gegenstand wissenschaftlicher Erfahrung – sich nur denken lasse, wenn das kausale Bestimmen als ‚Rücksicht' auf eine Regel verstanden werde. Es geschieht nach Kant „immer in Rücksicht auf eine Regel, ... daß ich meine subjektive Synthesis (der Apprehension) objektiv mache". Nur unter dieser „Voraussetzung allein, ist selbst die Erfahrung von etwas, was geschieht, möglich".[12]

Um die Sache abzukürzen, übersetze ich den Kantischen Textzusammenhang in eine modernere Diktion: Aus meiner subjektiven Wahrnehnehmung eines Zusammenhangs kann ich nicht auf einen objektiven schließen und nicht behaupten, daß ich es von der Sache her objektiv so wahrnehmen müsse, wie ich es faktisch bisher immer wahrgenommen habe. Notwendigkeit kennen wir nämlich nur als logische oder analyti-

10 *Descartes,* Meditationes, IV, 1 und 2.

11 Zu diesen Zusammenhängen vgl. *W. F. Niebel,* Das Problem des „cogito, ergo sum", in: Philosophie als Beziehungswissenschaft, Festschrift für Julius Schaaf, Frankfurt 1974, XXII/5–48.

12 *Kant,* Kritik der reinen Vernunft, B 240. – Die Kategorien sind die transzendentalen *Formen* der Möglichkeit solcher Rückgriffe als eines Ansehens „als bestimmt" (vgl. Kritik d. r. V. B 128); die jeweiligen *Inhalte,* auf die zurückgegriffen wird, sind demgegenüber natürlich „zufällig" (vgl. Kritik d. Urteilskraft B XXXIII).

sche Notwendigkeit, aber nicht als die von Schlüssen aus einer Induktion, die als Induktion aus der Wahrnehmung wesentlich unvollständige Induktion ist. Es ist logisch, analytisch oder semantisch notwendig oder wahr, daß jemand, der ein Junggeselle ist, auch unverheiratet ist, oder daß jemand, *wenn* er ein Junggeselle ist, unverheiratet ist, denn ‚Junggeselle' *bedeutet* ebendies. Nur deshalb liegt hier eine notwendige Beziehung vor. In Aussagen über die Natur kann eine entsprechende Notwendigkeit nur dann auftreten, wenn man Aussagen in ihrer Bedeutung auf diese Weise partiell, d. h. asymmetrisch in einer Richtung, identifiziert: „*Wenn* etwas ein sich erwärmender Körper ist, *dann* ist es ein sich ausdehnender Körper." Der Satz über die Junggesellen drückt eine semantische Sprachregelung aus und ist in diesem Sinn allein aus der Semantik der Begriffe wahr. Der Satz über sich erwärmende Körper ist dagegen ein synthetischer Satz und ist als solcher nicht notwendig wahr. Notwendig wahr ist erst ein Schluß, in dem er *als* allgemeine Regel angesehen oder als Prämisse vorausgesetzt wird, damit wir in Rücksicht auf ihn, wie Kant sagt, unsere Aussagen ‚objektiv *machen*' können.

Will man überhaupt die Frage nach Objektivität stellen, um dann auch nach einer möglichen objektiven Realität dessen zu fragen, auf das sich unsere Namensgebungen beziehen, so ist hier anzusetzen und weiterzufragen. Sonst fiele man in einen vorkritischen Dogmatismus zurück. Das bisherige Ergebnis beinhaltet, daß wir auf vorausgesetzte Regeln zurückgreifen können müssen, die *als* semantische Sprachregelungen gelten, wenn wir überhaupt von objektiver Notwendigkeit sprechen können wollen. Es ist nun weiterzufragen, bei welchen Anlässen solche Rückgriffe auf Regeln von Belang sind, oder wann der Begriff der Ursache überhaupt von Bedeutung ist. J. König hat dargelegt, daß das der Fall ist, wenn ein bislang bestehender Verstehenszusammenhang unterbrochen ist, d. h. wenn wir es mit einem unerklärlichen Ereignis zu tun haben.[13] Ich halte mich der Einfachheit halber an Königs plastisches Beispiel. Mein Begleiter grüßt auf der Straße einen Menschen. Ich verstehe dieses Verhalten nicht und frage ‚warum?'. Darauf sagt er mir, er habe gehört, der Gegrüßte solle Leiter des Wohnungsamtes werden, und ich weiß, daß mein Begleiter eine

13 *J. König*, Bemerkungen über den Begriff der Ursache, in: Das Problem der Gesetzlichkeit, hrg. von der Joachim-Jungius-Gesellschaft der Wissenschaften, Hamburg 1949, Bd. I, 25–120. – Zur näheren Bestimmung des Verhältnisses des Kantischen und Königschen Ursachebegriffs vgl. meinen Beitrag „Zu einem philosophischen Begriff der Kausalität", in: Von der Notwendigkeit der Philosophie in der Gegenwart, Festschrift für K. Ulmer, Wien 1975.

Wohnung sucht. Nun habe ich die ‚Ursache' seines Grüßens erfahren. Der Verstehenszusammenhang ist wieder hergestellt.

Dies geschah im Rückgriff auf die Regel, daß jemand, *wenn* er eine Wohnung sucht, einen Kandidaten für das Amt des Leiters des Wohnungsamtes zu grüßen pflegt. Die Regel kann in der hypothetischen Wenn ... dann-Form geschrieben werden, aber auch in der Form: Menschen, die eine Wohnung suchen, *sind* Menschen, die .... Wenn sich auf diese Weise eine befriedigende Antwort auf meine, meinem Unverständnis entspringende Frage geben läßt, habe ich die Ursache erfahren. Das Beispiel läßt sich leicht auf physikalische Sachverhalte transponieren,[14] so daß wir sagen können: Ursachen sind befriedigende Antworten, die sich als Rückgriffe auf Regeln geben lassen, so daß damit ein unterbrochener Verständigungszusammenhang über die Gegenstände der Erfahrung wieder hergestellt wird und das Erklärliche als das Wahre gelten kann.

Diese Regeln sind nicht allein aufgrund der Semantik wahr, aber sie werden so angesehen *wie* semantische Regeln. Man kann auch sagen, mit der an und für sich also nicht notwendigen Akzeptation ihrer Geltung wird um eines sich wieder herstellenden Verständigtseins willen eine reduktive Sprachregelung über die bisher geltenden semantischen Regeln hinaus akzeptiert, quasi als Konstitution einer Spezialsprache, unter deren Voraussetzung *als* einer Sprache von objektiver Bedeutung sich überhaupt erst ein Begriff objektiver Naturzusammenhänge oder von Erfahrung denken läßt. Es ist so vorausgesetzt, daß die Wörter, deren Bedeutungsunterschied in einer solchen Regel asymmetrisch negiert wird, objektiv nicht von unterschiedlicher Bedeutung sind, und nur so gewinnt man einen Begriff von Objektivität überhaupt im Gegensatz zur subjektiven Wahrnehmung, die sich ja gerade mit Hilfe eines angenommenen Bedeutungs*unterschieds* dieser Wörter artikulierte.

Einmal sind also die Namen als ‚richtig', einmal als ‚nicht richtig' angesehen. Der Weg vom Namen zum (objektiven) Begriff erwies sich als ein Weg der Aufhebung diakritischer Bedeutungsunterschiede, die den Namen zuvor zukommen sollten.[15] Diese Aufhebung (Verallge-

14 Vgl. hierzu *E. Scheibe,* Bemerkungen zum Begriff der Ursache, in: Vom Geist der Naturwissenschaft, hrg. v. H. H. Holz und J. Schickel, Zürich 1969, und vom selben Vf.: Ursache und Erklärung, in: Erkenntnisprobleme der Naturwissenschaft, hrg. von L. Krüger, Köln/Berlin 1970.

15 An die Stelle eines abstrakten Gegensatzes zwischen einer ‚realistischen' und einer ‚nominalistischen' Position tritt der Gedanke der Sprachgeschichte bzw. einer Geschichte des Begriffs, wie er auch *Hegels* ‚Logik' oder auch dem Sprachbegriff *W. v. Humboldts* zugrundeliegt.

meinerung) drückt sich in Regeln aus, im Rückgriff auf die sich ein Begriff von Objektivität allererst denken läßt. Wir haben so aber auch einen Begriff von dem tieferen Ernst des Spiels um die richtigen Namen und die Namensverbote gewonnen, wie wir es in fast allen Religionen kennen. Es geht in diesem Spiel um die Rekonstruktion eines ununterbrochenen Verständigtsein im Bezug auf Dinge und Ereignisse. Im Blick auf moderne, etwa wissenschaftstheoretische Fragestellungen wird dies, z. B. in der Diskussion des Kausalbegriffs, klar. Aber es gilt z. B. ebensogut für den Mythos. Ob etwas Ursache ist, hängt nicht davon ab, ob etwa ein Ding mit einer gewissen objektiven Kraft, wie Hume es noch formulierte[16] und wie es auch heute noch zumeist verstanden wird, vermöge dieser Kraft auf ein anderes Ding eine Wirkung ausübt, sondern davon, ob eine Antwort im Sinne eines Rückgriffs auf eine Regel als befriedigende Antwort akzeptiert wird, also davon, ob das Fragen bei *dieser* auf *diese* Regel zurückgreifenden Antwort zum Stehen kommt. Es liegt im Sinn von Fragen, daß sie sich Antworten geben lassen und nicht immer weiter ‚warum?' fragen wollen. Deshalb ist Kausalität auch eine apriorische Form zur Konstitution von Objektivität. Es liegt aber nicht a priori fest, bei welchem *Inhalt* das Fragen zum Stand kommt.

Dies ist nun der entscheidende Punkt, an dem wir uns wieder unserem unmittelbaren Thema zuwenden können. Wo das Fragen eines bestimmten Menschen zum Stand kommt oder befriedigt ist, d. h. *seinen* ‚absoluten' Standpunkt an geltenden bzw. akzeptierten Sprachregelungen findet, auf die es sich damit einläßt, da muß das Fragen *anderer* noch lange nicht zum Stand kommen. Mit anderen Worten: was etwa einem Waika-Indianer als Ursache für eine Krankheit einleuchtet, weil er sich auf eine bestimmte akzeptierte Regel beziehen kann, die besagt, daß kranke Menschen von einem Geist besessene Menschen seien, und die *für ihn* die Dignität des Satzes hat, daß Junggesellen unverheiratete Menschen seien, das muß einem Europäer noch lange nicht einleuchten, weil er sich zur Erklärung von Krankheiten auf eine andere Regel bezieht, z. B. auf die, Krankheiten seien physische Prozesse. Von solch einer Regel her hat *er* hier einen Begriff von objektiver Notwendigkeit.[17]

16 *Hume*, Essays moral, political and literary, ed. by T. H. Green and T. H. Grose, London 1875, Bd. II, 62: „Wie suppose, that there is ... some power in the one, by which it infallibly produces the other."

17 Natürlich stehen *für uns* diese Beispiele nicht einfach nebeneinander; unsere

Dieser Begriff ‚hängt' also, so kann man sagen, von der Akzeptation von Regeln ‚ab'. Wir mußten diesen Weg in die Philosophiegeschichte und zu ihren Einsichten gehen, um den Begriff objektiver Notwendigkeit erst einmal zu begreifen, und wir sind bis hierher im wesentlichen durch Kant geführt worden. Wir haben – aber das ist noch nicht bei Kant, sondern erst bei Hegel ausgesprochen – freie Akzeptation von Regeln, letztlich Sprachregelungen, als Konstituentien von *Objektivität überhaupt* kennengelernt. Natürlich ist diese Freiheit weitgehend durch die historische Überlieferung in ihren Manifestationen vorgezeichnet, in der sich der Akzeptierende jeweils befindet. Aber das macht die Akzeptation natürlich nicht notwendig, schon deshalb nicht, weil objektive Notwendigkeit sich erst von ihr aus überhaupt denken läßt. Man wird auch, etwa soziologisch oder psychologisch, ‚Ursachen' dafür nennen können, warum unter gewissen Umständen bestimmte Voraussetzungen akzeptiert werden. Aber dazu bedarf es dann, um diese Aussagen ‚objektiv zu machen', wie Kant sagt, wiederum des Rückgriffs auf Regeln, usw.

Der Begriff gehört, wenn man darunter einen Ausdruck mit objektiver Gültigkeit versteht, ins ‚Reich der Freiheit'.[18] Er hängt davon ab, daß Individuen sich frei entschließen, sich in Ansehung bestimmter Regeln ihr Verständigtsein im Hinblick auf Dinge und Ereignisse vorgeben zu lassen, um sich so innerhalb einer Sprache orientieren und am Leben erhalten zu können. Die Ursache der Ursachen wäre dann die Freiheit, nicht aber eine dinglich vorgestellte oberste Ursache. Sie nimmt jetzt die Stelle ein, an der in der philosophisch-theologischen Reflexion bisher der kosmologisch ‚erwiesene' Gott stand. In der Logik Hegels tauchen dementsprechend für diesen ‚Begriff des Begriffs',

Erklärung ist für uns die fortschrittlichere und bewährtere. Sie steht in einem Zusammenhang, in dem man sich ständig um ‚bessere' Erklärungen bemüht, so daß das Fragen mit ihrer Hilfe wesentlich nur vorläufig zum Stand kommt, d. h. in einem ‚wissenschaftlichen' Erklärungszusammenhang. Nicht die einzelnen Erklärungen, sondern die jeweiligen Zusammenhänge des Erklärens wären hier (aus unserer Sicht) einander gegenüberzustellen.

18 Vgl. *Hegel,* Wissenschaft der Logik, hrsg. von G. Lasson, Leipzig 1948, Bd. II, S. 205, 218. Bei Hegel ist, im Unterschied zu Kants reinem oder ‚transzendentalem' Ich bzw. in einer Reflexion und Weiterführung Kants, die *„individuelle Persönlichkeit"* als Moment des Ich, „welches sich Anderem gegenüberstellt und es ausschließt", Moment in der „obersten Einheit" des gegenstandskonstituierenden, kategorialen Denkens oder des Begriffs. Vgl. die diesbezügliche Auseinandersetzung Hegels mit Kant, Wissenschaft der Logik, a. a. O. 220 ff.

d. h. für den Begriff, dem der einer objektiven Gültigkeit oder Richtigkeit allererst entspringt, folgende Namen auf: ‚freie Macht', aber auch ‚freie Liebe' und ‚schrankenlose Seligkeit'[19].

Damit hat sich die Szene völlig verändert. Ein Verhalten, das andere bei einem Namen ruft und diesen anderen damit freie Persönlichkeit zugesteht, muß sich, dem Ergebnis dieser Reflexion zufolge, nicht mehr in einem unvermittelten Gegensatz zu einer Weltansicht sehen, derzufolge die Welt einen durchgehenden Kausalzusammenhang bedeuten soll, so daß es freie Wesen eigentlich nicht oder schon gar nicht im Plural geben könnte. Es ist vielmehr begriffen, daß der Begriff eines solchen objektiven Zusammenhangs selbst sich dem Umstand verdankt, daß Individuen sich frei darauf einlassen, Regeln gelten zu lassen, im Rückgriff auf die sich jeweils ein intersubjektives Verständigtsein über die Realität erreichen läßt. Es ist begriffen, daß die Regeln, im Rückgriff auf die sich überhaupt erst notwendige Relationen als Naturrelationen denken lassen, selbst nicht den Charakter solcher Notwendigkeit haben können. Sie selbst sind ihrem jeweiligen Inhalt nach so gesehen zufällig, besser gesagt: nicht notwendig, d. h. sie könnten auch anders sein. Damit ist begriffen, daß ein Geist der gegenseitigen Anerkennung der Individuen bestehen muß, damit sich ein Gedanke objektiv notwendiger Zusammenhänge in dem Inbegriff einer ‚Welt' überhaupt fassen läßt. Dieser Geist ist somit als das Absolute begriffen. Ohne ihn könnte nichts in einem objektiven Sinn als ‚seiend' bezeichnet werden.

Dieser Geist liegt dann aber auch der Vorstellung eines obersten Seienden, z. B. vorgestellt unter dem Begriff einer obersten Ursache, *voraus*. Er nimmt selbst die Stelle eines obersten Seienden ein, wenn ‚seiend' damit auch eben nicht mehr, in Verbindung mit dem Begriff eines Obersten, als ‚objektiv seiend' verstanden werden kann, etwa als Gegensatz zum Subjektiven. Es ist hier nicht mehr denkbar, daß da solch ein oberstes Objekt wäre, von dem dann alles andere, d. h. eben auch dieses Denken, objektiv in seinem Sein, als dessen ‚inhärierender Modus', abhinge, und in bezug auf das man dann fragen könnte, ob man es überhaupt, und wenn ja, mit welchem Namen man es ‚bezeichnen' solle. Solch ein Gedanke würde den des ihn denkenden Denkens selbst unmöglich machen, weil er eben unterhalb dieses Obersten nur *bedingtes* Seiendes und nicht *wahres Denken* zulassen könnte.

Die Vorstellung, da seien zunächst solche Seinsverhältnisse, die es dann

19 *Hegel*, Wissenschaft der Logik, a. a. O. 242 f.

nachträglich noch passend zu benennen gelte, ist also aufzugeben. Der ihr entsprechende Gott wurde von Nietzsche als tot bezeichnet. Man kann auch sagen, diese Vorstellung verdankte sich der Grammatik objektivierter sprachlicher Gebilde. Sie hebt sich in der Reflexion des Wesens von Objektivation überhaupt auf, wenn begriffen ist, daß Objektivation von dem Bestehen oder, wie Hegel sagt, dem ‚Dasein' eines Geistes der Anerkennung von Individualität in ihrer Freiheit abhängt, den Hegel deshalb auch zugleich ‚*daseienden*' Geist und ‚*absoluten* Geist' nennt.[20]

Indem dieser Geist, in dem Individuen sich als freie anerkennen, ‚*da*' ist, gewährt er eine Sprache, in der Menschen sich je in ihrem Weltbild über die Realität verständigt wissen, also leben können. Er gewährt auch die *Verschiedenheit* solcher Lebensformen, die sich in je anderen Grundannahmen ausdrücken, im Rückgriff auf die sich jeweils innerhalb dieser Lebensformen Objektivität konstituiert. So gewährt er einen Gegenbegriff zu dem der Subsumption von Individualität unter ein allgemeines Gesetz, demzufolge die Individuen sich selbst im Gedanken einer in diesem Gesetz geregelten Natur wegzudenken hätten. Ist der Gedanke einer solchen Natur zugleich der des Lebens*prozesses* als des Todes der Individualität, so bedeutet jener Geist den Gedanken der Überwindung solch einer Natürlichkeit. In diesem Geist ist eigentlich erst begreifbar, daß es sinnvoll ist, Namen als Individualnamen zu verwenden, weil nicht nur ein Recht auf einen Namen in ihm ‚eingeräumt' ist – die Lücken für solche ‚Räume' oder ‚Asyle' wären gegen den Begriff einer sie umgebenden Natur nicht ohne eine Inkonsequenz im Denkansatz zu verstehen –, sondern weil begriffen ist, daß von einem solchen Recht auf den Namen als des Ausdrucks der Nichtsubsumierbarkeit seines Trägers unter einen allgemeinen Begriff, also dem Recht auf Andersheit gegenüber *jedwedem* herangetragenen Begriff, der Bestand der Welt im Sinn verläßlicher Objektivität und damit auch das menschliche Leben in ihr abhängt. Dieser Name ist der *Eigenname*. Seine Verletzung mag im ‚Einzelfall' unbedeutend erscheinen, weil *so* gesehen eben schon der Träger als Fall verstanden ist. Sie bedeutet aber in jedem Fall einen Verstoß gegen den Geist, den Goethe „des Lebens Leben" nennt. Sie ist insofern immer auch eine Beleidigung des ‚absoluten Geistes', in dem sich die einzelnen bei ihrem eigenen Namen gerufen wissen können. Das in der

20 Vgl. *Hegel,* Phänomenologie des Geistes, a. a. O. 471. – „Dasein" ist in Hegels Logik „*bestimmtes* Sein", das gegen *anderes* bestimmtes Sein bestimmt ist (vgl. Wissenschaft der Logik, a. a. O. Bd. I, 95 ff.).

Vorstellung eines höchsten objektiven Wesens Konzipierte ist in diesem *Begriff* also zu dem Geist geworden, in dem und von dem her der einzelne Mensch sich anerkannt weiß und seinen Namen hat. Dieses *Wesen* erscheint in diesem *Begriff* selbst als ‚*solch ein Mensch*'. Es *erscheint* in einem Begriff, demzufolge alles, was man solch einem Menschen zufügt, eben unmittelbar auch diesem Geist zugefügt wird, ohne daß sich der Geist solch einem Geschehen gegenüber noch andere Namen reservieren könnte, die demgegenüber sein transzendentes Unbeschädigtsein ausdrückten.

Ein nicht in *diesem Begriff*, d. h. diesem Geist vermittelter Name muß ein sinnloser Laut bleiben. Dieser Begriff ist dabei auch die Vermittlung mit dem Zeitgeist: Er läßt sich nicht dadurch bewahren, daß sich das Denken je in einen sogenannten wissenschaftlichen Begriff von der Wirklichkeit und in ein begriffsloses Anrufen von Namen halbierte. In der philosophischen Überwindung solcher ‚doppelten Wahrheit' ist der Begriff Gottes identisch mit dem Begriff eines Geistes, der der *eine* Geist in vielen Sprachen und Sprachformen ist, als Geist der Liebe über die Verschiedenheit solcher je verschieden geregelten Formen ist ‚Gott' selbst *einer* dieser Menschen mit einem menschlichen Namen geworden. Der namentliche Bezug zu ihm ist *realisiert*. Es ist in seiner Bedeutung für die je eigene Existenz *begriffen*, daß das Absolute in der Verletzlichkeit eines solchen Namens *existiert*.[21]

21 Die transzendente Gottesvorstellung, der im Namen ‚Gott' antizipierte Sinn, erfüllt sich erst im Dasein des Geistes, in dem ‚individuelle Persönlichkeit' existiert. Wenn aber damit auch dieser Geist erst in der Existenz ‚solch eines Menschen' als Person *manifest* wird, so bleibt er doch zugleich auch dem einzelnen Individuum, als Bedingung seiner Existenz, *vorausgesetzt*, als Grund der *Abhängigkeit* einer solchen verletzlichen Existenz oder als *Unterschied* zu ihr. Die einzelne Person setzt sich in diesem Voraussetzen zugleich als ‚Moment' dieses *Allgemeinen* (vgl. Fußnote 18). Sie setzt damit, da sie nicht mehr unpersönliche Natur sich als ihr ‚Anderes' gegenübersetzen kann, eine *Verschiedenheit* von *Personen gleicher Natur*. Nur *in* diesem Geist der Anerkennung, d. h. unter der Voraussetzung seines *Da*seins, kann sich ein Individuum als in sich und gegen die Natur reflektiertes freies Einzelnes oder als *berechtigter* Träger eines eigenen Namens *begreifen*, d. h. die Begriffe der Natur und seines Rechts zusammenbringen: Der an Kants kritischen Naturbegriff anknüpfende Begriff der Naturgesetzlichkeit und der der anerkannten individuellen Persönlichkeit ergeben sich als *derselbe* existierende (‚absolute') Begriff. (Zur Verbindung dieses philosophischen Begriffs vom Begriff mit theologischer Sprache, insbesondere mit der trinitarischen Vorstellung des absoluten Geistes, vgl. *Hegels* ‚Vorlesungen über die Philosophie der Religion', Teil III, ‚Die absolute Religion'.)

Index

Für die alphabetische Einordnung wurden diakritische Zeichen nicht berücksichtigt.

Die Autoren dieses Bandes

Peter Beyerhaus, geb. 1929, Dr. theol., o. Professor für Missionswissenschaft und ökumenische Theologie an der Universität Tübingen.
Hauptforschungsgebiet: Nachchristliche Bewegungen in Afrika, Theologie der ökumenischen Bewegung.
Veröffentlichungen u. a.
Die Selbständigkeit der jungen Kirche als missionarisches Problem, ³1964.
Allen Völkern zum Zeugnis, Wuppertal 1972.
Humanisierung – einzige Hoffnung der Welt, Bad Salzuflen ²1972.
Begegnung mit messianischen Bewegungen in Afrika, Stuttgart 1968.

Alexander Böhlig, geb 1912, Dr. theol., Dr. phil., wiss. Rat und Professor an der Universität Tübingen, Leiter der Abteilung für Sprachen und Kulturen des christlichen Orients.
Hauptarbeitsgebiet: Quellenmäßige und religionsgeschichtliche Erforschung des Gnostizismus und Manichäismus, Einwirkungen des Griechentums auf den christlichen Orient.
Veröffentlichungen u. a.
Untersuchungen über die koptischen Proverbientexte, Stuttgart 1936.
Manichäische Handschriften aus den Staatlichen Museen in Berlin: Kephalaia, Lfg. 5–12, Stuttgart 1936, 1938, 1940, 1966.
Die griechischen Lehnwörter im sahidischen und bohairischen Neuen Testament, München 1954, 2. Aufl. 1958.
Die koptisch-gnostische Schrift ohne Titel aus dem Codex II von Nag Hammadi, Berlin 1962.
Koptisch-gnostische Apokalypsen aus dem Codex V von Nag Hammadi, Halle 1963.
Mysterion und Wahrheit, Leiden 1968.
The Gospel of the Egyptians (zusammen mit *F. Wisse*), Leiden 1975.
Zum Hellenismus in den Schriften von Nag Hammadi (zusammen mit *F. Wisse*), Wiesbaden 1975.

Hellmut Brunner, geb. 1913, o. Professor für Ägyptologie an der Universität Tübingen.
Veröffentlichungen u. a.

Die Lehre des Cheti, 1948.
Altägyptische Erziehung, 1957.
Abriß der Mittelägyptischen Grammatik, 1961, [2]1967.
Die Geburt des Gottkönigs, 1964.
Hieroglyphische Chrestomathie, 1965.
Grundzüge einer Geschichte der altägyptischen Literatur, 1966.

Hubert Cancik, geb. 1937, Dr. phil., apl. Professor am Fachbereich für Altertums- und Kulturwissenschaften der Universität Tübingen.
Forschungsgebiete: Antike Religionsgeschichte und Latinistik.
Veröffentlichungen u. a.
Untersuchungen zur lyrischen Kunst des P. P. Statius, Hildesheim 1965.
Mythische und historische Wahrheit, Stuttgart 1970.
Grundzüge der hetithischen und frühisraelischen Geschichtsschreibung, Wiesbaden 1975.

Werner Eichhorn, geb. 1899, Honorarprofessor für Sinologie an der Universität Tübingen.
Hauptforschungsgebiet: Religionsgeschichte Chinas
Veröffentlichungen u. a.
T'ung-šu des Čeu-tsi (zusammen mit W. Grube), Leipzig 1932.
Chou Tun-i, ein chinesisches Gelehrtenleben aus dem 11. Jahrhundert, Leipzig 1936.
Die Westinschrift des Chang Tsai, Leipzig 1937.
Chinesisches Bauernleben, drei Dramen, Tokyo 1938.
Taoism (in Living Faiths, ed. by R. C. Zaehner), 1959.
Die Religionen Chinas, Stuttgart 1973.

Josef van Ess, geb. 1934, o. Professor für Islamwissenschaft an der Universität Tübingen.
Hauptforschungsgebiet: Islamische Geistesgeschichte.
Veröffentlichungen u. a.
Die Gedankenwelt des Hāriṯ al-Muḥābisī anhand von Übersetzungen aus seinen Schriften dargestellt und erläutert. Bonn 1961.
Die Erkenntnislehre des 'Adudaddīn al-Īcī. Wiesbaden 1966.
Traditionistische Polemik gegen 'Amr b. 'Ubaid. Beirut 1967.
Frühe mu tazilitische Häresiographie. Beirut 1971.
Zwischen Hadīt und Theologie. Studien zur Entstehung prädestnatianischer Überlieferung. Berlin 1974.
Anfänge muslimischer Theologie. Beirut 1974.

Hartmut Gese, geb. 1929, Dr. theol., o. Professor für Altes Testament an der Universität Tübingen.
Veröffentlichungen u. a.
Der Verfassungsentwurf des Ezechiel, 1957.
Lehre und Wirklichkeit in der alten Weisheit, 1958.
Die Religionen Altsyriens, 1970.
Vom Sinai zum Zion, 1974.

Burkhard Gladigow, geb. 1939, apl. Professor für Klassische Philologie in Tübingen.
Forschungsgebiete: Antike und allgemeine Religionswissenschaft, Wissenschafts- und Literaturgeschichte.
Publikationen u. a.
Sophia und Kosmos, 1965.
Zum Makarismos des Weisen, Hermes 1967.
Thales und der diabetes, Hermes 1968.
Condictio und inauguratio, Hermes 1970.
Das Antike Sachgedicht, Hab. Schr. 1970.
Ovids Rechtfertigung der blutigen Opfer, Altspr. Unterr. 1971.
Jenseitsvorstellungen und Kulturkritik, Ztschr. f. Religions- und Geistesgesch. 1974.

Martin Hengel, geb. 1926, o. Professor für Neues Testament und antikes Judentum und Leiter des Besonderen Arbeitsbereiches Institutum Judaicum an der Universität Tübingen.
Forschungsrichtung: Neues Testament und frühes Christentum, antikes Judentum und spätantike Religionsgeschichte.
Veröffentlichungen u. a.
Die Zeloten, 1961, [2]1975.
Nachfolge und Charisma, 1968.
Judentum und Hellenismus, 1969, [2]1973.
War Jesus Revolutionär?, 1970, [4]1973.
Gewalt und Gewaltlosigkeit, 1971.
Eigentum und Reichtum in der frühen Kirche, 1973.
Christus und die Macht, 1974.
Der Sohn Gottes, 1975.

Walter Kasper, geb. 1933, o. Professor für dogmatische Theologie an der Universität Tübingen.
Veröffentlichungen u. a.

Die Tradition in der Römischen Schule, Freiburg–Basel–Wien 1962.
Das Absolute in der Geschichte. Philosophie und Theologie der Geschichte in der Spätphilosophie Schellings, Mainz 1965.
Dogma unter dem Wort Gottes, Mainz 1965.
Die Methoden in der Dogmatik, München 1967.
Glaube und Geschichte, Mainz 1970.
Einführung in den Glauben, Mainz [3]1973.
Christentum, in: Die fünf großen Weltreligionen, hrsg. v. E. Brunner-Traut, Freiburg i. Br. 1974. 109–126.
Jesus der Christus, Mainz [2]1975.

Matthias Samuel Laubscher, geb. 1943, wissenschaftlicher Assistent am Völkerkundlichen Institut der Universität Tübingen.
Beschäftigung mit ethnologischen Themen indonesischer Stammeskulturen und mit religionsethnologischen Problemen im malayo-polynesischen Raum.
Veröffentlichung
Schöpfungsmythik ostindischer Ethnien, Basel 1971.

Josef Simon, geb. 1930, o. Professor für Philosophie an der Universität Tübingen.
Veröffentlichungen u. a.
Das Problem der Sprache bei Hegel, 1966.
Sprache und Raum. Über das Verhältnis zwischen Wahrheit und Bestimmtheit von Sätzen, 1969.
Philosophie und linguistische Theorie, 1971.

Heinrich von Stietencron, geb. 1933, o. Professor für Indologie und vergleichende Religionswissenschaft an der Universität Tübingen.
Hauptforschungsgebiet: Indische Religions- und Kulturgeschichte.
Veröffentlichungen u. a.
Indische Sonnenpriester: Sāmba und die Śākadiśpīya Brāhmaṇa, Wiesbaden 1966.
Suicide as a religious Institution, Bombay 1969.
Gaṅgā und Yamunā. Zur symbolischen Bedeutung der Flußgöttinnen an indischen Templen, Wiesbaden 1972.